JOSÉ MARÍA ARGUEDAS
LOS RÍOS PROFUNDOS

Edited with Introduction,
Bibliography & Glossary by

William Rowe

Bristol Classical Press

This impression 2002
This edition published in 1997 by
Bristol Classical Press
an imprint of
Gerald Duckworth & Co. Ltd.
61 Frith Street, London W1D 3JL
Tel: 020 7434 4242
Fax: 020 7434 4420
inquiries@duckworth-publishers.co.uk
www.ducknet.co.uk

First published in 1973 by
Pergamon Press Ltd., Oxford

Introduction, Bibliography and Glossary
© 1973, 1997 by William Rowe

A catalogue record for this book is available
from the British Library

ISBN 1 85399 515 0

Printed and bound in Great Britain by
Antony Rowe Ltd, Eastbourne

CONTENTS

INTRODUCTION

THE survival of pre-industrial rural societies in Latin America, when these had practically disappeared in Europe, has furnished one of the most common subjects of the Latin-American novel. The Regionalist novel, which dominated fiction from the nineteen-twenties to the nineteen-forties, was based on the idea that what was most typical and original in Latin America was to be found not in the modern cities but in the rural backlands. The aim of regionalists was to create a realistic picture of these societies, but they wrote as outsiders, and concentrated on the external, on the picturesque, on what was most "interesting" to the outsider. The result is a superficial contrast between urban attitudes and rural society, and a failure to convey rural culture as a living world-view. Realism in the Regionalist novel tends to be limited to a documentary objective, where the reproduction of external detail takes precedence over any genuinely internal point of view and where the characters are representative figures without inner consciousness.

In novels like Rivera's *La vorágine* (1924), Güiraldes's *Don Segundo Sombra** (1926) and Gallegos's *Doña Bárbara* (1929) the rural backlands are represented by the figures of the *cacique*, the *gaucho* or the *llanero*. For novelists in the Andean countries, however, where a major part of the population was Indian, it was the Indian who embodied the rural theme. *Indigenismo* ("Indianism") has similar limitations to those of Regionalism: writers like Alcides Arguedas and Jorge Icaza sever the Indian from his own culture and then attribute to him an outlook that will appear to explain his behaviour. As the recipient of alien values which are projected into him, the Indian is merely a static character who reflects the view of outsiders. Any active interrelation with the world, in which culture and consciousness consist, is denied him.

---

* Pergamon edition edited by P. R. Beardsell.

As the author of novels about the Indian, Arguedas has frequently been labelled an *indigenista*. Recent criticism, taking its cue from his own remarks on the subject, has fortunately corrected this misconception. Because of his personal experience of Indian culture (he had spent part of his childhood living with Indians), the *indigenista* outlook was bound not to satisfy him: his position was the reverse of that of the *indigenistas*, since he had come as an outsider not to Indians but to modern urban culture. The values and consciousness of Indians are the core of his writing. The way Indian culture is implemented in his novels marks a similarity with the methods of Asturias or Roa Bastos: mythical thought is brought to the centre of the novel as an active structuring principle. This involved going beyond the Regionalist novel to a new type of structure, where it is not social documentary but the active consciousness of characters that sustains the world of the novel. This is what gives Arguedas's novels their modernity, although in terms of narrative technique they are traditional. Arguedas's major technical achievement is in the sphere of language, where, in an entirely original way, he makes Spanish into a medium which can convey the Indian universe.

ARGUEDAS'S LIFE*

José María Arguedas was born in a small town in the Peruvian sierra in 1911. As a child of "white" parents he would normally have been brought up to treat Indians as inferior beings. But through a series of circumstances the greatest formative influence of his childhood was the world of Indians and not that of the *señores* (i.e. "whites"). His mother died when he was two years old and his father remarried. He was left with his stepmother while his father, an itinerant lawyer, was away for long periods. Rejected and despised by the stepmother, Arguedas was made to sleep in the kitchen with the Indian servants, who protected him and treated him as one of themselves. Later he fled and took refuge in an Indian *comunidad*

---

* I whish to express my thanks to Señora Celia Bustamante for her generous assistance in providing me with material relating to Arguedas's life and work.

(commune of free Indians).   Referring to these experiences, Arguedas
has said: "Los indios y especialmente las indias vieron en mí exacta-
mente como si fuera uno de ellos, con la diferencia de que por ser
blanco acaso necesitaba más consuelo que ellos... y me lo dieron a
manos llenas. Pero algo de triste y de poderoso al mismo tiempo debe
tener el consuelo que los que sufren dan a los que sufren más, y que-
daron en mi naturaleza dos cosas muy sólidamente desde que aprendí
a hablar: la ternura y el amor sin límites de los indios, el amor que se
tienen entre ellos mismos y que le tienen a la naturaleza, a las mon-
tañas, a los ríos, a las aves; y el odio que tenían a quienes, casi incons-
cientemente, y como una especie de mandato Supremo, les hacían
padecer.   Mi niñez pasó quemada entre el fuego y el amor" (*Primer
Encuentro de Narradores Peruanos*, pp. 36-37).

The personal struggle generated by the conflict between these
two irreconcilable worlds is the subject of the autobiographical
stories published under the title *Agua*.   The stories show that iden-
tification with the Indians was no solution; for though rejecting the
world of the *señores* Arguedas was unable to appropriate completely
the Indian world: trying to act as though he were an Indian brought
alien tensions which could not be resolved within the world of Indian
values, and which made him aware that he was only a "mak'tillo fal-
sificado" ("counterfeit Indian").

In 1924 he was taken away by his father to a school in Abancay.
Until then Quechua, rather than Spanish, had been his mother tongue.
In *El zorro de arriba y el zorro de abajo* he refers to himself as a man
"que comenzó su educación formal y regular en un idioma que no
amaba, que casi lo enfurecía, y a los catorce años, edad en que muchos
niños han terminado o están por concluir esa escuela" (p. 210).   The
journey and his experiences in Abancay are the subject of *Los ríos
profundos:* "En cada pueblo oíamos música y cantábamos y bailá-
bamos con los indios a los que mi padre buscaba siempre, aunque
hablaba mal de ellos.   Era éste un hecho curioso.   Del Cuzco fuimos,
a caballo, a Abancay.   Mi padre estuvo algunos meses en Abancay
y se trasladó a Chalhuanca.   Yo me quedé en el internado del Colegio
Nacional que era dirigido por padres Mercedarios.   Al término del
año escolar fui a vivir en unas haciendas que tenía un pariente de mi
padre ["el Viejo" in *Los ríos profundos*], en el Apurímac, en la fron-

tera con la selva. La vida en esas haciendas era horrible. La segunda parte de 'Los ríos profundos' será una descripción e interpretación de esa vida."

Apart from a year spent in Huancayo, Arguedas completed his education in the coastal region of Peru, entering the University of San Marcos in Lima in 1931. The modern city of Lima, where he spent most of the rest of his life, is an absolutely different world from the sierra, in time as well as space. Writing became a way to preserve links with the world of his childhood and to bring it into the present: "¡Describir la vida de aquella aldea, describirla de tal modo que su palpitación no fuera olvidada jamás, que golpeara como un río en la conciencia del lector!" ("La novela y el problema de la expresión literaria en el Perú", p. 68.)

In intellectual circles in Lima, the prejudice and ignorance which had formerly been the usual attitude towards the sierra had been replaced by a positive interest in Indian culture. This interest had been stimulated by the *Indigenismo* movement, which embraced not only literature and painting but also the study of Indian culture and society. In 1936 Arguedas had helped to found a magazine called *Palabra*, which was devoted to Peruvian culture in general. The articles which he wrote then and later were concerned not only with the art and folklore of the sierra but with the need to overcome the extreme divisions between occidental and Indian culture in Peru. In the introduction to *Canto Kechwa* (1938), a collection of his translations of Quechua songs and folktales, he declared his belief in the universality of Indian art and Indian sensibility: artificial barriers of social prejudice were preventing it from acquiring its due place as an integral part of Peruvian culture. Later on, Arguedas became a professional anthropologist, taking a degree in anthropology in 1950. The application of scientific method did not alter his belief in the capacity of Indian culture to overcome any obstacles placed in its way.

While at San Marcos Arguedas had lived off a job in the Post Office. In 1937 he was imprisoned for taking part in a student demonstration against an Italian Fascist general, an experience he wrote about in *El Sexto* (the title refers to the prison in Lima). After his release he became a school-teacher; later he held various posts in institutes connected with folklore and ethnol gy, and became Director of the Casa de la Cultura and of the M seo Nacional de Historia.   He also taught at several universities i Lima.

In 1969 Arguedas committed suicide.   There h d been a previous attempt three years before.   Until *El zorro de arriba el zorro de abajo*, his posthumous novel, he had written little or noth ng about his personal life since childhood.   The "Diary" which f rms part of this unfinished novel is among other things the acco nt of a personal struggle with death.   "En abril de 1966, hace ya algo más de dos años, intenté suicidarme.   En mayo de 1944 hizo risis una dolencia psíquica contraída en la infancia y estuve casi cinco años neutralizado para escribir... Desde ese momento he vivido c n interrupciones, algo mutilado."   There had been a rupture in his relationship with the world: "el roto vínculo con todas las cosas" Only when the link was re-established could he write.   "Cuando e e vínculo se hacía intenso podía transmitir a la palabra la materia de las cosas" (p. 11). Of course, the reverse was also true: writing was a vay of confirming and deepening the link.   Here one should rememl er the wider context of Arguedas's "exile" from the world: to h ve lived between two absolutely different worlds, without belongi g completely to either.   By a cruel dialectic, the very demand mad on writing could cause it to make "the broken link" more acute nd more painful. This was the sense in which the unfinished novel vas a battle with death.

THE BREAK WITH *INDIGENIS. IO*

Indigenismo in the twenties and thirties in Peru vas a complicated and contradictory phenomenon.   On the one ha d there was the idea that restoration of justice to the Indian ("la eivindicación del indio") was an essential step in any social revoluti n.   This was the belief of José Carlos Mariátegui, the Marxist think r, and it was also professed in the ideology of the influential Apra arty.   But at the same time *Indigenismo* was used as a slogan by a umber of groups and individuals who were very far from wanting social revolution. For some it was a call to reject everything Spanish s alien, for others a warning to the ruling class that they were in danger of being unseated, and for others a banner under which provincial intellectuals could unite against the exclusiveness of the capital. And in literature it ranged from the decorative *Modernismo* of Ventura García Calderón to the avant-garde pastoral of writers like Galamiel Churata. Thus its concern with the Indian by no means gave it a common meaning or direction.

Historically, it clearly derived from the fact that the four or five million Indians in the sierra, who had been in a stage of endemic revolt since the eighteen-eighties, were a potential revolutionary force. The only systematic study of literary *Indigenismo* was made by Mariátegui, in *Siete ensayos de interpretación de la realidad peruana* (1928). His basic thesis was that the recognition of the Indian as an essential part of Peru was a sympton of the new (socialist) outlook which was demanded by the new historical circumstances of the twenties. "Los 'indigenistas' auténticos—que no deben ser confundidos con los que explotan temas indígenas por mero 'exotismo'—colaboran, conscientemente o no, en una obra política y económica de reivindicación..." (5th edition, Lima, 1957, p. 289). "Authentic" is the crucial word here: Ventura García Calderón, whose decorative and romantic view of the Indian can be compared with that of Alcides Arguedas, is disqualified by Mariátegui. But the examples which he gives fail to measure up to his theory. He singles out *Cuentos andinos* (1920) by Enrique López Albújar, claiming in particular that the story "Ushanan-jampi" shows the working of popular communist justice in the Indian *comunidad*. But to read the story in this way is to ignore its actual literary qualities: communal justice is presented in such a way that it becomes a further example of the perversity and cruelty which we're made to see as the chief characteristics of Indians. López Albújar, whose knowledge of Indians came from his job as a provincial judge, pretends—with a good deal of bad faith—to be neutral and unbiased towards them, and then proceeds to give a psychological explanation for behaviour which he has decided in advance to be unreasonable. The psychological approach makes the reader believe that he is being given an inward view of the Indian mind, when in fact it is simply a rationalization of racial prejudice.

The novels of Ciro Alegría are a better case for studying Mariátegui's claims. *El mundo es ancho y ajeno* (1941), his best known novel, is the *indigenista* work which most closely carries out the idea of "una obra política y económica de reivindicación". The reader's sympathy is enlisted on the side of an Indian *comunidad* whose land is seized by a big landowner. Alegría makes their desire to keep their own land and be rid of feudalism embody the aspirations of the Peruvian middle classes—which accords with the populist politics of the Apra, of which Alegría was a member. The result is that their attachment to the land, their attitude to nature and their religion, while appearing to give an authentic picture of the Indian mind, are in reality reduced to a bourgeois type of consciousness which sanctions the reader's identification with them. The enormous success of *El mundo es ancho y ajeno* (which has run to more than twenty editions) indicates that it was what the reading public were looking for: the recognition of Arguedas's greatly superior work has taken much longer to establish itself.

Alegría's work reveals the inherent limitations of *Indigenismo*. To isolate Indians from their actual position within society as a whole in order to make them embody the need for social change felt by other sectors of society, is inevitably to simplify their situation and distort their consciousness. Arguedas had necessarily to go beyond *Indigenismo* to something else. The struggle to transmit his personal experience led him not only to reject the approach of Ventura García Calderón and López Albújar but to take a quite different path from Alegría. It has often been stated that what distinguishes Arguedas is that he sees the Indian "from inside". What is important to understand is that this meant dealing with the whole of Andean society in all its complicated relations.

"Agua", the title story of the book, includes one of the stock motifs of *Indigenismo*: the outbreak of violence against the oppressive landowner. But it is given an entirely new form: we are shown oppression as an equilibrium of forces which has been established through a historical struggle, an equilibrium in which the conscious attitudes of both sides play an active part. This is a long way from the mechanical treatment of violence in a novel like Jorge Icaza's *Huasipungo* (1934). To see violence as a mechanical response to oppression indicates an ambiguous attitude to the oppressed. For though they are shown to be victims of injustice, they are treated by the writer as objects, which is to collaborate with the ideology of the oppressor.

In *Agua*, the emphasis is on the struggle between two worlds which have been described by Arguedas as "dos mundos irreductibles, implacables y esencialmente distintos". *Yawar Fiesta* shows how these two orders have, through their historical coexistence, combined in paradoxical ways. We are shown the process of *acculturation*, by which the *señores* have absorbed Indian culture into their own outlook to the extent that, as Arguedas puts it, "lo indigena está en lo más íntimo de toda la gente de la sierra del Perú" *(Canto Kechwa.* p. 13).

The action is focused on a traditional Indian Fiesta where the Indians fight a bull with their bare hands. When the Fiesta is banned as "barbarous" by the government, the *señores* split into two bands. One side supports the government edict in order to ingratiate themselves with the *subprefecto*, the other side defend the traditional Fiesta even though they are thrown into prison for this. "Estos maricones están echando a perder el valor de la indiada: están aguando la sangre del pueblo. ¡Ya dentro de poco no habrán hombres en Puquio!" says don Julián Arangüena (3rd ed., Lima, Populibros, n.d., p. 112). Thus as well as conflict there is an area of unity in the society of the sierra. This unity is brought out during a period of transition, when the sierra is being "modernized" through closer contact with the coast (the government prohibition is one aspect of this): the Indians/*señores* division is partially superseded by a new polarization between the modern society of the coast and the traditional society of the sierra. A sign of this can be seen in the behaviour of the group of ex-comuneros who have emigrated to Lima and whose outlook has been changed in the process of living in the coast. They send a committee in support of the government ruling, believing that they are scoring a victory for the Indians by freeing them from their "primitivismo". But they are unable to influence the Indians and their plan fails. In fact this type of "enlightenment" has nothing to offer to the Indians, since it deprives them of their traditional strength without providing them with any alternative means of defence.

In the face of change, it is the Indians who show that they are the

basis of traditional society and that without them it cannot exist.
Opposition to the Fiesta collapses and the Indians carry out this ritual
that binds together the whole town in an expiation of social tensions.
It is myth that focuses their social consciousness.   For myth is the
bulwark of their own separate universe; it is the basis of their re-
fusal to consider themselves part of the "white" order, their defence
against centuries of colonization.   When they destroy the bull they
kill what is for them a supernatural being: "Cuando el pueblo indí-
gena quiere demostrar su valor ante la gente que lo desprecia, que son
los señores, incluso mata a un dios, que es el Misitu [the bull]..."
(Primer encuentro..., p. 237). But it is an ambivalent act, for though
it is a defiance of their destiny it also disguises the Indians' real enemies,
and results in a reaffirmation of the old order which binds Indians and
señores together.

Todas las sangres takes the conflict through to a further stage of
development.   The inroads of modern capitalism have brought the
traditional society of the sierra to the point of collapse.   The feudal
señores can no longer survive as a social caste.   In this profound
convulsion of a whole society it is only the Indians who are able to keep
their social organization and their culture intact and to resist the
imposition of capitalism.

For them, the collapse of feudal society makes possible a millenial
return to the collective life of the ayllu (comunidad) which had existed
since before the Conquest.   Once again it is myth that concentrates
their strength.   It is worth quoting here the myth Inkarrí, since it
shows how for Indians the past is not severed from the present but
included in a mythical form.   "El primer dios es Inkarrí.   Fue hijo
del sol en una mujer salvaje.   El hizo cuanto existe sobre la tierra...
Inkarrí fue apresado por el rey español; fue martirizado y decapitado.
La cabeza del dios fue llevada al Cuzco.   La cabeza de Inkarrí está
viva y el cuerpo del dios se está reconstituyendo hacia abajo de la
tierra...   Cuando el cuerpo de Inkarrí esté completo, él volverá y ese
día se hará el juicio final" ("Los mitos quechuas posthispánicos",
pp. 18-19).

Arguedas does not idealize primitive society, making it into some
rural arcadia, but brings it into a real confrontation with the modern
world.   This involves the problem of how far can a more primitive

social order withstand modern society, and how far can myth be·a guide to effective historical action? In *Todas las sangres* a process of transformation occurs whereby myth is translated into social objectives. This secularization of religious thinking is characteristic of millenarianism. As Maria I. Pereira de Queiroz puts it, "Il est dans la nature du millénarisme d'être en même temps religieux et socio-politique, et de lier étroitement le sacré et le profane" (*Réforme et révolution dans les sociétés traditionnelles*, Paris, 1968, p. 4). The millenarian movement in *Todas las sangres* spreads to several haciendas, where the Indians drive out the owners and proceed to work the land on the communal basis of the *ayllu*. It is crushed by the police—as any pre-political movement faced by the modern state inevitably must be—but this does not prevent the positive transformation of Indian consciousness that has been set in motion. For, as Rendón Wilka—the leader of the Indians—stresses, it is only when the religious framework of his culture is surpassed that the Indian can reach his full potential. "El vecino [i.e. "white"] hace su Dios con su mano, con su mano también lo vuelve ceniza, fácil. ¿Cuándo vamos a enseñar al comunero que vea eso? Entonces el comunero, cuando aprenda que el cerro es sordo, que la nieve es agua, que el cóndor wamani [i.e. god] muere con un tiro, entonces curará para siempre. Para comunero no habrá Dios, el hombre no más..." (p. 407). Here the thesis of the universality of Indian culture is brought to its only possible conclusion. That myth is both a strength and a limitation is a judgement that is already suggested, though less explicitly, in the earlier novels, *Yawar Fiesta* and *Los ríos profundos*.

Thus Arguedas's work enacts the continuous struggle of Indians not only against feudalism but against capitalism as well; the Indian, as he states categorically, "ha demostrado que no cederá sino ante una solución total" ("La novela y el problema de la expresión literaria...", p. 67). The place of *Los ríos profundos* in the context of the development that has been traced is a transitional one. Indian culture is put to greater tests than in *Yawar Fiesta*, for it must prove its validity on an individual basis in the narrator Ernesto—who is subjected to the full force of the ideology of the *señores*—while on the other hand it is not brought to the stage of profound transformation that takes place in *Todas las sangres*.

THE PROBLEM OF LANGUAGE

Arguedas once said in an interview, "Entre el zar de Rusia y un mujik [peasant] creo que habría menos distancia que entre un comunero de Andahuaylas (mi pueblo natal) y cualquiera de los presidentes del Perú". The problem was how to cross this distance and reach the reader; to show him Andean society in such a way that he would see "his own face" at the same time. Arguedas saw the basic technical difficulty as one of language. Language and culture are indivisible, and thus it was not easy for Spanish to become a vehicle for Quechua culture and sensibility. Hence Arguedas's dissatisfaction with the "correct literary Spanish" of his first attempts at writing: "Bajo un falso lenguaje se mostraba un mundo como inventado, sin médula y sin sangre; un típico mundo 'literario', en que la palabra ha consumido a la obra. Mientras en la memoria, en mi interior, el verdadero tema seguía ardiendo, intocado" ("La novela y el problema de la expresión literaria...", p. 69). To write in Quechua would be no solution—for Quechua is an oral language and written Quechua would reach only an erudite minority. (At a later date, Arguedas wrote and published poetry in Quechua—for instance, *A nuestro Padre Creador Tupac Amuru*—in the belief that the literary capacity of colloquial Quechua should be maintained and developed.)

When Arguedas chose to write in Spanish, it had to be a "modified" Spanish. He rejected the regionalist formula of incorporating regional dialect in order to provide "local colour", and attempted instead to translate the syntactical structure of Quechua into Spanish by means of a number of "sutiles desordenamientos". Quechua is an inflected language, i.e. one in which case-endings are used to express relations which in Spanish or English are defined through articles, pronouns, prepositions and conjunctions. In *Agua* the generic, non-individuated world-view of the Indian is suggested through the omission of articles, the use of the gerund in preference to the usual personal verb form and a general dislocation of word-order so that the verb is placed much later in the sentence than is normal in Spanish; the elements of the sentence tend thus to combine and interact on a different plane from that of individuated action. These procedures, together with a tendency to omit conjunctions, reproduce in Spanish some of the special character of Quechua.

When it is used to convey the speech of Indians, who of course speak only in Quechua, this language is very effective, and contrasts sharply with the pidgin Spanish, consisting merely in morphological and phonetic distortions, used by the *indigenistas*. But as a general narrative vehicle it is less successful. However far it is "modified", Arguedas's Spanish can still only be judged as Spanish. There is a point at which the disordering of Spanish in his early work becomes self-cancelling. The link between syntax and modes of thought pertains only within each individual language and culture. Thus the transference of structure from one language to another brings no guarantee that the original modes of thought will also be carried over. The problem with many of Arguedas's disorderings is that they are non-forms in Spanish and that, with repetition, their meaning fades. They can at best give an impression of Indian thought, but they cannot of themselves enact its structure, its actual mode of operation.

Significantly, it is precisely where Arguedas lays increasing emphasis on Indian culture as a substantial and autonomous order that he moves away from the earlier style. The process begins in *Yawar Fiesta* and reaches its conclusion in *Los ríos profundos*. Here the struggle to transmit the Andean world in Spanish reaches its fruition. Certain habits of the earlier style, such as the postponement of the verb, are retained, but without going outside the expressive system of Spanish. The salient qualities of the language of *Los ríos profundos* derive, as will be shown later, from its capacity to transmit the Indian sensibility.

LOS RÍOS PROFUNDOS

The structure of *Los ríos profundos* grows out of the conflict of two worlds which are not simply different social orders but different ideas of reality: the Indian mythical world-view and the landowning class's ethic of social domination, underpinned by Catholicism. This "dualidad trágica de lo indio y lo español", as Arguedas has called it, is centred in Ernesto, and it is heightened for him by the ambiguities of adolescence. The conflict is presented to us through his personal experiences: he is not a passive victim or simply an observer: it is his personal struggle to solve his conflict which defines and crystallizes it. The nucleus of the book, therefore, is his response to experience and the continual contradictions and readjustments through which the conflict is heightened and developed.

The action divides into three main phases: chapters I-V, chapters VI-IX, and the two final chapters.

CHAPTERS I-V

The first phase leads up to Ernesto's first experience of the school and the way this causes a radical break in the personal equilibrium which until then he had been able to maintain. He identifies himself profoundly with the Indian world, which sustains him in his estrangement from the class he was born into. The Inca walls in Cuzco, centre of the Inca empire and therefore "centro del mundo" are for him alive with movement: "Eran más grandes y extrañas de cuanto había imaginado las piedras del muro incaico, bullían bajo el segundo piso encalado..." (p. 5). The Inca wall, with the Spanish colonial buildings erected on top of it, symbolizes Peruvian history. It is also a sign which points to Ernesto's predicament: he is oppressed by the weight of an alien world.

The intense relation with *things*, and his capacity to draw strength from them, are fundamental in Ernesto. Nature in particular, is charged for him with magical presences, and he constantly sees people, places and objects in terms of nature. This is not as might appear at first sight, the work of a romantic imagination, but rather the result of what Arguedas, referring to his own experience, has called "the inner victory of the Indian". For the Indian mind the conventional distinction between man and nature doesn't apply: nature and human society are a single, continuous order (I shall use the term natural order to refer to this). Thus Ernesto's relationship with nature is a link with an alternative human order (that of Indians), an order which can reverse the social alienation which he experiences in Cuzco, in the villages where he and his father are social outcasts or in the Catholic school in Abancay.

In Abancay Ernesto is cut off from the world of the Indian *comunidad* which had been the decisive experience of his life. Abancay is "un pueblo cautivo, levantado en la tierra ajena de una hacienda" (p. 31). His first impulse on being left in the school was to go to the hacienda to make contact with the Indians. But their cultural tradition seems to have been destroyed in them and they have been reduced to such a degree of sub-humanity that they recoil from any contact: "Ya no escuchaban ni el lenguaje de los *ayllus;* les habían hecho perder la memoria..." (p. 40). These *colonos* (i.e. serfs) are utterly different from the free *comuneros* he had lived with. "Huyendo de parientes crueles pedí misericordia a un *ayllu* que sembraba maíz en la más pequeña y alegre quebrada que he conocido... Los jefes de familia y las señoras, *mamakunas* de la comunidad, me protegieron y me infundieron la impagable ternura en que vivo" (pp. 40-41).

This is one of those frequent moments when Ernesto evokes the memory of his childhood. Vargas Llosa, in the Introduction to the Chilean edition of *Los ríos profundos,* has argued that Ernesto is a person who lives on the past, "confrontando la experiencia presente con otra pasada, apoyándose en lo actual para impulsarse hacia atrás" (p. 11). The question raised here must affect fundamentally one's reading of the novel. If the most substantial part of Ernesto's being is located in the past, then he is, in Vargas Llosa's phrase, "una especie de muerto" (p. 12), whose alienated consciousness can only give us "un testimonio indirecto" of the divided world of the Andes. But this argument does not take into account the specific content of Ernesto's attitudes. The past which he evokes is one where he belonged to the Indian order; this order is an objective reality which is in opposition to the world of Abancay. In fact Ernesto does not retreat into memory, but brings the past into confrontation with the present, the effect of which is to elucidate his conflict by intensifying it.

In the school Ernesto is initiated into adulthood through the education provided for those whose social role is to oppress the Indian. The brutally distorted sexual experience of the pupils with "la opa" in the inner yard (a symptom of repressive education and a male-dominated society) is for Ernesto and the younger pupils a total negation of the world as they have known it. It destroys Ernesto's relationship with natural order: "Los ríos fueron siempre míos; los

arbustos que crecen en las faldas de las montañas, aun las casas
de los pequeños pueblos, con su tejado rojo cruzado de rayas de cal...
Pero a la hora en que volvía de aquel patio, al anochecer, se desprendía
de mis ojos la maternal imagen del mundo" (p. 61). For Ernesto,
self-alienation means alienation from nature. Chauca resorts to
self-flagellation in order to purify himself; but in Ernesto the magical-
religious outlook is stronger than Catholicism: he tries to exorcise
what he has seen by casting the older pupils in the figures of Indian
myth: "Eran como los duendes, semejantes a los monstruos que
aparecen en las pesadillas, agitando sus brazos y sus patas velludas"
(p. 61).   And it is only through a recuperation of his relationship
with nature, when he goes down to the Pachachaca, that he can become
"renovado, vuelto a mi ser" (p. 64).

CHAPTERS VI-IX

In this section of the book, Ernesto is confronted with a series of
events which compel him to define his position.   In particular, the
uprising of the *chicheras* and the arrival of the troops in Abancay
involve him in a conflict of social forces, where he must define his
allegiances more sharply.

After the experience of being separated from "la maternal imagen
del mundo", the reaffirmation of the Indian world-view as a positive
reality has become more urgent.   The *zumbayllu*, because it brings
magical thought into the present in a living form, becomes a vital
emblem.   The first part of the "*Zumbayllu*" chapter and its treatment
of magical-religious thought needs further analysis; for the present
it is enough to point out that the *zumbayllu* incarnates the magical
forces of nature.   Through it Ernesto achieves a reconciliation with
the world: "¿Qué semejanza había, qué corriente, entre el mundo
de los valles profundos y el cuerpo de ese pequeño juguete móvil...?
Para mí era un ser nuevo, una aparición en el mundo hostil, un lazo
que me unía a ese patio odiado, a ese valle doliente, al Colegio"
(p. 70).   It is a sign of the possibility of synthesis, of overruling the
divisions which separate men.

The heroic uprising of the *chicheras* ("El motín") challenges the
established order in Abancay and undermines the authority of the

much-revered Padre Linares. The force of their challenge springs from the positive purpose which directs their violence: doña Felipa in particular expresses this "fuerza reguladora". The transformation of these women into an ordered force seems to make anything possible: "Una inmensa alegría y el deseo de luchar, aunque fuera contra el mundo entero, nos hizo correr por las calles" (p. 98).

Ernesto is on the side of the *chicheras;* their distribution of salt to the *colonos* is particularly important to him. Linares's patronizing sermon in the hacienda after the salt has been taken away from the *colonos* causes Ernesto to see him as an ambivalent figure: "'¿Tiene varios espíritus?... A nosotros no pretende hacernos llorar a torrentes, no quiere que nuestro corazón se humille... A nosotros nos ilumina. nos levanta hasta confundirnos con su alma...'" (p.126). He has begun to grasp the social role of religion, but he does so in religious terms. If Linares exalts the landowners and pupils and humiliates the Indians, Ernesto will reverse the order of the hierarchy: doña Felipa and the *colonos* will become sacred for him, the supernatural will be on their side. He sees doña Felipa as a mythical personage, who embodies the magical powers of nature: "Tú eres como el río, señora... No te alcanzarán. ¡Jajayllas! Y volverás. Miraré tu rostro que es poderoso como el sol de mediodía" (p.159). His hope is that doña Felipa will come back to cause a revolt of the *colonos*. This declaration of allegiance brings conflict into the relationship with Antero, which had begun with the gift of the *zumbayllu* and had been Ernesto's only close friendship in the school. Now that the *colonos* have become a test for where people stand, Antero, whose father is a landowner, and who believes that Indians must be kept in their place with the lash, clearly stands on the other side.

CHAPTERS X AND XI

In the two final chapters there is a change of pace. The earlier part of the novel is to a certain extent episodic, as though Arguedas had been unable to bring Ernesto's experiences into a completely coherent pattern; the individual incidents, though effective enough in themselves, tend to be isolated from each other. But in the last two chapters the rhythm of action is heightened and events fuse together into a single dramatic pattern.

The process of self-definition in Ernesto has widened the gulf between the world he wishes for and his actual position in Abancay. The other world is only a possibility: for it to become a reality, the social order of Abancay would have to be turned upside down. Until that might happen, his problem is where does he stand in this hostile order? The army, which has brought with it the mores of coastal society, increases his sense of being an outsider. The army officers seem to be apparitions from an alien reality: "¿En qué momento iban a iniciar su danza, durante la cual quizá pudiéramos reconocerlos, comunicarnos con ellos?" (p. 200). Antero's association with Gerardo, the son of the military commander, is the final blow to the friendship with Ernesto.

Once again it is the Indian world which renews his bond with reality. The *huaynos* he listens to in the *chicherías* manifest the Indian's sense of being at one with nature. Here, as elsewhere, the *huaynos* are not interludes but integral parts of the narrative. The emotion in them should not be mistaken for an individual feeling of desolation projected into nature. For, as Arguedas points out in his essay "La soledad cósmica en la poesía quechua", solitude in Quechua poetry is rooted in the social oppression of the Indian after the Conquest; and it is a "dolor cósmico" in the sense that it is felt as "el lamento de la propia naturaleza". Thus in the "Río Paraisancos" *huayno* (pp. 177-178) man and nature are seen together in a single unity of shared being. It is not simply grief that is expressed but also defiance. "¿Quién puede ser capaz de señalar los límites que median entre lo heroico y el hielo de la gran tristeza? Con una música de éstas puede el hombre llorar hasta consumirse, hasta desaparecer, pero podría igualmente luchar contra una legión de cóndores y de leones..." (p. 178). The capacity to convert suffering into the will to resist is the dominant pattern of feeling in *Los ríos profundos*. This is the context of the recurrent metaphor of rivers. The deep flow of feeling and the strength to overcome obstacles which rivers signify in the novel, represents, like the *zumbayllu*, the resolving of conflict so as to reach through to a new order.

In the final part of the book the action converges round two

central motifs, "la opa" and the *colonos*, both of which involve a trans-
formation of reality where the new order is glimpsed.   "La opa" had
taken doña Felipa's shawl from the cross on the bridge, and together
with doña Felipa, the river and the *zumbayllu* she becomes part of a
sacred counter-reality: Ernesto continues to oppose the established
order by turning "official" religion upside down.   When she climbs
the church tower, the vision of a reversed order is transmuted into
reality: her madness becomes truth, her defilement purity.   Her
laughter is a judgement on Abancay.   "Oía a la banda de músicos
desde el mirador más alto y solemne de la ciudad, y contemplaba,
examinándolos, a los ilustres de Abancay.   Los señalaba y enjuiciaba.
Se festejaba a plenitud, quizá como ninguno" (p. 196).

When Ernesto tends "la opa" on her death bed, he receives the
weight of her suffering on to himself ("sus manos pesaban mucho").
This decisive action reverses his alienation from the "hostile world"
of Abancay, bringing a new clarity into his position.   Padre Linares's
religion has become for him an embodiment of evil, an evil which
natural order has the power to overrule: "¡Padrecito!   No me pre-
gunte.   No me ensucie.   Los ríos lo pueden arrastrar; están con-
migo" (p. 219).

The *colonos* have been a source of tension in Ernesto's mind
because they seem to negate his faith in the Indian world.   But in
their response to the plague their traditional culture reaffirms itself.
They believe that the plague is a supernatural being which can be
destroyed only if a special mass is said for them in Abancay.   The
mythical outlook acts in a contradictory way, for though it substitutes
a mythical enemy for the real enemy (the society which forces them
to live in sub-human conditions), it also converts them into a force
which the authorities cannot contend with.   Since bloodshed will not
deter them, the police guarding the bridges cannot stop them, and
Linares is obliged to say mass for them.   Their entry is a victory:
"Irán en triunfo", Ernesto says to Linares (p. 239).   When they reject
death, this includes the living death which they have been subjected to
by society, and when they revindicate their humanity this is a victory
over an order which has denied them their humanity.   For Ernesto,
who had not believed them capable of forcing their way into the town,
it is a confirmation of the Indian's capacity to hold out for a new

order.   It brings a parallel transformation in himself.   When he sees
the children infested with parasites in the hacienda—the most
horrifying scene in the book—he is able to convert horror into the
strength to resist: "Sentí que tenía más energías que cuando me
despedí de la muerta doña Marcelina..." (p. 236).

NATURE, MAGIC AND LANGUAGE

Nature is a constant presence in *Los ríos profundos*.   It supplies
almost all the metaphors and similies; it provides a network of rela-
tionships between characters, events and places; and it continuously
moves into the foreground to interrupt the action.   All of this amounts
to what can only be understood as an ontological primacy: for
natural order is the root reality of the universe of *Los ríos profundos*,
it is the "ground of being".   In our modern industrial culture nature
has been relegated to a marginal role; therefore in considering the
place of nature in *Los ríos profundos* one must take care not to project
one's own attitudes.

Ernesto's mind is immersed in nature; almost everything in his
experience is defined in terms of it.   But this constant reference to the
natural world goes beyond comparison or analogy: it entails the
notion of a single order which includes both man and nature.   This
is the view of the Indian, who, "por la naturaleza de su cultura, se
siente como formando parte del ser de plantas, animales y de los
objetos notables" *(La literatura quechua en el Perú)*.   Man is thus
one being among many, or, in the formula with which Charles Olson
defines the outlook of Maya culture, a force in a field of forces.   Such
a view is evident in the way Ernesto prefaces general statements with
terms like "el hombre", "el ser humano" or "la criatura humana"
(see, for instance, pp. 19, 22, 227).   It is a cosmocentric rather than an
anthropomorphic vision, and very different from the Roussonian
view which opposes an idealized nature to the imperfection of human
society.

Nature is also interlinked with the idea of magic—for the Indian
mind, there is no separation between magic and the natural world.
Nature has supernatural powers, powers which are located reciprocally

in man.   This is shown, for instance, in the connection between doña
Felipa and the river: "¡Qué soldadito ha de matarte!   Con tu ojo,
mirando desde lejos, desde la otra banda del río, tú puedes agarrarle
la mano, quizás tu corazón también.   El Pachachaca, el *Apu* está,
pues, contigo..." (p.165).   The structure of this type of thinking is
analysed by Lévi Strauss in *The Savage Mind* (London, 1966).   To
summarize his argument: the notion of a simple "rapport" between
man and nature fails to account for the process by which man has
"peopled nature with wills comparable to his own".   For this can only
happen by virtue of the simultaneous inverse process of "ascribing
some of the attributes of this nature, in which he detected himself, to
his desires".   Thus the anthropomorphism of nature (religion) and the
physiomorphism of man (magic) are interdependent (pp. 220-221).

Los ríos profundos is permeated with this type of vision.   In
particular, the first pages of the "*Zumbayllu*" chapter form a nucleus
of magical-religious thinking.   The *tankayllu* insect is felt to embody
the supernatural because it seems to exceed its actual physical being:
"como el ruido de sus alas es intenso, demasiado fuerte para su pequeña
figura, los indios creen que el *tankayllu* tiene en su cuerpo algo más
que su sola vida..   Su pequeño cuerpo no puede darle tanto aliento"
(pp. 65-66).   It is a "privileged being" because it must embody some
"will" other than its own energy.   And it acquires this status not
through the operation of some system of symbolical references but by
virtue of actual physical details; its meaning, therefore, depends on
what Lévi-Strauss calls "the logic of the concrete".   When the name
"Tankayllu" is given to the scissor-dancer who performed incredible,
"supernatural" feats ("hizo proezas infernales"), the supernatural
properties of the insect are transferred to the man through the reciprocal
notion of the physiomorphism of man—that "opposite move" whereby
man attributes "a power and efficacy comparable to that of natural
phenomena to his own actions" (*The Savage Mind*, p. 220).

Like Asturias, Arguedas shows the actual functioning of mythical
thought.   His special achievement is to have given it the immediacy
of subjective experience.   In *Los ríos profundos* where the *colonos*
(the only Indians in the novel) cannot represent the living reality of
Indian culture, this depends specifically on language.

In the first paragraph of the "*Zumbayllu*" chapter, we are shown the special way in which Quechua transmits the natural world. Arguedas explains this as onomatopoeia. "En el quechua, muchos términos están sumergidos en los objetos, gracias a la supervivencia... de la onomatopeya" *(La literatura quechua en el Perú)*. The idea of any necessary link between sounds and objects has in fact been rendered untenable by Saussurean linguistics, but Arguedas's point is valid in a cultural sense,* for Quechua will necessarily reflect magical-religious thought: words become "casi el lenguaje de los objetos mismos" by dint of the mutual relationship of shared being between man and nature.

Arguedas has managed to translate this structure of thinking into Spanish. An outstanding characteristic of this language is its ability to penetrate beneath appearances to a kind of essential stratum. "A esa hora, en la altura, el resplandor atraviesa los elementos: el hombre domina el horizonte: sus ojos beben la luz y en ella el universo" (p.114). The effect has nothing to do with the operation of empathy. For empathy works by a projection of subjective feeling into nature, whereas in Arguedas there is a reciprocal flow of feeling between man and nature. "En esa plaza caldeada, el saxofón tan intensamente plateado, cantaba como si fuera el heraldo del sol; sí, porque ningún instrumento... que mestizos e indios fabrican tiene relación con el sol. Son como la nieve, como la luz nocturna, como la voz del agua, del viento o de los seres humanos" (p.166).

Light is pervasive in *Los ríos profundos*. It possesses both solidity and movement. For instance, "illa" denotes "toda luz vibrante" (p. 68): or when the *chicheras* are in the *plaza*, "podía escucharse el caer del sol sobre el cuerpo de las mujeres" (p. 94); or when the freak star appears, "el aire mismo adquirió una especie de sólida transparencia" (p. 29). It is no accident that light plays such an important rôle. For light, in its double capacity of radiance and reflection, transmits a flow of being between man and the universe which is both sensation and knowledge. "El limón abanquino, grande, de cáscara gruesa y comestible por dentro, fácil de pelar, contiene un jugo que

---

* According to Saussurean principles, the relation between word and object is arbitrary but this does not rule out a posteriori links between sound and sense. The problem is discussed in Lévi-Strauss's *Structural Anthropology* (London, 1968), pp. 92-93.

mezclado con la chancaca negra, forma el manjar más delicado y poderoso del mundo. Arde y endulza. Infunde alegría. Es como si se bebiera la luz del sol" (p. 199).

This discovery of the luminosity of the whole universe in a simple everyday object is typical of Arguedas's sensibility. It will be noticed that the diction is extremely pure, the vocabulary familiar. At the same time the musical distribution of vowel-sounds gives an intense sensuous presence to objects, while the short rhythmic units are needed for the weight each word has to acquire. Thus the language itself fuses transparency and solidity into a luminous texture.

It is a language which, as well as making us feel a weight and solidity in light and sound, can capture minute and fragile details of the world. "El Pachachaca brama en el silencio; el ruido de sus aguas se extiende como otro universo en el universo, y bajo esa superficie se puede oír a los insectos, aun el salto de las langostas entre los arbustos" (p.148). The effect here does not depend on a series of associations made in the mind but on a concrete interaction of sound and silence. This points to an essential quality of Arguedas's sensibility: the mind penetrates the infinite layers of reality which make up the world not through mental association but through the actual interrelations of things themselves. Hence the whole world can be contained in its smallest part without the latter losing its concrete particularity, without its edges being blurred. Meaning is not derived from the elevation of nature to some symbolical region of final truth, from the injection of significance from some outside source, but from the logic of things themselves. It is for this reason that in Arguedas's language the natural world acquires such density of being, and that words are so full of the things they stand for.

ERNESTO'S MIND

In "La amante de la culebra", a tale which Arguedas translated from the Quechua, a young girl fails to recognize that her lover is a serpent (she sees him as a handsome young man), and her parents have to go to a *brujo* (witchdoctor, and therefore specialist in magic) in order to destroy the lover. The girl's failure to recognize the supernatural (the magical) is a result of seeing *subjectively;* for magic, in "primitive" thought, belongs to the *objective* order of the universe (see *The Savage Mind*, pp. 220-221). The importance of this for *Los ríos profundos* is that one should be aware of the objective status that magic has for Ernesto. Vargas Llosa's view, which ignores this fact, is worth quoting because it raises fundamental questions about Ernestos's thinking: "Así como para el comunero explotado, vejado y humillado en todos los instantes de su vida, sin defensas contra la enfermedad y la miseria, la realidad difícilmente puede ser 'lógica', para el niño paria, sin arraigo entre los hombres, exiliado para siempre, el mundo no es racional sino esencialmente absurdo: de ahí su irracionalismo fatalista, su animismo y ese solapado fetichismo que lo lleva a venerar con unción religiosa los objetos más diversos" (Introduction to the Chilean edition, p. 14). This appears to put "reason" on the side of the dominating class; at any rate, it is the reason of Cartesian individualism, and as such completely alien to the logic of the Indian world-view. For one of the basic tenets of Arguedas's novels is precisely that Indians, in spite of centuries of oppression, have retained an independent culture, more coherent than that of the *señores (Yawar Fiesta)* and more human than that of modern capitalism *(Todas las sangres).* It is the world of the *señores* (and of the modern culture of the coast) which is illogical for Ernesto, and the novel validates his response. The magical-religious order is an objective principle for him, and this is why the *zumbayllu* or the river can overcome the contradictions of the world where he finds himself.

But it is not always able to overrule these contradictions. For Ernesto's adhesion to Indian culture is in an important sense problematic; when he applies it to a non-Indian world, it necessarily tends to become subjective: it has no substantial counterpart in the actual society where he finds himself (the *colonos* being cut off from their traditional culture). Thus his problem is to establish its objectivity. It is to be expected, also, that the "white" order should make itself felt in Ernesto's outlook through an admixture of occidental attitudes. His idealization of women is perhaps the clearrest case of this. It is a question of class, for the blue-eyed figure of purity and innocence which constantly haunts him is a way of exorcising his relationship with the class he was born into. In the case of women, Indian culture is displaced: not even magic—"ni siquiera el mágico vuelo del 'San

Jorge'" (p.191)—can reach these ideal figures (though the army officers can). Non-Indian attitudes can similarly be seen in the way he sometimes idealizes nature by projecting personal anguish into it, for instance when he pulls up the flower in the yard because it is "el único testigo vivo de la brutalidad humana que la opa desencadenó..."(p.232).

The fact that Ernesto's adhesion to Indian culture is itself conflictive is an essential part of his struggle. It also raises a crucial question: To what extent can Indian culture become universal (i.e. valid for the whole of society) without itself changing?

MYTH AND SOCIAL CHANGE

The gulf between the magical-religious world of the Indian and the social reality of Abancay could only be crossed through a process of transformation: myth* would have to turn itself into a social force directed towards the changing of society. There is one incident in particular where Arguedas brings myth as an active principle into direct confrontation with society: the *colonos*' entry into Abancay. It is extremely important for the total effect of the book because without it myth would remain an aspect of Ernesto's mind and would not be tested as an objective reality. The linking of myth and social change had occurred with Doña Felipa and "la opa", but there the mythical dimension had come from Ernesto's personal vision. Whereas the *colonos*' action is a direct result of their own mythical belief.

Arguedas referred to the role of the *colonos* in the *Primer Encuentro de Narradores Peruanos*: "En *Los ríos profundos* hubo una tesis brotada de mi convivencia con los indios más miserables que hay en nuestro país: los siervos de hacienda, los colonos... La tesis era ésta: esta gente se subleva por una razón de orden enteramente mágico, ¿cómo no lo harán, entonces, cuando luchen por una cosa mucho más directa como sus propias vidas, que no sea ya una creencia de tipo mágico?" (pp. 237, 239). This points to a relation betwen magical belief and social action; the one contains the other as a possibility. This relation exists because, although the *colonos*' demand is expressed in religious terms (the special mass), it brings their secular aspirations, in the form of a claim which for them is absolute, into conflict with the

---

* The term myth is used here in the broad sense of a belief in higher powers (gods); the idea of myth becoming a social force is set out in José Carlos Mariátegui's essay, "El hombre y el mito" (in *El alma matinal*, Lima, Amauta, 1950).

existing order. The magical attitude to the plague, in which their traditional culture reasserts itself, is in opposition to "official" Catholicism. Thus the capacity of myth to concentrate their strength in a challenge to the social order derives from the fact that it negates their relation to this order. Myth owes no allegiance to the "white" order; as in *Yawar Fiesta*, it expresses the separateness of Indians, their "fe inextinguible en que alguna vez no llevarían la vida que llevan" (*Primer Encuentro...*, p. 238). From the point of view of effective political objectives myth is mystification, but it can also challenge and negate the mystifications of a feudal society (where religion is an integral part of the social order). Myth can bring social aspirations into reality, as opposed to "official" religion which is designed to take them outside reality.

When the *colonos* march into Abancay they become—during that moment—an infinite force, a force which reverberates back through the novel. It is an event which we do not see directly. As Ernesto listens in Hermano Miguel's cell, there is the sound of the church bells, and then silence: "habrían corrido en tropel silencioso hacia la iglesia" (p.240). When they leave the church, the sound of their praying ("un rumor grave") begins to be heard. This is all, for their bare feet are silent. Ernesto notices, the next day, that they have not trampled on the flowers in the *plaza*. "Marcharían fúnebre y triunfalmente, en orden"(p.242). And so we are asked to imagine their silent movement from these indirect signs. They have been transformed from cowering subhumanity into an ordered human force, and as we assent to this, we have assented to a change which penetrates the whole of reality. "La peste estaría, en ese instante, aterida por la oración de los indios, por los cantos y la onda final de los *harahuis*, que habrían penetrado a las rocas, que habrían alcanzado hasta la raíz más pequeña de los árboles."

The pathos of this episode is the disproportion between the strength the *colonos* acquire and the tragically limited purpose to which it is put. Myth is both strength and weakness: its capacity to challenge social oppression is in turn lost when it becomes mystification. The *colonos'* entry into Abancay is thus both a vindication of "the inner victory of the Indian" in Ernesto and a sign of the difficult and conflictive path that this entails not only for Ernesto but for Arguedas himself.

CONCLUSION

The advantage of the first-person narrative in *Los ríos profundos* is that it enables the reader to participate directly in what is the central drama of the book, Ernesto's consciousness. Events acquire their meaning intrinsically, since it is their meaning for the narrator himself that we are concerned with: moreover, there is no time-lag between the telling and the events: we are placed at the pivot of the action. Although the novel is autobiographical, Ernesto is not Arguedas himself. Our understanding of Ernesto is not limited to his understanding of himself: the construction of the book, its language and the inter-relation of episodes into an artistic whole, provides a wider context through which we can not only see through Ernesto's eyes but also see him seeing.

But there is a sense in which this wider context is only partially achieved. There is a tendency for Ernesto's evaluation of things to be the only one available in the novel. In some cases this does not matter: for instance, we know what the army officers who Ernesto finds so strange are really like. And characters like Valle, Lleras, Antero, Doña Felipa or "la opa" acquire an independent existence through Ernesto's account of them. This does not apply, however, to Padre Linares. He changes according to Ernesto's response to him, and he contains elements of caricature. Here the reality we are given is narrowed and distorted by what Ernesto feels. The cause of this is that there is a conflict of attitudes here (Ernesto's ambivalent standpoint in relation to Catholicism) which is not clarified in the novel. It is in the conflict of allegiances between the Indian world-view and the outlook of the class he belongs to by birth that the lack of a wider perspective makes itself felt most damagingly. For instance, the idealizing of women is an attitude which is never placed in perspective.

It is easy to identify oneself with Ernesto, but this is not controlled by a sufficient objective basis from which to evaluate his attitudes. What is missing is not a greater self-consciousness in Ernesto, since in that case his conflict would disappear, but a dimension of irony: irony in the sense that the protagonist's view defines its own limitations and that the reader is enabled to see more and see further than him. The language of *Los ríos profundos* provides an implicit system of values which goes beyond Ernesto's individual consciousness. But these values do not differ in kind from those that Ernesto adheres to, and so there is no room for ironical interplay here.

It would be wrong to see this lack of a wider perspective simply as a failure of artistic technique. The difficult task facing Arguedas in *Los ríos profundos* was to convey Ernesto's conflict without either reducing it to its causes or treating it merely as a case of personal suffering. Ernesto's personal experiences had to be interrelated with the conflicts of a whole society. In the organization of the novel this becomes a problem of point of view. To write from the point of view of "white" society was obviously outruled. On the other hand, Arguedas could not rely completely on the Indian point of view, since Ernesto's problem is that he is divided between the two worlds. So Arguedas is left with the difficult option of writing from a middle point of view which would embrace both sides.

Such a view would be that of the ideal *mestizo*, a position that has no counterpart in any actual social group; which is to say that there *is* no common ground that could provide an objective perspective. The lack of objectivity in *Los ríos profundos* is the cost of Arguedas's commitment to the Indian order and of his refusal to compromise with the other side. The only "solution" would be a social revolution—such as the one *Todas las sangres* points towards— but the strength of *Los ríos profundos* is that it puts Indian culture to the test precisely in the absence of any such change, and in a situation of the sharpest possible tensions. The failure to provide a wider context is thus inextricable from the positive achievement of the novel.

BOOKS BY ARGUEDAS

1935 *Agua*. Lima Compañía de Impresiones y Publicidad (Short stories).

1938 *Canto Kechw* . Lima, Club del Libro Peruano (Translations of Quechua songs .

1939 *Runa yupay*. Lima, Comisión del Censo (Story written to publicise the national ce sus).

1941 *Yawar Fiesta* Lima, Compañía de Impresiones y Publicidad. Revised edition pul ished in 1958: Lima, Mejía Baca (Novel).

1949 *Canciones y c entos del pueblo quechua*. Lima, Huascarán (Translations of Quechu songs and tales).

1954 *Diamantes y edernales*. Lima, Mejía Baca (Story).

1957 *The Singing Mountaineers*. Austin, University of Texas Press. Edited by Ruth St phan. (English translations of the Introduction to *Canto Kechwa* an to *Canciones y cuentos...* and of the songs and tales collected in th se two books).

1958 *Los ríos prof ndos*. Buenos Aires, Losada (Novel).

1961 *El Sexto*. L na, Mejía Baca (Novel).

1962 *A nuestro Pa re Creador Tupac Amaru*. Lima, Salqantay (Poem).

1964 *Todas las san res*. Buenos Aires, Losada (Novel).

1966 *Oda al jet*. l ima, La Rama Florida (Poem).

1967 *Amor mundo y todos los cuentos*. Lima, Moncloa (Collected short stories).

1968 *Las comunid des de España y del Perú*. Lima, Universidad de San Marcos (A thropology).

1971 *El zorro de a riba y el zorro de abajo*. Buenos Aires, Losada (Novel).

BIBLIOGRAPHY

FOR a general bibliography of works by and about Arguedas ee *Revista Peruana de Cultura*, No. 13-14 (1971), 146-197.

ARTICLES AND OTHER WORKS REFERRED TO

ARGUEDAS, JOSÉ MARÍA. "La literatura quechua en el Perú", *M r del Sur*, I (Sept.-Oct. 1948), 46-54.

ARGUEDAS, JOSÉ MARÍA. "La novela y el problema de la expresió 1 literaria en el Perú", *Mar del Sur*, III (Jan.-Feb. 1950), 66-72. Reprinted in *Yaw r Fiesta*, Chile, Editorial Universitaria, 1968.

ARGUEDAS, JOSÉ MARÍA. "La soledad cósmica en la poesía quech ua", *Casa de las Américas*, No. 15-16 (Nov. 1962-Feb. 1963), 15-25. First publis ed in *Idea*, No. 48-49 (July-Sept. 1961), 1-2.

ARGUEDAS, JOSÉ MARÍA. "Los mitos quechuas posthispánicos", *Casa de las Américas*, No. 47 (Mar.-Apr. 1968), 17-29. First published in *Amaru*, 1 o. 3 (July-Sept. 1967), 14-18.

Primer Encuentro de Narradores Peruanos. Lima, Casa de la (ıltura del Perú, 1969.

SELECTED CRITICISM

CORNEJO POLAR, ANTONIO. *Los universos narrativos de José María , rguedas*, Buenos Aires, Losada, 1973.

ROUILLÓN, JOSÉ LUIS. "Notas sobre el mundo mágico de José Ma a Arguedas", *Mercurio Peruano*, LI (May-June 1966), 121-133.

ROWE, WILLIAM. *Mito e ideología en la obra de José María Arguedas,* ima, Instituto Nacional de Cultura, 1979.

VARGAS LLOSA, MARIO. "Ensoñación y magia en José María A guedas", Introduction to *Los ríos profundos* (Chile, 1967), pp. 9-17.

VARGAS LLOSA, MARIO. "Tres notas sobre Arguedas", *Nueva i ovela latinoamericana*, ed. Jorge Lafforgue (Buenos Aires, 1969), pp. 30-54 [In ludes "Ensoñación y magia en José María Arguedas"].

LOS RÍOS PROFUNDOS

I. EL VIEJO

Infundía respeto, a pesar de su anticuada y sucia apariencia. Las personas principales del Cuzco lo saludaban seriamente. Llevaba siempre un bastón con puño de oro: su sombrero, de angosta ala, le daba un poco de sombra sobre la frente. Era incómodo acompañarlo, porque se arrodillaba frente a todas las iglesias y capillas y se quitaba el sombrero en forma llamativa cuando saludaba a los frailes.

Mi padre lo odiaba. Había trabajado como escribiente en las haciendas del Viejo. "Desde las cumbres grita, con voz de condenado, advirtiendo a sus indios que él está en todas partes. Almacena las frutas de las huertas, y las deja pudrir: cree que valen muy poco para traerlas a vender al Cuzco o llevarlas a Abancay y que cuestan demasiado para dejárselas a los colonos [1]. "¡Irá al infierno!", decía de él mi padre.

Eran parientes, y se odiaban. Sin embargo, un extraño proyecto concibió mi padre, pensando en este hombre. Y aunque me dijo que viajábamos a Abancay, nos dirigimos al Cuzco, desde un lejanísimo pueblo. Según mi padre, íbamos de paso. Yo vine anhelante, por llegar a la gran ciudad. Y conocí al Viejo en una ocasión inolvidable.

Entramos al Cuzco de noche. La estación del ferrocarril y la ancha avenida por la que avanzábamos lentamente, a pie, me sorprendieron. El alumbrado eléctrico era más débil que el de algunos pueblos pequeños que conocía. Verjas de madera o de acero defendían jardines y casas modernas. El Cuzco de mi padre, el que me había descrito quizá mil veces, no podía ser ese.

Mi padre iba escondiéndose junto a las paredes, en la sombra.

---

[1] Indios que pertenecen a las haciendas.

El Cuzco era su ciudad nativa y no quería que lo reconocieran.
Debíamos tener apariencia de fugitivos, pero no veníamos derrotados
sino a realizar un gran proyecto.

—Le obligaré. ¡Puedo hundirlo! —había dicho mi padre.

Se refería al Viejo.

Cuando llegamos a las calles angostas, mi padre marchó detrás
de mí y de los cargadores que llevaban nuestro equipaje.

Aparecieron los balcones tallados, las portadas imponentes y
armoniosas, la perspectiva de las calles, ondulantes, en la ladera de la
montaña. Pero ¡ni un muro antiguo!

Esos balcones salientes, las portadas de piedra y los zaguanes
tallados, los grandes patios con arcos, los conocía. Los había visto
bajo el sol de Huamanga. Yo escudriñaba las calles buscando muros
incaicos.

—¡Mira al frente! —me dijo mi padre—. Fue el palacio de un inca.

Cuando mi padre señaló el muro, me detuve. Era oscuro, áspero;
atraía con su faz recostada. La pared blanca del segundo piso empezaba
en línea recta sobre el muro.

—Lo verás, tranquilo, más tarde. Alcancemos al Viejo —me dijo.

Habíamos llegado a la casa del Viejo. Estaba en la calle del muro
inca.

Entramos al primer patio. Lo rodeaba un corredor de columnas
y arcos de piedra que sostenían el segundo piso, también de arcos,
pero más delgados. Focos opacos dejaban ver las formas del patio,
todo silencioso. Llamó mi padre. Bajó del segundo piso un mestizo,
y después un indio. La escalinata no era ancha, para la vastedad del
patio y de los corredores.

El mestizo llevaba una lámpara y nos guió al segundo patio.
No tenía arcos ni segundo piso, sólo un corredor de columnas de ma-
dera. Estaba oscuro: no había allí alumbrado eléctrico. Vimos lám-
paras en el interior de algunos cuartos. Conversaban en voz alta
en las habitaciones. Debían ser piezas de alquiler. El Viejo residía
en la más grande de sus haciendas del Apurímac; venía a la ciudad
de vez en cuando, por sus negocios o para las fiestas. Algunos inquilinos
salieron a vernos pasar.

Un árbol de cedrón perfumaba el patio, a pesar de que era bajo y de ramas escuálidas. El pequeño árbol mostraba trozos blancos en el tallo: los niños debían de martirizarlo.

El indio cargó los bultos de mi padre y el mío. Yo lo había examinado atentamente porque suponía que era el pongo [1]. El pantalón, muy ceñido, sólo le abrigaba hasta las rodillas. Estaba descalzo: sus piernas desnudas mostraban los músculos en paquetes duros que brillaban. "El Viejo lo obligará a que se lave, en el Cuzco", pensé. Su figura tenía apariencia frágil; era espigado, no alto. Se veía, por los bordes, la armazón de paja de su montera. No nos miró. Bajo el ala de la montera pude observar su nariz aguileña, sus ojos hundidos, los tendones resaltantes del cuello. La expresión del mestizo era, en cambio, casi insolente. Vestía de montar.

Nos llevaron al tercer patio, que ya no tenía corredores.

Sentí olor a muladar allí. Pero la imagen del muro incaico y el olor a cedrón seguían animándome.

—¿Aquí? —preguntó mi padre.

—El caballero ha dicho. El ha escogido —contestó el mestizo.

Abrió con el pie una puerta. Mi padre pagó a los cargadores y los despidió.

—Dile al caballero que voy, que iré a su dormitorio en seguida. ¡Es urgente! —ordenó mi padre al mestizo.

Este puso la lámpara sobre un poyo, en el cuarto. Iba a decir algo, pero mi padre lo miró con expresión autoritaria, y el hombre obedeció. Nos quedamos solos.

—¡Es una cocina! ¡Estamos en el patio de las bestias! —exclamó mi padre.

Me tomó del brazo.

—Es la cocina de los arrieros —me dijo—. Nos iremos mañana mismo, hacia Abancay. No vayas a llorar. ¡Yo no he de condenarme por exprimir a un maldito!

Sentí que su voz se ahogaba, y lo abracé.

—¡Estamos en el Cuzco! —le dije.

—¡Por eso, por eso!

Salió. Lo seguí hasta la puerta.

---

[1]   Indio de hacienda que sirve gratuitamente, por turno, en la casa del amo.

—Espérame, o anda a ver el muro —me dijo—. Tengo que hablar con el Viejo, ahora mismo.

Cruzó el patio, muy rápido, como si hubiera luz.

Era una cocina para indios el cuarto que nos dieron. Manchas de hollín subían al techo desde la esquina donde había una *tullpa* indígena, un fogón de piedras. Poyos de adobes rodeaban la habitación. Un catre de madera tallada, con una especie de techo, de tela roja, perturbaba la humildad de la cocina. La manta de seda verde, sin mancha, que cubría la cama, exaltaba el contraste. "¡El Viejo! —pensé—. ¡Así nos recibe!"

Yo no me sentía mal en esa habitación. Era muy parecida a la cocina en que me obligaron a vivir en mi infancia; al cuarto oscuro donde recibí los cuidados, la música, los cantos y el dulcísimo hablar de las sirvientas indias y de los "concertados" [1]. Pero ese catre tallado ¿qué significaba? La escandalosa alma del Viejo, su locura por ofender al recién llegado, al pariente trotamundos que se atrevía a regresar. Nosotros no lo necesitábamos. ¿Por qué mi padre venía donde él? ¿Por qué pretendía hundirlo? Habría sido mejor dejarlo que siguiera pudriéndose a causa de sus pecados.

Ya prevenido, el Viejo eligió una forma certera de ofender a mi padre. ¡Nos iríamos a la madrugada! Por la pampa de Anta. Estaba previsto. Corrí a ver el muro.

Formaba esquina. Avanzaba a lo largo de una calle ancha y continuaba en otra angosta y más oscura, que olía a orines. Esa angosta calle escalaba la ladera. Caminé frente al muro, piedra tras piedra. Me alejaba unos pasos, lo contemplaba y volvía a acercarme. Toqué las piedras con mis manos; seguí la línea ondulante, imprevisible, como la de los ríos, en que se juntan los bloques de roca. En la oscura calle, en el silencio, el muro parecía vivo; sobre la palma de mis manos llameaba la juntura de las piedras que había tocado.

No pasó nadie por esa calle, durante largo rato. Pero cuando miraba, agachado, una de las piedras, apareció un hombre por la bocacalle de arriba. Me puse de pie. Enfrente había una alta pared de adobes, semiderruida. Me arrimé a ella. El hombre orinó, en media calle, y después siguió caminando. "Ha de desaparecer —pensé—.

---
[1]   Peones a sueldo anual.

Ha de hundirse". No porque orinara, sino porque contuvo el paso y parecía que luchaba contra la sombra del muro; aguardaba instantes, completamente oculto en la oscuridad que brotaba de las piedras. Me alcanzó y siguió de largo, siempre con esfuerzo. Llegó a la esquina iluminada y volteó. Debió de ser un borracho.

No perturbó su paso el examen que hacía del muro, la corriente que entre él y yo iba formándose. Mi padre me había hablado de su ciudad nativa, de los palacios y templos, y de las plazas, durante los viajes que hicimos, cruzando el Perú de los Andes, de oriente a occidente y de sur a norte. Yo había crecido en esos viajes.

Cuando mi padre hacía frente a sus enemigos, y más, cuando contemplaba de pie las montañas, desde las plazas de los pueblos, y parecía que de sus ojos azules iban a brotar ríos de lágrimas que él contenía siempre, como con una máscara, yo meditaba en el Cuzco. Sabía que al fin llegaríamos a la gran ciudad. "¡Será para un bien eterno!", exclamó mi padre una tarde, en Pampas, donde estuvimos cercados por el odio.

Eran más grandes y extrañas de cuanto había imaginado las piedras del muro incaico; bullían bajo el segundo piso encalado, que por el lado de la calle angosta, era ciego. Me acordé, entonces, de las canciones quechuas que repiten una frase patética constante: *"yawar mayu"*, río de sangre; *"yawar unu"*, agua sangrienta; *"puk-tik'yawar k'ocha"*, lago de sangre que hierve; *"yawar wek'e"*, lágrimas de sangre. ¿Acaso no podría decirse *"yawar rumi"*, piedra de sangre o, *"puk'tik' yawar rumi"*, piedra de sangre hirviente? Era estático el muro, pero hervía por todas sus líneas y la superficie era cambiante, como la de los ríos en el verano, que tienen una cima así, hacia el centro del caudal, que es la zona temible, la más poderosa. Los indios llaman *"yawar mayu"* a esos ríos turbios, porque muestran con el sol un brillo en movimiento, semejante al de la sangre. También llaman *"yawar mayu"* al tiempo violento de las danzas guerreras, al momento en que los bailarines luchan.

—¡*Puk'tik, yawar rumi!* —exclamé frente al muro, en voz alta.

Y como la calle seguía en silencio, repetí la frase varias veces.

Mi padre llegó en ese instante a la esquina. Oyó mi voz y avanzó por la calle angosta.

—El Viejo ha clamado y me ha pedido perdón —dijo—. Pero sé

que es un cocod lo. Nos iremos mañana. Dice que todas las habitaciones del prime patio están llenas de muebles, de costales y de cachivaches; que ha hecho bajar para mí la gran cuja de su padre. Son cuentos. Pe o yo soy cristiano, y tendremos que oír misa, al amanecer, con e Viejo, en la catedral. Nos iremos en seguida. No veníamos al Cu co: estamos de paso a Abancay. Seguiremos viaje. Este es el palacio de Inca Roca. La Plaza de Armas está cerca. Vamos despacio. Iremo también a ver el templo de Acllahuasi. El Cuzco está igual. Sigue n orinando aquí los borrachos y los transeúntes. Más tarde habrá aquí otras fetideces... Mejor es el recuerdo. Vamos.

—Dejemos q ie el Viejo se condene —le dije . ¿Alguien vive en este palacio d Inca Roca?

—Desde la Conquista.

—¿Viven?

—¿No has v to los balcones?

La construc ón colonial, suspendida sobre la muralla, tenía la apariencia de in segundo piso. Me había olvidado de ella. En la calle angosta, la pared española, blanqueada, no parecía servir sino para dar luz al uro.

—Papá —le lije—. Cada piedra habla. Esperemos un instante.

—No oiremo nada. No es que hablan. Estás confundido. Se trasladan a tu mente desde allí te inquietan.

—Cada piedr es diferente. No están cortadas. Se están moviendo.

Me tomó del razo.

—Dan la im resión de moverse porque son desiguales, más que las piedras de lo campos. Es que los incas convertían en barro la piedra. Te lo dij muchas veces.

—Papá, pare e que caminan, que se revuelven, y están quietas.

Abracé a mi adre. Apoyándome en su pecho contemplé nuevamente el muro.

—¿Viven ade tro del palacio? —volví a preguntarle.

—Una famili noble.

—¿Como el iejo?

—No. Son no les, pero también avaros, aunque no como el Viejo. ¡Como el Viejo n ! Todos los señores del Cuzco son avaros.

—¿Lo permit el Inca?

—Los incas e tán muertos.

—Pero no este muro. ¿Por qué no lo devora, si (dueño es avaro? Este muro puede caminar: podría elevarse a los cielos o avanzar hacia el fin del mundo y volver. ¿No temen quienes viven adentro?

—Hijo, la catedral está cerca. El Viejo nos ha tr stornado. Vamos a rezar.

—Dondequiera que vaya, las piedras que mandó ormar Inca Roca me acompañarán. Quisiera hacer aquí un juramen o.

—¿Un juramento? Estás alterado, hijo. Vam s a la catedral. Aquí hay mucha oscuridad.

Me besó en la frente. Sus manos temblaban, ero tenían calor.

Pasamos la calle; cruzamos otra, muy anch; recorrimos una calle angosta. Y vimos las cúpulas de la catedral.)esembocamos en la Plaza de Armas. Mi padre me llevaba del braz . Aparecieron los portales de arcos blancos. Nosotros estábamos a la s mbra del templo.

—Ya no hay nadie en la plaza —dijo mi padre.

Era la más extensa de cuantas había visto. L s arcos aparecían como en el confín de una silente pampa de las regiones heladas. ¡Si hubiera graznado allí un *yanawiku*, el pato q e merodea en las aguadas de esas pampas!

Ingresamos a la plaza. Los pequeños árboles qu habían plantado en el parque, y los arcos, parecían intencionalment empequeñecidos, ante la catedral y las torres de la iglesia de la Com añía.

—No habrán podido crecer los árboles —dije— Frente a la catedral, no han podido.

Mi padre me llevó al atrio. Subimos las gra las. Se descubrió cerca de la gran puerta central. Demoramos muche en cruzar el atrio. Nuestras pisadas resonaban sobre la piedra. Mi p adre iba rezando: no repetía las oraciones rutinarias; le hablaba a Dios, libremente. Estábamos a la sombra de la fachada. No me dijo (ue rezara; permanecí con la cabeza descubierta, rendido. Era una nmensa fachada: parecía ser tan ancha como la base de las monta ias que se elevan desde las orillas de algunos lagos de altura. En el silencio, las torres y el atrio repetían la menor resonancia, igual qu las montañas de roca que orillan los lagos helados. La roca devue e profundamente el grito de los patos o la voz humana. Ese eco es (fuso y parece que naciera del propio pecho del viajero, atento, oprim do por el silencio.

Cruzamos, de regreso, el atrio; bajamos las gradas y entramos al parque.

—Fue la plaza de celebraciones de los incas —dijo mi padre—. Mírala bien, hijo. No es cuadrada, sino larga, de sur a norte.

La iglesia de la Compañía, y la ancha catedral, ambas con una fila de pequeños arcos que continuaban la línea de los muros, nos rodeaban. La catedral enfrente y el templo de los jesuitas a un costado. ¿Adónde ir? Deseaba arrodillarme. En los portales caminaban algunos transeúntes; ví luces en pocas tiendas. Nadie cruzó la plaza.

—Papá —le dije—. La catedral parece más grande cuanto de más lejos la veo. ¿Quién la hizo?

—El español, con la piedra incaica y las manos de los indios.

—La Compañía es más alta.

—No. Es angosta.

—Y no tiene atrio, sale del suelo.

—No es catedral, hijo.

Se veía un costado de las cúpulas, en la oscuridad de la noche.

—¿Llueve sobre la catedral? —pregunté a mi padre—. ¿Cae la lluvia sobre la catedral?

—¿Por qué preguntas?

—El cielo la alumbra; está bien. Pero ni el rayo ni la lluvia la tocarán.

—La lluvia sí; jamás el rayo. Con la lluvia, fuerte o delgada, la catedral parece más grande.

Una mancha de árboles apareció en la falda de la montaña.

—¿Eucaliptos? —le pregunté.

—Deben de ser. No existían antes. Atrás está la fortaleza, el Sacsayhuaman. ¡No lo podrás ver! Nos vamos temprano. De noche no es posible ir. Las murallas son peligrosas. Dicen que devoran a los niños. Pero las piedras son como las del palacio de Inca Roca, aunque cada una es más alta que la cima del palacio.

—¿Cantan de noche las piedras?

—Es posible.

—Como las más grandes de los ríos o de los precipicios. Los incas tendrían la historia de todas las piedras con "encanto" y las harían llevar para construir la fortaleza. ¿Y estas con que levantaron la catedral?

—Los españoles las cincelaron. Mira el filo de la esquina de la torre.

Aun en la penumbra se veía el filo: la cal que unía cada piedra labrada lo hacía resaltar.

—Golpeándolas con cinceles les quitarían el "encanto". Pero las cúpulas de las torres deben guardar, quizás, el resplandor que dicen hay en la gloria. ¡Mira, papá! Están brillando.

—Sí, hijo. Tú ves, como niño, algunas cosas que los mayores no vemos. La armonía de Dios existe en la tierra. Perdonemos al Viejo, ya que por él conociste el Cuzco. Vendremos a la catedral mañana.

—Esta plaza, ¿es española?

—No. La plaza, no. Los arcos, los templos. La plaza, no. La hizo Pachakutek', el Inca renovador de la tierra. ¿No es distinta de los cientos de plazas que has visto?

—Será por eso que guarda el resplandor del cielo. Nos alumbra desde la fachada de las torres. Papá: ¡amanezcamos aquí!

—Puede que Dios viva mejor en esta plaza, porque es el centro del mundo, elegida por el Inca. No es cierto que la tierra sea redonda. Es larga: acuérdate, hijo, que hemos andado siempre a lo ancho o a lo largo del mundo.

Nos acercamos a la Compañía. No era imponente, recreaba. Quise cantar junto a su única puerta. No deseaba rezar. La catedral era demasiado grande, como la fachada de la gloria para los que han padecido hasta su muerte. Frente a la portada de la Compañía, que mis ojos podían ver completa, me asaltó el propósito de entonar algún himno, distinto de los cantos que había oído corear en quechua a los indios, mientras lloraban, en las pequeñas iglesias de los pueblos. ¡No, ningún canto con lágrimas!

A paso marcial nos encaminamos al Amaru Cancha, el palacio de Huayna Capac, y al templo de las Acllas.

—¿La Compañía también la hicieron con las piedras de los incas? —pregunté a mi padre.

—Hijo, los españoles, ¿qué otras piedras hubieran labrado en el Cuzco? ¡Ahora verás!

Los muros del palacio y del templo incaicos formaban una calle angosta que desembocaba en la plaza.

—No hay ninguna puerta en esta calle —dijo mi padre—. Está igual que cuando los incas. Sólo sirve para que pase la gente. ¡Acércate! Avancemos.

Parecía cortada en la roca viva. Llamamos roca viva, siempre, a la bárbara, cubierta de parásitos o de líquenes rojos. Como esa calle hay paredes que labraron los ríos, y por donde nadie más que el agua camina, tranquila o violenta.

—Se llama Loreto Quijllu —dijo mi padre.

—¿Quijllu, papá?

Se da ese nombre, en quechua, a las rajaduras de las rocas. No a las de las piedras comunes sino de las enormes, o de las interminables vetas que cruzan las cordilleras, caminando irregularmente, formando el cimiento de los nevados que ciegan con su luz a los viajeros.

—Aquí están las ruinas del templo de Acllahuasi, y de Amaru Cancha —exclamó mi padre.

Eran serenos los muros, de piedras perfectas. El de Acllahuasi era altísimo, y bajo el otro, con serpientes esculpidas en el dintel de la puerta.

—¿No vive nadie adentro? —pregunté.

—Sólo en Acllahuasi: las monjas de Santa Catalina, lejos. Son enclaustradas. No salen nunca.

El Amaru Cancha, palacio de Huayna Capac, era una ruina, desmoronándose por la cima. El desnivel de altura que había entre sus muros y los del templo permitía entrar la luz a la calle y contener, mejor, a la sombra.

La calle era lúcida, no rígida. Si no hubiera sido tan angosta, las piedras rectas se habrían, quizá, desdibujado. Así estaban cerca: no bullían, no hablaban, no tenían la energía de las que jugaban en el muro del palacio de Inca Roca; era el muro quien imponía silencio; y si alguien hubiera cantado con hermosa voz, allí, las piedras habrían repetido con tono perfecto, idéntico, la música.

Estábamos juntos; recordando yo las descripciones que en los viajes hizo mi padre, del Cuzco. Oí entonces un canto.

—¡La María Angola! —le dije.

—Sí. Quédate quieto. Son las nueve. En la pampa de Anta, a cinco leguas, se le oye. Los viajeros se detienen y se persignan.

La tierra debía convertirse en oro en ese instante; yo también, no sólo los muros y la ciudad, las torres, el atrio y las fachadas que había visto.

La voz de la campana resurgía. Y me pareció ver, frente a mí, la imagen de mis protectores, los alcaldes indios: dos Maywa y don Víctor Pusa, rezando arrodillados delante de la fachada de la iglesia de adobes, blanqueada, de mi aldea, mientras la luz del crepúsculo no resplandecía sino cantaba. En los molles, las águilas, los *wamanchas* tan temidos por carnívoros, elevaban la cabeza, bebían la luz, ahogándose.

Yo sabía que la voz de la campana llegaba a cinco leguas de distancia. Creí que estallaría en la plaza. Pero surgía lentamente, a intervalos suficientes; y el canto se acrecentaba, atravesaba los elementos; y todo se convertía en esa música cuzqueña, que abría las puertas de la memoria.

En los grandes lagos, especialmente en los que tienen islas y bosques de totora, hay campanas que tocan a la media noche. A su canto triste salen del agua toros de fuego, o de oro, arrastrando cadenas; suben a las cumbres y mugen en la helada; porque en el Perú los lagos están en la altura. Pensé que esas campanas debían de ser *illas*, reflejos de la "María Angola", que convertiría a los *amarus* en toros. Desde el centro del mundo, la voz de la campana, hundiéndose en los lagos, habría transformado a las antiguas criaturas.

—Papá —le dije, cuando cesó de tocar la campana—. ¿No me decías que llegaríamos al Cuzco para ser eternamente felices?

—¡El Viejo está aquí! —dijo—. ¡El Anticristo!

—Ya mañana nos vamos. El también se irá a sus haciendas. Las campanas que hay en los lagos que hemos visto en las punas, ¿no serán *illas* de la "María Angola"?

—Quizás, hijo. Tú piensas todavía como un niño.

—He visto a don Maywa, cuando tocaba la campana.

—Así es. Su voz aviva el recuerdo. ¡Vámonos!

En la penumbra, las serpientes esculpidas sobre la puerta del palacio de Huayna Capac caminaban. Era lo único que se movía en ese *kijllu* acerado. Nos siguieron, vibrando, hasta la casa.

El pongo esperaba en la puerta. Se quitó la montera, y así descubierto, nos siguió hasta el tercer patio. Venía sin hacer ruido, con los cabellos revueltos, levantados. Le hablé en quechua. Me miró extrañado.

—¿No sabe hablar? —le pregunté a mi padre.

—No se atreve —me dijo—. A pesar de que nos acompaña a la cocina.

En ninguno de los centenares de pueblos donde había vivido con mi padre, hay pongos.

—*Tayta* —le dije en quechua al indio—. ¿Tú eres cuzqueño?

—*Mánan* —contestó—. De la hacienda.

Tenía un poncho raído, muy corto. Se inclinó y pidió licencia para irse. Se inclinó como un gusano que pidiera ser aplastado.

Abracé a mi padre, cuando prendió la luz de la lámpara. El perfume del cedrón llegaba hasta nosotros. No pude contener el llanto. Lloré como al borde de un gran lago desconocido.

—¡Es el Cuzco! —me dijo mi padre—. Así agarra a los hijos de los cuzqueños ausentes. También debe ser el canto de la "María Angola".

No quiso acostarse en la cuja del Viejo.

—Hagamos nuestras camas —dijo.

Como en los corredores de las casas en que nos alojaban en los pueblos, tendimos nuestras camas sobre la tierra. Yo tenía los ojos nublados. Veía al indio de hacienda, su rostro extrañado; las pequeñas serpientes del Amaru Cancha, los lagos moviéndose ante la voz de la campana. ¡Estarían marchando los toros a esa hora, buscando las cumbres!

Rezamos en voz alta. Mi padre pidió a Dios que no oyera las oraciones que con su boca inmunda entonaba el Viejo en todas las iglesias, y aun en las calles.

Me despertó al día siguiente, llamándome:

—Está amaneciendo. Van a tocar la campana.

Tenía en las manos su reloj de oro, de tres tapas. Nunca lo vendió. Era un recuerdo de su padre. A veces se le veía como a un fanático, dándole cuerda a ese reloj fastuoso, mientras su ropa aparecía vieja, y él permanecía sin afeitarse, por el abatimiento. En aquel pueblo de los niños asesinos de pájaros, donde nos sitiaron de hambre, mi padre salía al corredor, y frente al bosque de hierbas venenosas que crecían en el patio, acariciaba su reloj, lo hacía brillar al sol, y esa luz lo fortalecía.

—Nos levantaremos después que la campana toque, a las cinco —dijo.

—El oro que doña María Angola entregó para que fundieran la campana, ¿fueron joyas? —le pregunté.

—Sabemos que entregó un quintal de oro. Ese metal era del tiempo de los incas. Fueron, quizá, trozos del Sol de Inti Cancha o de las paredes del templo, o de los ídolos. Trozos, solamente; o joyas grandes hechas de ese oro. Pero no fue un quintal, sino mucho más, el oro que fundieron para la campana. María Angola, ella sola, llevó un quintal. ¡El oro, hijo, suena como para que la voz de las campanas se eleve hasta el cielo, y vuelva con el canto de los ángeles a la tierra!

—¿Y las campanas feas de los pueblos que no tenían oro?

—Son pueblos olvidados. Las oirá Dios, pero ¿a qué ángel han de hacer bajar esos ruidos? El hombre también tiene poder. Lo que has visto anoche no lo olvidarás.

—Vi, papá, a don Pablo Maywa, arrodillado frente a la capilla de su pueblo.

—Pero ¡recuerda, hijo! Las campanitas de ese pueblo tenían oro. Fue pueblo de mineros.

Comenzó, en ese instante, el primer golpe de la "María Angola". Nuestra habitación, cubierta de hollín hasta el techo, empezó a vibrar con las ondas lentas del canto. La vibración era triste, la mancha de hollín se mecía como un trapo negro. Nos arrodillamos para rezar. Las ondas finales se percibían todavía en el aire, apagándose, cuando llegó el segundo golpe, aún más triste.

Yo tenía catorce años; había pasado mi niñez en una casa ajena, vigilado siempre por crueles personas. El señor de la casa, el padre, tenía ojos de párpados enrojecidos y cejas espesas; le placía hacer sufrir a los que dependían de él, sirvientes y animales. Después, cuando mi padre me rescató y vagué con él por los pueblos, encontré que en todas partes la gente sufría. La "María Angola" lloraba, quizás, por todos ellos, desde el Cuzco. A nadie había visto más humillado que a ese pongo del Viejo. A cada golpe, la campana entristecía más y se hundía en todas las cosas.

—¡Papá! ¿Quién la hizo? —le pregunté, después del último toque.

—Campaneros del Cuzco. No sabemos más.

—No sería un español.

—¿Por qué no? Eran los mejores, los maestros.

—¿El español también sufría?

—Creía en Dios, hijo. Se humillaba ante El cuanto más grande era. Y se mataron también entre ellos. Pero tenemos que apurarnos en arreglar nuestras cosas.

La luz del sol debía estar ya próxima. La cuja tallada del Viejo se exhibía nítidamente en medio del cuarto. Su techo absurdo y la tela de seda que la cubría me causaban irritación. Las manchas de hollín le daban un fondo humillante. Derribada habría quedado bien.

Volvimos a empacar el colchón de mi padre, los tres pellejos de carnero sobre los que yo dormía, y nuestras frazadas.

Salimos. Nos miraron sorprendidos los inquilinos del segundo patio. Muchos de ellos rodeaban una pila de agua, llevando baldes y ollas. El árbol de cedrón había sido plantado al centro del patio, sobre la tierra más seca y endurecida. Tenía algunas flores en las ramas altas. Su tronco aparecía descascarado casi por completo, en su parte recta, hasta donde empezaba a ramificarse.

Las paredes de ese patio no habían sido pintadas quizá desde hacía cien años; dibujos hechos con carbón por los niños, o simples rayas, las cruzaban. El patio olía mal, a orines, a aguas podridas. Pero el más desdichado de todos los que vivían allí debía ser el árbol de cedrón. "Si se muriera, si se secara, el patio parecería un infierno", dije en voz baja. "Sin embargo lo han de matar; lo descascaran."

Encontramos limpio y silencioso el primer patio, el del dueño. Junto a una columna del segundo piso estaba el pongo, con la cabeza descubierta. Desapareció. Cuando subimos al corredor alto lo encontramos recostado en la pared del fondo.

Nos saludó, inclinándose; se acercó a mi padre y le besó las manos.

—¡Niño, niñito! —me dijo a mí, y vino detrás, gimoteando.

El mestizo hacía guardia, de pie, junto a una puerta tallada.

—El caballero lo está esperando —dijo—, y abrió la puerta.

Yo entré rápido tras de mi padre.

El Viejo estaba sentado en un sofá. Era una sala muy grande, como no había visto otra; todo el piso cubierto por una alfombra.

Espejos de anchos marcos, de oro opaco, adorn ban las paredes;
una araña de cristales pendía del centro del techo artesonado. Los
muebles eran altos, tapizados de rojo. No se pus de pie el Viejo.
Avanzamos hacia él. Mi padre no le dio la mano. Me presentó.

—Tu tío, el dueño de las cuatro haciendas —dij .

Me miró el Viejo, como intentando hundirm en la alfombra.
Percibí que su saco estaba casi deshilachado por la solapa, y que
brillaba desagradablemente. Yo había sido amigo de un sastre, en
Huamanga, y con él nos habíamos reído a carcaja as de los antiguos
sacos de algunos señorones avaros que mandaba n hacer zurcidos.
"Este espejo no sirve —exclamaba el sastre, en quechua—. Aquí
sólo se mira la cara el diablo que hace guardia ju nto al señor para
llevárselo a los infiernos".

Me agaché y le di la mano al Viejo. El salón me había descon-
certado: lo atravesé asustado, sin saber cómo an ar. Pero el lustre
sucio que observé en el saco del Viejo me dio tran quilidad. El Viejo
siguió mirándome. Nunca vi ojos más pequeños ni más brillantes.
¡Pretendía rendirme! Se enfrentó a mí. ¿Por qué? Sus labios delga-
dísimos los tuvo apretados. Miró en seguida a mi adre. El era arre-
batado y generoso: había preferido andar solo, entr indios y mestizos,
por los pueblos.

—¿Cómo te llamas? —me preguntó el Viejo, vo viendo a mirarme.

Yo estaba prevenido. Había visto el Cuzco. abía que tras los
muros de los palacios de los incas vivían avaros. "Tú", pensé, mi-
rándolo también detenidamente. La voz extensa de la gran campana,
los *amarus* del palacio de Huayna Capac, me a ompañaban aún.
Estábamos en el centro del mundo.

—Me llamo como mi abuelo, señor —le dije.

—¿Señor? ¿No soy tu tío?

Yo sabía que en los conventos, los frailes p eparaban veladas
para recibirlo; que lo saludaban en las calles lo canónigos. Pero
nos había hecho llevar a la cocina de su casa: hab a mandado armar
allí esa cuja tallada, frente a la pared de hollín. No podía ser este
hombre más perverso ni tener más poder que mi c jijunto guardador
que también me hacía dormir en la cocina.

—Es usted mi tío. Ahora ya nos vamos, seño —le contesté.

Vi que mi padre se regocijaba, aunque permanecía en actitud casi solemne.

Se levantó el Viejo, sonriendo, sin mirarme. Descubrí entonces que su rostro era ceniciento, de piel dura, aparentemente descarnada de los huesos. Se acercó a un mueble del que pendían muchos bastones, todos con puño de oro.

La puerta del salón había quedado abierta y pude ver al pongo, vestido de harapos, de espaldas a las verjas del corredor. A la distancia se podía percibir el esfuerzo que hacía por apenas parecer vivo, el invisible peso que oprimía su respiración.

El Viejo le alcanzó a mi padre un bastón negro; el mango de oro figuraba la cabeza y cuello de un águila. Insistió para que lo recibiera y lo llevara. No me miraron. Mi padre tomó el bastón y se apoyó en él; el Viejo eligió uno más grueso, con puño simple, como una vara de alcalde.

Cuando pasó por mi lado comprobé que el Viejo era muy bajo, casi un enano; caminaba, sin embargo, con aire imponente, y así se le veía aún de espaldas.

Salimos al corredor. Repicaron las campanas. La voz de todas se recortaba sobre el fondo de los golpes muy espaciados de la "María Angola".

El pongo pretendió acercarse a nosotros, el Viejo lo ahuyentó con un movimiento del bastón.

Hacía frío en la calle. Pero las campanas regocijaban la ciudad. Yo esperaba la voz de la "María Angola". Sobre sus ondas que abrazaban al mundo, repicaba la voz de las otras, las de todas las iglesias. Al canto grave de la campana se animaba en mí la imagen humillada del pongo, sus ojos hundidos, los huesos de su nariz, que era lo único enérgico de su figura; su cabeza descubierta, en que los pelos parecían premeditadamente revueltos, cubiertos de inmundicia. "No tiene padre ni madre, sólo su sombra", iba repitiendo, recordando la letra de un *huayno*, mientras aguardaba, a cada paso, un nuevo toque de la inmensa campana.

Cesó el repique, la llamada a misa, y tuve libertad para mirar mejor la ciudad a la luz del día. Nos iríamos dentro de una hora, o menos. El Viejo hablaba.

—Inca Roca lo edificó. Muestra el caos de los gentiles, de las mentes primitivas.

Era aguda su voz y no parecía la de un viejo, cenizo por la edad, y tan recio.

Las líneas del muro jugaban con el sol; las piedras no tenían ángulos ni líneas rectas; cada cual era como una bestia que se agitaba a la luz; transmitían el deseo de celebrar, de correr por alguna pampa, lanzando gritos de júbilo. Yo lo hubiera hecho; pero el Viejo seguía predicando, con palabras selectas, como tratando de abrumar a mi padre.

Cuando llegamos a la esquina de la Plaza de Armas, el Viejo se postró sobre ambas rodillas, se descubrió, agachó la cabeza y se persignó lentamente. Lo reconocieron muchos y no se echaron a reír: algunos muchachos se acercaron. Mi padre se apoyó en el bastón, algo lejos de él. Yo esperé que apareciera un *huayronk'o* y le escupiera sangre en la frente, porque estos insectos voladores son mensajeros del demonio o de la maldición de los santos. Se levantó el Viejo y apuró el paso. No se puso el sombrero; avanzó con la cabeza canosa descubierta. En un instante llegamos a la puerta de la catedral. Mi padre lo seguía comedidamente. El Viejo era imperioso; pero yo le hubiera sacudido por la espalda. Y tal vez no habría caído, porque parecía pesar mucho, como si fuera de acero; andaba con gran energía.

Ingresamos al templo, y el Viejo se arrodilló sobre las baldosas. Entre las columnas y los arcos, rodeados del brillo del oro, sentí que las bóvedas altísimas me rendían. Oí rezar desde lo alto, con voz de moscardones, a un coro de hombres. Había poca gente en el templo. Indias con mantas de colores sobre la cabeza, lloraban. La catedral no resplandecía tanto. La luz filtrada por el alabastro de las ventanas era distinta de la del sol. Parecía que habíamos caído, como en las leyendas, a alguna ciudad escondida en el centro de una montaña, debajo de los mantos de hielo inapagables que nos enviaban luz a través de las rocas. Un alto coro de madera lustrada se elevaba en medio del templo. Se levantó el Viejo y nos guió hacia la nave derecha.

—El Señor de los Temblores —dijo, mostrando un retablo que alcanzaba la cima de la bóveda. Me miró, como si no fuera yo un niño.

Me arrodillé junto a él y mi padre al otro lado.

Un bosque de ceras ardía delante del Señor. El Cristo aparecía detrás del humo, sobre el fondo del retablo dorado, entre columnas y arcos en que habían tallado figuras de ángeles, de frutos y de animales.

Yo sabía que cuando el trono de ese Crucificado aparecía en la puerta de la catedral, todos los indios del Cuzco lanzaban un alarido que hacía estremecer la ciudad, y cubrían, después, las andas del Señor y las calles y caminos, de flores de *ñujchu*, que es roja y débil.

El rostro del Crucificado era casi negro, desencajado, como el del pongo. Durante las procesiones, con sus brazos extendidos, las heridas profundas, y sus cabellos caídos a un lado, como una mancha negra, a la luz de la plaza, con la catedral, las montañas o las calles ondulantes, detrás, avanzaría ahondando las aflicciones de los sufrientes, mostrándose como el que más padece, sin cesar. Ahora, tras el humo y esa luz agitada de la mañana y de las velas, aparecía sobre el altar hirviente de oro, como al fondo de un crepúsculo del mar, de la zona tórrida, en que el oro es suave o brillante, y no pesado y en llamas como el de las nubes de la sierra alta, o de la helada, donde el sol del crepúsculo se rasga en mantos temibles.

Renegrido, padeciendo, el Señor tenía un silencio que no apaciguaba. Hacía sufrir; en la catedral tan vasta, entre las llamas de las velas y el resplandor del día que llegaba tan atenuado, el rostro del Cristo creaba sufrimiento, lo extendía a las paredes, a las bóvedas y columnas. Yo esperaba que de ellas brotaran lágrimas. Pero estaba allí el Viejo, rezando apresuradamente con su voz metálica. Las arrugas de su frente resaltaron a la luz de las velas; eran esos surcos los que daban la impresión de que su piel se había descarnado de los huesos.

—No hay tiempo para más —dijo.

No oímos misa. Salimos del templo. Regresamos a paso ligero. El Viejo nos guiaba.

No entramos a la iglesia de la Compañía: no pude siquiera contemplar nuevamente su fachada: sólo vi la sombra de sus torres sobre la plaza.

Encontramos un camión en la puerta de la casa. El mestizo de botas hablaba con el chófer. Habían subido nuestros atados a la plataforma. No necesitaríamos ya entrar al patio.

—Todo está listo, señor —dijo el mestizo.

Mi padre entregó el bastón al Viejo.

Yo corrí hasta el segundo patio. Me despedí del pequeño árbol. Frente a él, mirando sus ramas escuálidas, las flores moradas, tan escasas, que temblaban en lo alto, temí al Cuzco. El rostro del Cristo, la voz de la gran campana, el espanto que siempre había en la expresión del pongo, ¡y el Viejo!, de rodillas en la catedral, aun el silencio de Loreto Kijllu, me oprimían. En ningún sitio debía sufrir más la criatura humana. La sombra de la catedral y la voz de la "María Angola" al amanecer, renacían, me alcanzaban. Salí. Ya nos íbamos.

El Viejo me dio la mano.

—Nos veremos —me dijo.

Lo vi feliz. Un poco lejos, el pongo estaba de pie, apoyándose en la pared. Las roturas de su camisa dejaban ver partes del pecho y del brazo. Mi padre ya había subido al camión. Me acerqué al pongo y me despedí de él. No se asombró tanto. Lo abracé sin estrecharlo. Iba a sonreír, pero gimoteó, exclamando en quechua: "¡Niñito, ya te vas; ya te estás yendo! ¡Ya te estás yendo!"

Corrí al camión. El Viejo levantó los dos bastones en ademán de despedida.

—¡Debimos ir a la iglesia de la Compañía! —me dijo mi padre, cuando el camión se puso en marcha—. Hay unos balcones cerca del altar mayor; sí, hijo, unos balcones tallados, con celosías doradas que esconden a quienes oyen misa desde ese sitio. Eran para las enclaustradas. Pero sé que allí bajan, al amanecer, los ángeles más pequeños, y revolotean, cantando bajo la cúpula, a la misma hora en que tocan la "María Angola". Su alegría reina después en el templo durante el resto del día.

Había olvidado al Viejo, tan apurado en despacharnos, aún la misa no oída; recordaba sólo la ciudad, su Cuzco amado y los templos.

—Papá, la catedral hace sufrir —le dije.

—Por eso los jesuitas hicieron la Compañía. Representan el mundo y la salvación.

Ya en el tren, mientras veía crecer la ciudad, al fuego del sol que caía sobre los tejados y las cúpulas de cal y canto, descubrí el Sacsayhuman, la fortaleza, tras el monte en el que habían plantado eucaliptos.

En filas quebradas, las murallas se asentaban sobre la ladera, entre el gris del pasto. Unas aves negras, no tan grandes como los cóndores, daban vueltas, o se lanzaban desde el fondo del cielo sobre las filas de muros. Mi padre vio que contemplaba las ruinas y no me dijo nada. Más arriba, cuando el Sacsayhuaman se mostró, rodeando la montaña, y podía distinguirse el perfil redondo, no filudo, de los ángulos de las murallas, me dijo:

—Son como las piedras de Inca Roca. Dicen que permanecerán hasta el juicio final; que allí tocará su trompeta el arcángel.

Le pregunté entonces por las aves que daban vueltas sobre la fortaleza.

—Siempre están —me dijo—. ¿No recuerdas que *huaman* significa águila? "*Sacsay huaman*" quiere decir ··Aguila repleta".

—¿Repleta? Se llenarán con el aire.

—No, hijo. No comen. Son águilas de la fortaleza. No necesitan comer; juegan sobre ella. No mueren. Llegarán al juicio final.

—El Viejo se presentará ese día peor de lo que es, más ceniciento.

—No se presentará. El juicio final no es para los demonios.

Pasamos la cumbre. Llegamos a Iscuchaca. Allí alquilamos caballos para seguir viaje a Abancay. Iríamos por la pampa de Anta.

Mientras trotábamos en la llanura inmensa, yo veía el Cuzco; las cúpulas de los templos a la luz del sol, la plaza larga en donde los árboles no podían crecer. ¿Cómo se habían desarrollado, entonces, los eucaliptos, en las laderas del Sacsayhuaman? Los señores avaros habrían envenenado quizá, con su aliento, la tierra de la ciudad. Residían en los antiguos solares desde los tiempos de la conquista. Recordé la imagen del pequeño cedrón de la casa del Viejo.

Mi padre iba tranquilo. En sus ojos azules reinaba el regocijo que sentía al iniciar cada viaje largo. Su gran proyecto se había frustrado, pero estábamos trotando. El olor de los caballos nos daba alegría.

En la tarde llegamos a la cima de las cordilleras que cercan al Apurímac. "Dios que habla" significa el nombre de este río.

El forastero lo descubre casi de repente, teniendo ante sus ojos una cadena sin fin de montañas negras y nevados, que se alternan. El sonido del Apurímac alcanza las cumbres, difusamente, desde el abismo, como un rumor del espacio.

El río corre entre bosques negruzcos y mantos de cañaverales que sólo crecen en las tierras quemantes. Los cañaverales reptan las escarpadas laderas o aparecen suspendidos en los precipicios. El aire transparente de la altura va tornándose denso hacia el fondo del valle.

El viajero entra a la quebrada bruscamente. La voz del río y la hondura del abismo polvoriento, el juego de la nieve lejana y las rocas que brillan como espejos, despiertan en su memoria los primitivos recuerdos, los más antiguos sueños.

A medida que baja al fondo del valle, el recién llegado se siente transparente, como un cristal en que el mundo vibrara. Insectos zumbadores aparecen en la región cálida; nubes de mosquitos venenosos se clavan en el rostro. El viajero oriundo de las tierras frías se acerca al río, aturdido, febril, con las venas hinchadas. La voz del río aumenta; no ensordece, exalta. A los niños los cautiva, les infunde presentimientos de mundos desconocidos. Los penachos de los bosques de carrizo se agitan junto al río. La corriente marcha como a paso de caballos, de grandes caballos cerriles.

—¡*Apurímac mayu!* ¡*Apurímac mayu!* —repiten los niños de habla quechua, con ternura y algo de espanto.

II. LOS VIAJES

Mi padre no pudo encontrar nunca dónde fijar su residencia: fue un abogado de provincias, inestable y errante. Con él conocí más de doscientos pueblos. Temía a los valles cálidos y sólo pasaba por ellos como viajero; se quedaba a vivir algún tiempo en los pueblos de clima templado: Pampas, Huaytará, Coracora, Puquio, Andahuaylas, Yauyos, Cangallo... Siempre junto a un río pequeño, sin bosques, con grandes piedras lúcidas y peces menudos. El arrayán, los lambras, el sauce, el eucalipto, el capulí, la tara, son árboles de madera limpia, cuyas ramas y hojas se recortan libremente. El hombre los contempla desde lejos: y quien busca sombra se acerca a ellos y reposa bajo un árbol que canta solo, con una voz profunda, en que los cielos, el agua y la tierra se confunden.

Las grandes piedras detienen el agua de esos ríos pequeños: y forman los remansos, las cascadas, los remolinos, los vados. Los puentes de madera o los puentes colgantes y las oroyas, se apoyan en ellas. En el sol, brillan. Es difícil escalarlas porque casi siempre son compactas y pulidas. Pero desde esas piedras se ve cómo se remonta el río, cómo aparece en los recodos, cómo en sus aguas se refleja la montaña. Los hombres nadan para alcanzar las grandes piedras, cortando el río llegan a ellas y duermen allí. Porque de ningún otro sitio se oye mejor el sonido del agua. En los ríos anchos y grandes no todos llegan hasta las piedras. Sólo los nadadores, los audaces, los héroes; los demás, los humildes y los niños se quedan: miran desde la orilla, cómo los fuertes nadan en la corriente, donde el río es hondo, cómo llegan hasta las piedras solitarias, cómo las escalan, con cuánto trabajo, y luego se yerguen para contemplar la quebrada, para aspirar la luz del río, el poder con que marcha y se interna en las regiones desconocidas.

Pero mi padre decidía irse de un pueblo a otro, cuando las montañas, los caminos, los campos de juego, el lugar donde duermen los pájaros, cuando los detalles del pueblo empezab
n a formar parte de la memoria.

A mi padre le gustaba oír *huaynos*[1]; no sabí
cantar, bailaba mal, pero recordaba a qué pueblo, a qué comun
dad, a qué valle pertenecía tal o cual canto. A los pocos días de h
ber llegado a un pueblo averiguaba quién era el mejor arpista, el
mejor tocador de charango, de violín y de guitarra. Los llamaba, y p
saban en la casa toda una noche. En esos pueblos sólo los indios to
an arpa y violín. Las casas que alquilaba mi padre eran la más bar
as de los barrios centrales. El piso era de tierra y las paredes de
dobe desnudo o enlucido con barro. Una lámpara de kerosene no
alumbraba. Las habitaciones eran grandes; los músicos tocaban en una esquina. Los arpistas indios tocan con los ojos cerrados. La v
z del arpa parecía brotar de la oscuridad que hay dentro de la caja; el charango formaba un torbellino que grababa en la memoria la letra y la música de los cantos.

En los pueblos, a cierta hora, las aves se di
gen visiblemente a lugares ya conocidos. A los pedregales, a las huer
as, a los arbustos que crecen en la orilla de las aguadas. Y según e
tiempo, su vuelo es distinto. La gente del lugar no observa estos detalles, pero los viajeros, la gente que ha de irse, no los olvida. L
s *tuyas* prefieren los árboles altos, los jilgueros duermen o descans
n en los arbustos amarillos; el *chihuaco* canta en los árboles de hojas oscuras: el saúco, el eucalipto, el lambras; no va a los sauces. Las tó
tolas vuelan a las paredes viejas y horadadas; las torcazas buscan l
s quebradas, los pequeños bosques de apariencia lejana; prefieren que se les oiga a cierta distancia. El gorrión es el único que está en todos los pueblos y en todas partes. El *viuda-pisk'o* salta sobre las grandes matas de espino, abre las alas negras, las sacude, y luego grita Los loros grandes son viajeros. Los loros pequeños prefieren los cac
os, los árboles de espino. Cuando empieza a oscurecer se reparten to
as esas aves en el cielo; según los pueblos toman diferentes direcci
nes, y sus viajes los recuerda quien las ha visto, sus trayectos no s
confunden en la memoria.

---

[1]   Canción y baile popular de origen incaico.

Cierta vez llegamos a un pueblo cuyos vecinos principales odian a los forasteros. El pueblo es grande y con pocos indios. Las faldas de los cerros están cubiertas por extensos campos de linaza. Todo el valle parece sembrado de lagunas. La flor azul de la linaza tiene el color de las aguas de altura. Los campos de linaza parecen lagunas agitadas; y, según el poder del viento, las ondas son menudas o extensas.

Cerca del pueblo, todos los caminos están orillados de árboles de capulí. Eran unos árboles frondosos, altos, de tronco luminoso; los únicos árboles frutales del valle. Los pájaros de pico duro, la *tuya*, el *viuda-pisk'o*, el *chihuaco*, rondaban las huertas. Todos los niños del pueblo se lanzaban sobre los árboles, en la tarde y al mediodía. Nadie que los haya visto podrá olvidar la lucha de los niños de ese pueblo contra los pájaros. En los pueblos trigueros, se arma a los niños con hondas y latas vacías; los niños caminan por las sendas que cruzan los trigales; hacen tronar sus hondas, cantan y agitan el badajo de las latas. Ruegan a los pájaros en sus canciones, les avisan: "¡Está envenenado el trigo! ¡Idos, idos! ¡Volad, volad! Es del señor cura. ¡Salid! ¡Buscad otros campos!" En el pueblo del que hablo, todos los niños estaban armados con hondas de jebe; cazaban a los pájaros como a enemigos de guerra; reunían los cadáveres a la salida de las huertas, en el camino, y los contaban: veinte *tuyas*, cuarenta *chihuacos*, diez *viuda-pisk'os*.

Un cerro alto y puntiagudo era el vigía del pueblo. En la cumbre estaba clavada una cruz; la más grande y poderosa de cuantas he visto. En mayo la bajaron al pueblo para que fuera bendecida. Una multitud de indios vinieron de las comunidades del valle; y se reunieron con los pocos comuneros del pueblo, al pie del cerro. Ya estaban borrachos, y cargaban odres llenos de aguardiente. Luego escalaron el cerro, lanzando gritos, llorando. Desclavaron la cruz y la bajaron en peso. Vinieron por las faldas erizadas y peladas de la montaña y llegaron de noche.

Yo abandoné ese pueblo cuando los indios velaban su cruz en medio de la plaza. Se habían reunido con sus mujeres, alumbrándose con lámparas y pequeñas fogatas. Era pasada la medianoche. Clavé en las esquinas unos carteles en que me despedía de los vecinos del pueblo, los maldecía. Salí a pie, hacia Huancayo.

En ese pueblo quisieron matarnos de hambre; apostaron un celador en cada esquina de nuestra casa para amenazar a los litigantes que iban al estudio de mi padre; odiaban a los forasteros como a las bandas de langostas. Mi padre viajaría en un camión, al amanecer; yo salí a pie en la noche. La cruz estaba tendida en la plaza. Había poca música; la voz de unas cuantas arpas opacas se perdía en la pampa. Los indios hacen bulla durante las vísperas, pero en esa plaza estaban echados, hombres y mujeres; hablaban junto a la cruz, en la sombra, como los sapos grandes que croan desde los pantanos.

Lejos de allí, ya en la cordillera, encontré otros pueblos que velaban su cruz. Cantaban sin mucho ánimo. Pero estaban bien alumbrados; centenares de velas iluminaban las paredes en las que habían reclinado las cruces.

Sobre el abra, antes de pasar la cumbre, recordé las hileras de árboles de capulí que orillan los muros en ese pueblo; cómo caían, enredándose en las ramas, los pájaros heridos a honda; el río pequeño, tranquilo, sin piedras grandes, cruzando en silencio los campos de linaza; los peces menudos en cuyos costados brilla el sol; la expresión agresiva e inolvidable de las gentes.

Era un pueblo hostil que vive en la rabia, y la contagia. En la esquina de una calle donde crecía yerba de romaza que escondía grillos y sapos, había una tienda. Vivía allí una joven alta, de ojos azules. Varias noches fui a esa esquina a cantar *huaynos* que jamás se habían oído en el pueblo. Desde el abra podía ver la esquina; casi terminaba allí el pueblo. Fue un homenaje desinteresado. Robaba maíz al comenzar la noche, cocinaba choclos con mi padre en una olla de barro, la única de nuestra casa. Después de comer, odiábamos al pueblo y planeábamos nuestra fuga. Al fin nos acostábamos; pero yo me levantaba cuando mi padre empezaba a roncar. Más allá del patio seco de nuestra casa había un canchón largo cubierto de una yerba alta, venenosa para las bestias; sobre el canchón alargaban sus ramas grandes capulíes de la huerta vecina. Por temor al bosque tupido, en cuyo interior caminaban millares de sapos de cuerpo granulado, no me acerqué nunca a las ramas de ese capulí. Cuando salía en la noche, los sapos croaban a intervalos; su coro frío me acompañaba varias cuadras. Llegaba a la esquina, y junto a la tienda de aquella joven que parecía ser la única que no miraba con ojos severos a los extraños, cantaba *huaynos* de Querobamba, de Lambrama, de Sañayca, de Toraya, de Andahuaylas... de los pueblos más lejanos; cantos de las quebradas profundas. Me desahogaba: vertía el desprecio amargo y el odio con que en ese pueblo nos miraban, el fuego de mis viajes por las grandes cordilleras, la imagen de tantos ríos, de los puentes que cuelgan sobre el agua que corre desesperada, la luz resplandeciente y la sombra de las nubes más altas y temibles. Luego regresaba a mi casa, despacio, pensando con lucidez en el tiempo en que alcanzaría la edad y la decisión necesarias para acercarme a una mujer hermosa; tanto más bella si vivía en pueblos hostiles.

Frente a Yauyos hay un pueblo que se llama Cusi. Yauyos está en una quebrada pequeña, sobre un afluente del río Cañete. El riachuelo nace en uno de los pocos montes nevados que hay en ese lado de la cordillera; el agua baja a saltos hasta alcanzar el río grande que pasa por el fondo lejano del valle, por un lecho escondido entre las montañas que se levantan bruscamente, sin dejar un claro, ni una hondonada. El hombre siembra en las faldas escarpadas inclinándose hacia el cerro para guardar el equilibrio. Los toros aradores, como los hombres, se inclinan; y al fin del surco dan la media vuelta como bestias de circo, midiendo los pasos. En ese pueblo, el pequeño río tiene tres puentes: dos de cemento, firmes y seguros, y uno viejo de troncos de eucalipto, cubiertos de barro seco. Cerca del puente viejo hay una huerta de grandes eucaliptos. De vez en cuando llegaban bandadas de loros a posarse en esos árboles. Los loros se prendían de las ramas; gritaban y caminaban a lo largo de cada brazo de árbol; parecían conversar a gritos, celebrando su llegada. Se mecían en las copas altas del bosque. Pero no bien empezaban a gozar de sosiego, cuando sus gritos repercutían en las rocas de los precipicios, salían de sus casas los tiradores de fusil; corrían con el arma en las manos hacia el bosque. El grito de los loros grandes sólo lo he oído en las regiones donde el cielo es despejado y profundo.

Yo llegaba antes que los fusileros a ese bosque de Yauyos. Miraba a los loros y escuchaba sus gritos. Luego entraban los tiradores. Decían que los fusileros de Yauyos eran notables disparando en la

posición de pie porque se entrenaban en los loros. Apuntaban; y
a cada disparo caía un loro; a veces, por casualidad, derribaban dos.
¿Por qué no se movía la bandada? ¿Por qué no levantaban el vuelo
al oír la explosión de los balazos y al ver caer tantos heridos? Seguían
en las ramas, gritando, trepando, saltando de un árbol a otro. Yo
hacía bulla, lanzaba piedras a los árboles, agitaba latas llenas de
piedras; los fusileros se burlaban; y seguían matando loros, muy
formalmente. Los niños de las escuelas venían por grupos a recoger
los loros muertos; hacían sartas con ellos. Concluido el entrenamiento,
los muchachos paseaban las calles llevando cuerdas que cruzaban
todo el ancho de la calle; de cada cuerda colgaban de las patas veinte
o treinta loros ensangrentados.

En Huancapi estuvimos sólo unos días. Es la capital de provincia
más humilde de todas las que he conocido. Está en una quebrada
ancha y fría, cerca de la cordillera. Todas las casas tienen techo de
paja y solamente los forasteros: el juez, el telegrafista, el subprefecto,
los maestros de las escuelas, el cura, no son indios. En la falda de los
cerros el viento sacude la paja; en el lecho de la quebrada y en algunas
hondonadas crece la *k'eñwa*, un árbol chato, de corteza roja. La
montaña por donde sale el sol termina en un precipicio de rocas
lustrosas y oscuras. Al pie del precipicio, entre grandes piedras, crecen
también esos árboles de puna, rojos, de hojas menudas; sus troncos
salen del pedregal y sus ramas se tuercen entre las rocas. Al anochecer,
la luz amarilla ilumina el precipicio; desde el pueblo, a gran distancia,
se distingue el tronco rojo de los árboles, porque la luz de las nubes
se refleja en la piedra, y los árboles, revueltos entre las rocas, aparecen.
En ese gran precipicio tienen sus nidos los cernícalos de la quebrada.
Cuando los cóndores y gavilanes pasan cerca, los cernícalos los
atacan, se lanzan sobre las alas enormes y les clavan sus garras en el
lomo. El cóndor es inerme ante el cernícalo; no puede defenderse,
vuela agitando las alas, y el cernícalo se prende de él, cuando logra
alcanzarlo. A veces, los gavilanes se quejan y chillan, cruzan la
quebrada perseguidos por grupos de pequeños cernícalos. Esta
ave ataca al cóndor y al gavilán en son de burla; les clava las
garras y se remonta; se precipita otra vez y hiere el cuerpo de su
víctima.

Los indios, en mayo, cantan un *huayno* guerrero:

Killinchu yau,	Oye, cernícalo,
Wamancha yau,	oye, gavilán,
urpiykitam k'echosk'ayki	voy a quitarte a tu paloma,
yanaykitam k'echosk'ayki.	a tu amada voy a quitarte.
K'echosk'aykim,	He de arrebatártela,
k'echosk'aykim	he de arrebatártela,
apasak'mi apasak'mi	me la he de llevar, me la he de llevar,
killincha	¡oh cernícalo!
wamancha	¡oh gavilán!

El desafío es igual, al cernícalo, al gavilán o al cóndor. Junto a las grandes montañas, cerca de los precipicios donde anidan las aves de presa, cantan los indios en este mes seco y helado. Es una canción de las regiones frías, de las quebradas altas, y de los pueblos de estepa, en el sur.

Salimos de Huaucapi antes del amanecer. Sobre los techos de paja había nieve, las cruces de los techos también tenían hielo. Los toros de barro que clavan a un lado y a otro de las cruces parecían más grandes a esa hora; con la cabeza levantada, tenían el aire de animales vivos sólo sensibles a la profundidad. El pasto y las yerbas que orillan las acequias de las calles estaban helados; las ramas que cuelgan sobre el agua, aprisionadas por la nieve, se agitaban pesadamente con el viento o movidas por el agua. El precipicio de los cernícalos era muy visible; la vía láctea pasaba junto a la cumbre. Por el camino a Cangallo bajamos hacia el fondo del valle, siguiendo el curso de la quebrada. La noche era helada y no hablábamos; mi padre iba adelante, yo tras él, y el peón me seguía de cerca, a pie. Ibamos buscando al gran río, al Pampas. Es el río más extenso de los que pasan por las regiones templadas. Su lecho es ancho, cubierto de arena. En mayo y junio, las playas de arena y de piedras se extienden a gran distancia de las orillas del río, y tras las playas, una larga faja de bosque bajo y florido de retama, un bosque virgen donde viven palomas, pequeños pájaros y nubes de mariposas amarillas. Una paloma demora mucho en cruzar de una banda a otra del río. El vado para las bestias de carga es ancho, cien metros de un agua cristalina que deja ver la sombra de los peces, cuando se lanzan a esconderse bajo las piedras. Pero en verano el río es una tempestad de agua terrosa; entonces los vados no existen, hay que hacer grandes caminatas para llegar a los puentes. Nosotros bajamos por el camino que cae al vado de Cangallo.

Ya debía amanecer. Habíamos llegado a la región de los lambras, de los molles y de los árboles de tara. Bruscamente, del abra en que nace el torrente, salió una luz que nos iluminó por la espalda. Era una estrella más luminosa y helada que la luna. Cuando cayó la luz en la quebrada, las hojas de los lambras brillaron como la nieve; los árboles y las yerbas parecían témpanos rígidos; el aire mismo adquirió una especie de sólida transparencia. Mi corazón latía como dentro de una cavidad luminosa. Con luz desconocida, la estrella siguió creciendo; el camino de tierra blanca ya no era visible sino a lo lejos. Corrí hasta llegar junto a mi padre; él tenía el rostro agachado; su caballo negro también tenía brillo, y su sombra caminaba como una mancha semioscura. Era como si hubiéramos entrado en un campo de agua que reflejara el brillo de un mundo nevado. "¡Lucero grande, *werak'ocha*, lucero grande!", llamándonos, nos alcanzó el peón; sentía la misma exaltación ante esa luz repentina.

La estrella se elevaba despacio. Llegamos a la sombra de un precipicio alto, cortado a pico en la roca; entramos en la oscuridad como a un refugio. Era el último recodo del torrente. A la vuelta estaba el río, la quebrada amplia, azul; el gran Pampas tranquilo, del invierno. De la estrella sólo quedó un pozo blanco en el cielo, un círculo que tardó mucho en diluirse. Cruzamos el vado; los caballos chapotearon, temblando de alegría, en la corriente cristalina. Llegamos a los bosques de lúcumos que crecen rodeando las casas de las pequeñas haciendas, cerca de Cangallo. Eran unos árboles altos, de tronco recto y con la copa elevada y frondosa. Palomas y *tuyas* volaban de los árboles hacia el campo.

De Cangallo seguimos viaje a Huamanga, por la pampa de los indios morochucos.

Jinetes de rostro europeo, cuatreros legendarios, los morochucos son descendientes de los almagristas excomulgados que se refugiaron en esa pampa fría, aparentemente inhospitalaria y estéril. Tocan charango y *wak'rapucu*, raptan mujeres y vuelan en la estepa en caballos pequeños que corren como vicuñas. El arriero que nos guiaba no cesó de rezar mientras trotábamos en la pampa. Pero no

vimos ninguna tropa de morochucos en el camino. Cerca de Hua-
manga, cuando bajábamos lentamente la cuesta, pasaron como diez
de ellos; descendían cortando camino, al galope. Apenas pude verles
el rostro. Iban emponchados; una alta bufanda les abrigaba el cuello;
los largos ponchos caían sobre los costados del caballo. Varios llevaban
wak'rapucus a la espalda, unas trompetas de cuerno ajustadas con
anillos de plata. Muy abajo, cerca de un bosque reluciente de molles,
tocaron sus cornetas anunciando su llegada a la ciudad. El canto
de los *wak'rapucus* subía a las cumbres como un coro de toros ence-
lados e iracundos.

Nosotros seguimos viaje con una lentitud inagotable.

III. LA DESPEDIDA

Hasta que un día en que mi padre me confesó, con ademán aparentemente más enérgico que otras veces, que nuestro peregrinaje terminaría en Abancay.

Tres departamentos tuvimos que atravesar para llegar a esa pequeña ciudad silenciosa. Fue el viaje más largo y extraño que hicimos juntos; unas quinientas leguas en jornadas medidas que se cumplieron rigurosamente. Pasó por el Cuzco, donde nació, estudió e hizo su carrera; pero no se detuvo; al contrario, pasó por allí como sobre fuego.

Cruzábamos el Apurímac, y en los ojos azules e inocentes de mi padre vi la expresión característica que tenía cuando el desaliento le hacía concebir la decisión de nuevos viajes. Mientras yo me debatía en el fuego del valle, él caminaba silencioso y abstraído.

—Es siempre el mismo hombre maldito —exclamó una vez.

Y cuando le pregunté que a quién se refería, me contestó: "¡El Viejo!".

Se llama *amank'ay* a una flor silvestre, de corola amarilla, y *awankay* al balanceo de las grandes aves. *Awankay* es volar planeando, mirando la profundidad. ¡Abancay! Debió de ser un pueblo perdido entre bosques de pisonayes y de árboles desconocidos, en un valle de maizales inmensos que llegaban hasta el río. Hoy los techos de calamina brillan estruendosamente; huertas de mora separan los pequeños barrios, y los campos de cañaverales se extienden desde el pueblo hasta el Pachachaca. Es un pueblo cautivo, levantado en la tierra ajena de una hacienda.

El día que llegamos repicaban las campanas. Eran las cuatro de la tarde. Todas las mujeres y la mayor parte de los hombres estaban arrodillados en las calles. Mi padre se bajó del caballo y preguntó a una mujer por la causa de los repiques y del rezo en las calles. La mujer le dijo que en ese instante operaban en el Colegio al padre Linares, santo predicador de Abancay y Director del Colegio. Me ordenó que desmontara y que me arrodillara junto a él. Estuvimos cerca de media hora rezando en la acera. No transitaba la gente: las campanas repicaban como llamando a misa. Soplaba el viento y la basura de las calles nos envolvía. Pero nadie se levantó ni siguió su camino hasta que las campanas cesaron.

—El ha de ser tu Director —dijo mi padre—. Sé que es un santo, que es el mejor orador sagrado del Cuzco y un gran profesor de Matemáticas y Castellano.

Nos alojamos en la casa de un notario, ex compañero de colegio de mi padre. Durante el largo viaje me había hablado de su amigo y de la convicción que tenía de que en Abancay le recomendaría clientes, y que así, empezaría a trabajar desde los primeros días. Pero el notario era un hombre casi inútil. Encorvado y pálido, debilitado hasta el extremo, apenas caminaba. Su empleado hacía el trabajo de la notaría y le robaba sin piedad.

Mi padre sintió lástima de su amigo y se lamentó, durante todo el tiempo que estuvo en Abancay, de haber ido a alojarse en la casa de este caballero enfermo y no a un tambo. Nos hicieron dos camas en el suelo, en el dormitorio de los niños. Los hijos durmieron sobre pellejos y nosotros en los colchones.

—¡Gabriel! Dispensa, hermano, dispensa —decía el notario.

La mujer caminaba con los ojos bajos, sin atreverse a hablar ni a mirar. Nosotros hubiéramos preferido salir de allí con cualquier pretexto. "¡Debimos ir a un tambo, a cualquier tambo!", exclamaba mi padre, en voz baja.

—Después de tanto tiempo; viniendo tú de tan lejos y no poder atenderte —se lamentaba el enfermo.

Mi padre le agradecía y le pedía perdón, pero no se decidía a declararle que nos dejara irnos. No fue posible. La voz de su amigo parecía que iba a apagarse en cualquier instante; hablaba con gran esfuerzo. Los niños ayudaban a la madre, me miraban sin mucha desconfianza; pero estaban asombrados y no se atrevían a observar a mi padre.

Mi padre llevaba un vestido viejo, hecho por un sastre de pueblo. Su aspecto era complejo. Parecía vecino de una aldea; sin embargo, sus ojos azules, su barba rubia, su castellano gentil y sus modales, desorientaban. No, no debíamos causar lástima, ni podíamos herir aun a la gente más humilde. Sin embargo, fue un día cruel. Y nos sentimos dichosos cuando al día siguiente pudimos dormir sobre un poyo de adobes, en una tienda con andamios que alquilamos en una calle central.

Nuestra vida empezó así, precipitadamente, en Abancay. Y mi padre supo aprovechar los primeros inconvenientes para justificar el fracaso del principal interés que tuvo ese viaje. No pudo quedarse, no organizó su estudio. Durante diez días estuvo lamentando las fealdades del pueblo, su silencio, su pobreza, su clima ardiente, la falta de movimiento judicial. No había pequeños propietarios en la provincia: los pleitos eran de carácter penal, querellas miserables que jamás concluían; toda la tierra pertenecía a las haciendas; la propia ciudad, Abancay, no podía crecer porque estaba rodeada por la hacienda Patibamba, y el patrón no vendía tierras a los pobres ni a los ricos y los grandes señores sólo tenían algunas causas antiguas que se ventilaban desde hacía decenas de años.

Yo estaba matriculado en el Colegio y dormía en el internado. Comprendí que mi padre se marcharía. Después de varios años de haber viajado juntos, yo debía quedarme; y él se iría solo. Como todas las veces, alguna circunstancia casual decidiría su rumbo. ¿A qué pueblo; y por qué camino? Esta vez él y yo calculábamos a solas. No tomaría nuevamente el camino del Cuzco; se iría por el otro lado de la quebrada, atravesando el Pachachaca, buscando los pueblos de altura. De todos modos empezaría bajando hacia el fondo del valle. Y luego subiría la cordillera de enfrente; vería Abancay por última vez desde un abra muy lejana, de alguna cumbre azul donde sería invisible para mí. Y entraría en otro valle o pampa, ya solo; sus ojos no verían del mismo modo el cielo ni la lejanía; trotaría entre las piedras y los arbustos sin poder hablar; y el horizonte, en las quebradas o en las cimas, se hundiría con más poder, con gran crueldad y silencio en su interior. Porque cuando andábamos juntos el mundo era de nuestro dominio, su alegría y sus sombras iban de él hacia mí.

No; no podría quedarse en Abancay. Ni ciudad ni aldea, Abancay desesperaba a mi padre.

Sin embargo, quiso demostrarme que no quería faltar a su pro-

mesa. Limpió su placa de abogado y la clavó en la pared, junto a
la puerta de la tienda. Dividió la habitación con un bastidor de tocuyo,
y detrás del bastidor, sobre una tarima de adobes, tendió su cama.
Sentado en la puerta de la tienda o paseándose, esperó clientes. Tras
la división de madera, por lo alto, se veían los andamios de la tienda.
A veces, cansado de caminar o de estar sentado, se echaba en la
cama. Yo lo encontraba así, desesperado. Cuando me veía, trataba
de fingir.

—Puede ser que algún gran hacendado me encomiende una
causa. Y bastaría con eso — decía —. Aunque tuviera que quedarme
diez años en este pueblo, tu porvenir quedaría asegurado. Buscaría
una casa con huerta para vivir y no tendrías que ir al internado.

Yo le daba la razón. Pero él estaba acostumbrado a vivir en
casas con grandes patios, a conversar en quechua con decenas de
clientes indios y mestizos; a dictar sus recursos mientras el sol alum-
braba la tierra del patio y se extendía alegremente en el entablado
del "estudio". Ahora estaba agachado, oprimido, entre las paredes
de una tienda construida para mercachifles.

Por eso, cuando una tarde fue a visitarme al Colegio en compañía
de un forastero con aspecto de hacendado de pueblo, presentí que
su viaje estaba resuelto. Una alegría incontenible brillaba en su rostro.
Ambos habían bebido.

—He venido un instante, con este caballero —me dijo —. Ha
llegado de Chalhuanca para consultar con un abogado; y hemos
tenido suerte. Su asunto es sencillo. Ya tienes autorización para salir.
Ven al estudio después de las clases.

El forastero me dio la mano.

Se despidieron inmediatamente. El pantalón de montar, con
refuerzos de cuero, del forastero, sus polainas opacas, su saco corto,
su corbata con un nudo pequeño sobre el cuello ancho de la camisa;
el color de sus ojos, su timidez, su sombrero ribeteado, eran muy
semejantes a los de todos los hacendados de los distritos de indios.

En la tarde fui a ver a mi padre. Encontré al chalhuanquino en
el estudio, sentado en una de las bancas. La puerta de la tienda estaba
casi completamente cerrada. Sobre la mesa había varias botellas. Mi
padre servía un vaso de cerveza negra al forastero.

—Mi hijito, el sol que me alumbra. Helo aquí, señor —dijo.

El hombre se levantó y se acercó a mí con ademán muy respetuoso.

—Soy de Chalhuanca, joven. Su padre, el doctor, me honra.

Puso su mano sobre mi hombro. Una bufanda de vicuña colgaba de su cuello: los botones de su camisa eran morados. Tenía ojos claros, pero en su cara quemada parecían ojos de indio. Era idéntico a todos los amigos que mi padre había tenido en los pueblos.

—Usted es el contento del señor doctor, usted es su corazón. Yo; yo estoy de paso. ¡Por él, doctor!

—¡Por él!

Y bebieron un vaso lleno.

—Ya es un hombre, señor don Joaquín —dijo mi padre, señalándome—. Con él he cruzado cinco veces las cordilleras; he andado en las arenas de la costa. Hemos dormido en las punas, al pie de los nevados. Cien, doscientas, quinientas leguas a caballo. Y ahora está en el internado de un Colegio religioso. ¿Qué le parecerá, a él que ha trotado por tantos sitios, el encierro día y noche? ¡Pero estás en tu Colegio! ¡Estás en tu lugar verdadero! Y nadie te moverá hasta que termines, hasta que vayas a la Universidad. ¡Sólo que nunca, que jamás serás abogado! Para los grandes males basta conmigo.

Estaba inquieto. Se paseaba a lo ancho de la sala. No necesitaba hablar más. Allí estaba ese viajero; su bufanda de vicuña, su sombrero de hechura india, sus polainas con hebillas amarillas, los botones morados de su camisa; sus cabellos largos, apelmazados por el sudor; sus ojos verdes, pero como diluidos por el frío. Me hablaba en castellano. Cuando hablara en quechua se quitaría la bufanda, o se la envolvería al cuello como era debido.

—Yo, joven, soy de Chalhuanca. Estoy pleiteando con un hacendado grande. Le quitaré el cuero. ¡Ahora sí! Como el cernícalo cuando pedacea al gavilán en el aire. Con los consejos de su padre, desde lejos no más. ¿Qué necesidad hay de que me acompañe hasta mi pueblo? ¿No es cierto, doctor?

Se dirigió hacia él; pero mi padre se quedó quieto, de espaldas.

Entonces el forastero volvió a mirarme.

—No vaya usted a creer nada, joven. Soy de Chalhuanca; he venido por un consejo para mi pleito. Ahí está el doctor. Como un gavilán ha visto. Yo ya estaba amarrado. Pero un abogado es un abogado y sabe más que un tinterillo. ¡Tinterillitos de porquería! ¡Ahura verán! *¡Payhunak'a nerk'achá...!*

Y continuó desahogándose en quechua.

Mi padre ya no pudo contenerse. Era inútil ocultar que se iría. Los esfuerzos inocentes de su amigo para aplazar la noticia estaban denunciando su viaje, y lo turbaron definitivamente. Se recostó sobre la mesa y lloró. El chalhuanquino pretendió consolarlo: le hablaba en quechua, ofreciéndole todas las recompensas y los mundos que en el idioma de los indios pueden prometerse, hasta calmar por un instante las grandes aflicciònes. Luego se dirigió a mí:

—No es lejos Chalhuanca, joven —me dijo—. Detrás de estas cordilleras; en una quebradita. Vendremos en comisión para llevarte. Reventaremos cohetes cuando entres a la plaza. Haremos bailar a los danzantes. Pescarás con dinamita en el río; andarás por todos los cerros, a caballo; cazarás venados, vizcachas, chanchos cerriles...

Lo dejé hablando y me acerqué a mi padre. Estuvimos mucho rato juntos. El chalhuanquino siguió hablando en quechua, rodeándonos, haciendo bulla, pronunciando las palabras en voz cada vez más alta y tierna:

—Chalhuanca es mejor. Tiene un río, juntito al pueblo. Allí queremos a los forasteros. Nunca ha ido un abogado, ¡nunca! Será usted como un rey, doctorcito. Todos se agacharán cuando pase, se quitarán el sombrero como es debido. Comprará tierras; para el niño le regalaremos un caballo con un buen apero de metal... ¡Pasarás el vado al galope...! ¡En mi hacienda manejarás un zurriago tronador y arrearás ganado! Buscaremos a los patos en los montes del río: capearás a los toritos bravos de la hacienda. ¡Ja caraya! ¡No hay que llorar! ¡Es más bien el milagro del Señor de Chalhuanca! ¡El ha escogido ese pueblo para ustedes! ¡Salud, doctor: levante su cabeza! ¡Levántate, muchacho guapo! ¡Salud, doctor! ¡Porque se despide de este pueblo triste!

Y mi padre se puso de pie. El chalhuanquino me sirvió medio vaso de cerveza:

—Ya está grandecito; suficiente para la ocasión. ¡Salud!

Fue la primera vez que bebí con mi padre. Y comenzó nuevamente su alegría. Los planes deslumbrantes de siempre, en la víspera de los viajes.

—Me quedaré en Chalhuanca, hijo. ¡Seré por fin vecino de un pueblo! Y te esperaré en las vacaciones, como dice el señor, con un caballo brioso en que puedas subir los cerros y pasar los ríos al galope. Compraré una charca junto al río, y construiremos un molino de piedra. ¡Quién sabe podamos traer a don Pablo Maywa para que lo arme! Es necesario afincarse, no seguir andando así, como un Judío Errante... El pobre Alcilla será tu apoderado, hasta diciembre.

Y nos separamos casi con alegría, con la misma esperanza que después del cansancio de un pueblo nos iluminaba al empezar otro viaje.

El subiría la cumbre de la cordillera que se elevaba al otro lado del Pachachaca: pasaría el río por un puente de cal y canto, de tres arcos. Desde el abra se despediría del valle y vería un campo nuevo. Y mientras en Chalhuanca, cuando hablara con los nuevos amigos, en su calidad de forastero recién llegado, sentiría mi ausencia, yo exploraría palmo a palmo el gran valle y el pueblo; recibiría la corriente poderosa y triste que golpea a los niños, cuando deben enfrentarse solos a un mundo cargado de monstruos y de fuego, y de grandes ríos que cantan con la música más hermosa al chocar contra las piedras y las islas.

IV. LA HACIENDA

Los hacendados de los pueblos pequeños contribuyen con grandes vasijas de chicha y pailas de picantes para las faenas comunales. En las fiestas salen a las calles y a las plazas, a cantar *huaynos* en coro y a bailar. Caminan de diario, con polainas viejas, vestidos de diablo fuerte o casinete, y una bufanda de vicuña o de alpaca en el cuello. Montan en caballos de paso, llevan espuelas de bronce y, siempre, sobre la montura, un pellón de cuero de oveja. Vigilan a los indios cara a cara, y cuando quieren más de lo que comúnmente se cree que es lo justo, les rajan el rostro o los llevan a puntapiés hasta la cárcel, ellos mismos. En los días de fiesta, o cuando se dirigen a la capital de la Provincia, visten de casimir, montan sobre pellones sampedranos, con apero de gala cubierto de anillos de plata, estribos con anchas fajas de metal y «roncadoras», con una gran aspa de acero. Parecen transformados; cruzan la plaza a galope u obligan a los caballos a trotar a paso menudo, braceando. Cuando se emborrachan, estando así vestidos, hincan las espuelas hasta abrir una herida a los caballos; los estribos y el aspa de las espuelas se bañan en sangre. Luego se lanzan a carrera por las calles y sientan a los caballos en las esquinas. Temblando, las bestias resbalan en el empedrado, y el jinete los obliga a retroceder. A veces los caballos se paran y levantan las patas delanteras, pero entonces la espuela se hunde más en la herida y la rienda es recogida con crueldad; el jinete exige, le atormenta el orgullo. La gente los contempla formando grupos. Muy rara vez el caballo logra arrancar la brida y zafar hacia el camino, arrastrando al jinete y sacudiéndolo sobre la tierra.

La casa de esos hacendados es bien conocida por los indios. Duermen en catres de bronce, antiguos, con techo de varillas doradas. La casa tiene un patio y un corral, grandes; un corredor, una despensa, un troje, una sala amueblada con bancas y sillones antiguos de madera; y la cocina, que siempre está lejos, al otro lado del patio, porque allí comen los peones. El hacendado también pasa el alferado o ma-

yordomia de las fiestas. No puede agasajar al puel lo menos que un
indio, salvo que haya perdido su honor de terrate iente.

Abancay está cercado por las tierras de la hac enda Patibamba.
Y todo el valle, de sur a norte, de una cima a la otra, pertenece a
las haciendas.

El parque de Patibamba estaba mejor cuidado era más grande
que la Plaza de Armas de Abancay. Arboles frondo os daban sombra
a los bancos de piedra. Rosales y lirios orillaban las aceras empe-
dradas del parque. La casa tenía arquería blanca, n corredor silen-
cioso con piso de losetas brillantes y grandes vent nas de rejas tor-
neadas. La huerta de la hacienda se perdía de vista, as sendas estaban
bordeadas de flores, y de plantas de café. En una es uina de la huerta
había una pajarera alta: su cúpula llegaba hasta l cima de los ár-
boles. La jaula tenía varios pisos y encerraba dec nas de jilgueros,
de calandrias y otros pájaros. La casa-hacienda ap recía rodeada de
muros blanqueados. Una reja de acero protegía el arco de entrada.

El patrón y su familia vivían como perdidos er la inmensa villa.
Yo fui muchas veces a mirar desde la reja; siempre e taban silenciosos
y vacíos el parque y los corredores. Mariposas omunes, de alas
rojas y manchas negras, volaban sobre las flores, e elevaban hasta
las ramas altas de los pisonayes. Sólo una vez escu hé desde ese sitio
la voz de un piano: alguien tocaba en el interior d la mansión, y la
música parecía llegar desde la huerta de árboles fru ales que rodeaba
a la casa.

Un callejón ancho comunicaba la residencia el patrón con la
fábrica y el caserío donde viven los indios "colo os". A poca dis-
tancia de la casa-hacienda el callejón ya estaba cu ierto de bagazo.
La fábrica se levanta sobre un patio empedrado. Durante muchos
años el bagazo acumulado había formado un m ntículo ancho y
blando, había sido llevado a la callejuela del cas río y se extendía
más lejos, cubriendo parte de un cerco de grama.

El sol arde sobre la miel seca, sobre los restos l lancos de la caña
molida. Cae la lluvia, el bagazo hierve, huele a guardiente, y su
vaho cubre todo el caserío. Las paredes de las casas s n bajas, de adobe
angosto: un techo de hoja de caña, haraposo, llen de polvo, cubre
a las casas. Los indios y las mujeres no hablaban c on los forasteros.

—*Jampuyki mamaya* (Vengo donde ti, madrecita) —llamé desde algunas puertas.

—*¡Mánan! ¡Ama rimawaychu!* (¡No quiero! ¡No me hables!) —me contestaron.

Tenían la misma apariencia que el pongo del Viejo. Un sudor negro chorreaba de sus cabezas al cuello; pero eran aún más sucios, apenas levantados sobre el suelo polvoriento del caserío y de la fábrica, entre las nubes de mosquitos y avispas que volaban entre los restos de caña. Todos llevaban sombreros de lana, apelmazados de grasa, por el largo uso.

—*¡Señoray, rimakusk'ayki!* (¡Déjame hablarte, señora!) —Insistí, muchas veces, pretendiendo entrar en alguna casa. Pero las mujeres me miraban atemorizadas y con desconfianza. Ya no escuchaban ni el lenguaje de los *ayllus* [1]; les habían hecho perder la memoria; porque yo les hablé con las palabras y el tono de los comuneros, y me desconocieron.

Y tenía que regresar a la ciudad. Aturdido, extraviado en el valle, caminaba por los callejones hirvientes que van a los cañaverales. Al atardecer, cuando ya no quedaba luz del sol sino en las cumbres, llegaba al pueblo, temiendo desconocer a las personas, o que me negaran. En el Colegio, viéndome entrar al patio, así cubierto de polvo, el Padre Director me llamaba "loco" y "tonto vagabundo". Durante muchos días no podía jugar ni retener lo que estudiaba. En las noches me levantaba y decidía irme, hacer un atado de mi ropa, y cruzar de noche el Pachachaca; alcanzar la otra cumbre y caminar libremente en la puna hasta llegar a Chalhuanca. Pero supe respetar la decisión de mi padre, y esperé, contemplándolo todo, fijándolo en la memoria.

En esos días de confusión y desasosiego, recordaba el canto de despedida que me dedicaron las mujeres, en el último *ayllu* [1] donde residí, como refugiado, mientras mi padre vagaba perseguido.

Huyendo de parientes crueles pedí misericordia a un *ayllu* que sembraba maíz en la más pequeña y alegre quebrada que he conocido. Espinos de flores ardientes y el canto de las torcazas iluminaban los maizales. Los jefes de familia y las señoras, *mamakunas* de la comu-

---

[1]   Comunidad de indios.

nidad, me protegieron y me infundieron la impagable ternura en que vivo.

Cuando los políticos dejaron de perseguir a mi padre, él fue a buscarme a la casa de los parientes donde me dejó. Con la culata de su revólver rompió la frente del jefe de la familia, y bajó después a la quebrada. Se emborrachó con los indios, bailó con ellos muchos días. Rogó al Vicario que viniera a oficiar una misa solemne en la capilla del *ayllu*. Al salir de la misa, entre cohetazos y el repique de las campanas, mi padre abrazó en el atrio de la iglesia a Pablo Maywa y Víctor Pusa, alcaldes de la comunidad. En seguida montamos a caballo, en la plaza, para comenzar el inmenso viaje. Salimos del caserío y empezamos a subir la cuesta. Las mujeres cantaban el *harahui* de la despedida:

¡Ay warmallay warma
yuyaykunlim, yuyaykunkim!
Jhatun yurak' ork'o
kutiykachimunki;
abrapi puquio. pampapi puquio

yank'atak' yakuyananman.
Alkunchallay, kutiykamunchu
raprachaykipi apaykamunki.
Riti ork'o, jhatun riti ork'o
yank'tak' ñannimpi ritiwak';
yank'atak' wayra
ñannimpi k'ochpaykunkiman.
Amas pára amas pára
aypankichu;
amas k'ak'a, amas k'ak'a
ñannmpi tuñinkichu.
¡Ay warmallay warma
kutiykamunki
kutiykamunkipuni!

¡No te olvides, mi pequeño,
no te olvides!
Cerro blanco,
hazlo volver;
agua de la montaña, manantial de
[la pampa
que nunca muera de sed.
Halcón, cárgalo en tus alas
y hazlo volver.
Inmensa nieve, padre de la nieve,
no lo hieras en el camino.
Mal viento,
no lo toques.
Lluvia de tormenta,
no lo alcances.
¡No, precipicio, atroz precipicio,
no lo sorprendas!
¡Hijo mío,
haz de volver,
haz de volver!

—No importa que llores. Llora, hijo, porque si no, se te puede partir el corazón —exclamó mi padre, cuando vio que apretaba los ojos y trotaba callado.

Desde entonces no dejamos ya de viajar. De pueblo en pueblo, de provincia en provincia, hasta llegar a la quebrada más profunda, a estos feudos de cañaverales. Mi padre se fue demasiado pronto de

Abancay, cuando empezaba a descubrir su infierno: cuando el odio y la desolación empezaban a aturdirme de nuevo.

Los dueños de las haciendas sólo venían al Colegio a visitar al Padre Director. Cruzaban el patio sin mirar a nadie.

—¡El dueño de Auquibamba! —decían los internos.

—¡El dueño de Pati!

—¡El dueño de Yaca!

Y parecía que nombraban a las grandes estrellas.

El Padre Director iba a celebrar misa para ellos en las capillas de las haciendas. Pero ciertos domingos venían los hacendados al pueblo. Entonces había sermón y canto en la iglesia.

El Padre Director empezaba suavemente sus prédicas. Elogiaba a la Virgen con palabras conmovedoras: su voz era armoniosa y delgada, pero se exaltaba pronto. Odiaba a Chile y encontraba siempre la forma de pasar de los temas religiosos hacia el loor de la patria y de sus héroes. Predicaba la futura guerra contra los chilenos. Llamaba a los jóvenes y a los niños para que se prepararan y no olvidaran nunca que su más grande deber era alcanzar el desquite. Y así, ya exaltado, hablando con violencia, recordaba a los hombres sus otros deberes. Elogiaba a los hacendados: decía que ellos eran el fundamento de la patria, los pilares que sostenían su riqueza. Se refería a la religiosidad de los señores, al cuidado con que conservaban las capillas de las haciendas y a la obligación que imponían entre los indios de confesarse, de comulgar, de casarse y vivir en paz, en el trabajo humilde. Luego bajaba nuevamente la voz y narraba algún pasaje del calvario.

Después de la misa, las autoridades y los hacendados lo esperaban en la puerta de la iglesia: lo rodeaban y lo acompañaban hasta el Colegio.

Esos domingos el Padre Director almorzaba con los internos: presidía la mesa, nos miraba con expresión bondadosa. Resplandecía de felicidad; bromeaba con los alumnos y se reía. Era rosado, de nariz aguileña; sus cabellos blancos, altos, peinados hacia atrás, le daban una expresión gallarda e imponente, a pesar de su vejez. Las mujeres lo adoraban; los jóvenes y los hombres creían que era un santo; y ante los indios de las haciendas llegaba como una aparición.

Yo lo confundía en mis sueños: lo veía como un pez de cola ondulante y ramosa, nadando entre las algas de los remansos, persiguiendo a los pececillos que viven protegidos por las yerbas acuáticas, a las orillas de los ríos: pero otras veces me parecía don Pablo Maywa, el indio que más quise, abrazándome contra su pecho al borde de los grandes maizales.

V. PUENTE SOBRE EL MUNDO

"¡Pachachaca! Puente sobre el
mundo, significa este nombre."

Sólo un barrio alegre había en la ciudad: Huanupata. Debió
ser en la antigüedad el basural de los *ayllus*, porque su nombre sig-
nifica "morro del basural". En ese barrio vivían las vendedoras de
la plaza del mercado, los peones y cargadores que trabajaban en
menesteres ciudadanos, los gendarmes, los empleados de las pocas
tiendas de comercio; allí estaban los tambos donde se alojaban los
litigantes de los distritos, los arrieros y los viajeros mestizos. Era
el único barrio donde había chicherías. Los sábados y domingos
tocaban arpa y violín en las de mayor clientela, y bailaban *huaynos*
y marineras. Decían que en esas jaranas podían encontrarse mujeres
fáciles y aun mestizas que vivían de la prostitución.

Oleadas de moscas volaban en las puertas de las chicherías. En
el suelo, sobre los desperdicios que arrojaban del interior, caminaba
una gruesa manta de moscas. Cuando alguien entraba a las chicherías,
las moscas se elevaban del suelo y formaban un remolino. El piso
estaba endurecido por el caminar de la gente: las mesas eran bajas,
y las bancas pequeñas. Todo era negro de suciedad y de humo. Varias
mestizas atendían al público. Llevaban rebozos de Castilla con
ribetes de seda, sombreros de paja blanqueados y cintas anchas de
colores vivos. Los indios y cholos las miraban con igual libertad.
Y la fama de las chicherías se fundaba muchas veces en la hermosura
de las mestizas que servían, en su alegría y condescendencia. Pero
sé que la lucha por ellas era larga y penosa. No se podía bailar con
ellas fácilmente; sus patronas las vigilaban e instruían con su larga
y mañosa experiencia. Y muchos forasteros lloraban en las abras

de los caminos, porque perdieron su tiempo inútilmente, noche tras noche, bebiendo chicha y cantando hasta el amanecer.

Las chicherías recibían gente desde el mediodía, pero sólo en la tarde y en la noche de los sábados y domingos iban los músicos. Cualquier parroquiano podía pedir que tocaran el *huayno* que prefería. Era difícil que el arpista no lo supiera. A las chicherías van más forasteros que a un tambo. Pero ocurría, a veces, que el parroquiano venía de tierras muy lejanas y distintas: de Huaraz, de Cajamarca, de Huancavelica o de las provincias del Collao, y pedía que tocaran un *huayno* completamente desconocido. Entonces los ojos del arpista brillaban de alegría: llamaba al forastero y le pedía que cantara en voz baja. Una sola vez era suficiente. El violinista lo aprendía y tocaba: el arpa acompañaba. Casi siempre el forastero rectificaba varias veces: "¡No; no es así! ¡No es así su genio!" Y cantaba en voz alta, tratando de imponer la verdadera melodía. Era imposible. El tema era idéntico, pero los músicos convertían el canto en *huayno* apurimeño, de ritmo vivo y tierno. "*¡Mánan!*", gritaban los hombres que venían de las regiones frías; los del Collao se enfurecían, y si estaban borrachos, hacían callar a los músicos amenazándolos con los grandes vasos de chicha. "Igual es, señor", protestaba el arpista: "¡No *alk'o* (perro)!", vociferaba el collavino. Ambos tenían razón. Pero el collavino cantaba, y los de la quebrada no podían bailar bien con ese canto. Tenía un ritmo lento y duro, como si molieran metal; y si el *huayno* era triste, parecía que el viento de las alturas, el aire que mueve a la paja y agita las pequeñas yerbas de la estepa, llegaba a la chichería. Entonces los viajeros recordábamos las nubes de altura, siempre llenas de amenaza, frías e inmisericordes, o la lluvia lóbrega y los campos de nieve interminables. Pero los collavinos eran festejados. Las mestizas que no habían salido nunca de esas cuevas llenas de moscas, tugurios con olor a chicha y a guarapo ácido, se detenían para oírles.

Ellas sabían sólo *huaynos* del Apurímac y del Pachachaca, de la tierra tibia donde crecen la caña de azúcar y los árboles frutales. Cuando cantaban con sus voces delgaditas, otro paisaje presentíamos: el ruido de las hojas grandes, el brillo de las cascadas que saltan entre arbustos y flores blancas de cactus, la lluvia pesada y tranquila que gotea sobre los campos de caña; las quebradas en que arden las flores el pisonay, llenas de hormigas rojas y de insectos voraces:

¡Ay siwar k'enti!
amaña wayta tok'o chaychu,
siwar k'enti.
Ama jhina kaychu
mayupataman uray muspa,
k'ori raphra,
kay puka mayupi w k'ask'ayta

k'awaykamuway.
K'awaykamuway
siwar k'enti, k'ori ra hra,
llakisk' ayta,
purun wayta kirisk' ykita,
mayupata wayta
sak'esk'aykita.

¡Ay picaflor!,
ya no horades tanto la flor,
alas de esmeralda.
No seas cruel
baja a la orilla del río,
alas de esmeralda,
y mírame llorando junto al agua
                                              [roja,
mírame llorando.
Baja y mírame,
picaflor dorado,
toda mi tristeza,
flor del campo herida,
flor de los ríos
que abandonaste.

Yo iba a las chicherías a oír cantar y a buscar a los indios de hacienda. Deseaba hablar con ellos y no perdía la esperanza. Pero nunca los encontré. Cierta vez, entraron a una chichería varios indios traposos, con los cabellos más crecidos y sucios que de costumbre; me acerqué para preguntarles si pertenecían a alguna hacienda. *¡Mánan hacienda hu kani!* (No soy de hacienda), me contestó con desprecio uno de ellos. Después, cuando me convencí que los "colonos" no llegaban al pueblo, iba a las chicherías, por oír la música, y a recordar. Acompañando en voz baja la melodía de las canciones, me acordaba de los campos y las piedras, de las plazas y los templos, de los pequeños ríos adonde fui feliz. Y podía permanecer muchas horas junto al arpista o en la puerta de calle de las chicherías, escuchando. Porque el valle cálido, el aire ardiente, y las ruinas cubiertas de alta yerba de los otros barrios, me eran hostiles.

Las autoridades departamentales, los comerciantes, algunos terratenientes y unas cuantas familias antiguas empobrecidas vivían en los otros barrios de Abancay. La mayoría de las casas tenían grandes huertas de árboles frutales. La sombra de los árboles llegaba hasta las calles. Muchas huertas estaban descuidadas, abandonadas: sus muros derruidos, en muchos sitios casi hasta los cimientos. Se veían las raíces de los espinos plantados en la cima de las paredes, las antiguas veredas, desmoronadas y cubiertas de ramas y de mantos de hojas húmedas. Los sapos caminaban en el fondo de las yerbas. Caudalosas acequias de agua limpia, inútil, cruzaban las huertas.

En esos barrios había manzanas enteras sin construcciones, campos en que crecían arbustos y matas de espinos. De la Plaza de Armas hacia el río sólo había dos o tres casas, y luego un campo baldío, con bosques bajos de higuerilla, poblado de sapos y tarántulas. En ese campo jugaban los alumnos del Colegio. Los sermones patrióticos del Padre Director se realizaban en la práctica; bandas de alumnos "peruanos" y "chilenos" luchábamos allí; nos arrojábamos frutos de la higuerilla con hondas de jebe, y después, nos lanzábamos al asalto, a pelear a golpes de puño y a empellones. Los "peruanos" debían ganar siempre. En ese bando se alistaban los preferidos de los campeones del Colegio, porque obedecíamos las órdenes que ellos daban y teníamos que aceptar la clasificación que ellos hacían.

Muchos alumnos volvían al internado con la nariz hinchada, con los ojos amoratados o con los labios partidos. "La mayoría son chilenos, padrecito, informaban los "jefes". El Padre Director sonreía y nos llevaba al botiquín para curarnos.

El "Añuco" era un "chileno" artero y temible. Era él el único interno descendiente de una familia de terratenientes.

Se sabía en Abancay que el abuelo del "Añuco" fue un gran hacendado, vicioso, jugador y galante. Hipotecó la hacienda más grande e inició a su hijo en los vicios.

El padre del "Añuco" heredó joven, y dedicó su vida, como el abuelo, al juego. Se establecía en las villas de los grandes propietarios; invitaba a los hacendados vecinos y organizaba un casino en el salón de la casa-hacienda. Tocaba piano, cantaba, y era galante con las hijas y las esposas de los terratenientes. Las temporadas que él pasaba en los palacios de las haciendas se convertían en días memorables. Pero al cabo, se quedó sin un palmo de tierra. Sus dos haciendas cayeron en manos de un inmigrante que había logrado establecer una fábrica en el Cuzco, y que estaba resuelto a comprar tierras para ensayar el cultivo del algodón.

Contaban en Abancay que el padre del "Añuco" pasó los tres

últimos años de su vida en la ciudad. Habitaba su propia casa: una mansión desmantelada, con una huerta de árboles inútiles y de yerbas que se secaban en el invierno y renacían con las lluvias del verano. El señor decidía suicidarse casi todos los días. Iba a la iglesia y rezaba: se despedía del mundo contemplando el cielo y las montañas: luego se dirigía a su casa caminando con pasos firmes. Al principio, sus vecinos y los pocos amigos que tenía en el pueblo, lo observaban con temor y con cierto alivio. Sabían cuál era su decisión. Pero a la mañana siguiente, se abría la puerta, y el señor aparecía, siempre abrigado con una amplia capa española. Contaban que una vez lo vieron, antes de la hora del rosario, armando un nudo corredizo en un naranjo de la huerta: que dejó la cuerda suspendida y trajo del interior de la casa dos cajones, y los puso uno encima del otro. Y que así, ya parecía todo resuelto. Pero el ex hacendado esperó, apoyado en el árbol. Y cuando a la hora del rosario tocaron las campanas, salió a la calle, se dirigió lentamente a la iglesia, y volvió. Pero ya no pasó a la huerta. Se quedó en las habitaciones interiores. No deshizo en los días siguientes la horca que había armado, y los cajones quedaron junto al árbol.

El "Añuco" era hijo natural de ese señor. Los frailes del Colegio lo recogieron cuando tenía nueve años, poco antes que muriera el padre. La casa fue vendida para pagar las últimas deudas que dejó el caballero.

A pesar de su absoluta pobreza, el "Añuco" era distinguido en el Colegio. Los hacendados que visitaban a los Padres le dirigían a veces la palabra: y se aseguraba que algunos dejaban dinero para sus gastos de libros y propinas. Pero él lo negaba con violencia, y atropellaba a quien lo insinuara. "¡A mí me mantienen los Padres!", gritaba.

El "Añuco" tenía un protector: Lleras, el campeón de garrocha, de carreras de velocidad y *back* insustituible del equipo de fútbol. Lleras era el estudiante más tardo del Colegio: no se conocía bien su origen, y los padres lo protegían. Había repetido tres veces el primer año de media, pero era el más fuerte, y nadie en el pueblo dejaba de temerle. Había destrozado a todos los estudiantes y a los jóvenes del pueblo que pelearon con él. Era altanero, hosco, abusivo y caprichoso. Sin embargo, muchos domingos, después de las competencias de fútbol, cuando el equipo del Colegio derrotaba a los clubs del pueblo o a los equipos de otras provincias, los alumnos lo llevábamos en

hombros, desde el Estadio hasta el Colegio. Gritábamos su nombre
por las calles. Iba él en medio del tumulto, con un semblante frío y
displicente; muy raras veces parecía conmoverle nuestros aplausos.
El "Añuco" era entonces el héroe, el engreído. Le hacíamos un espacio
delante del campeón, y saltaba solo, chillaba el nombre de Lleras,
echaba ajos y voceaba grandes interjecciones. Formaba otra multitud
separada, celebraba su fiesta. Pero ocurría, a veces, que después de
una gran competencia en que Lleras había decidido el triunfo, al con-
cluir el *match*, empezaba a vestirse lentamente y con expresión de
desafío. El "Añuco" le alcanzaba su ropa, empaquetaba los zapatos de
juego, la chompa. Y se erguían ambos: "¡Fuera de aquí!", gritaba
Lleras: "¡Largo, perros! ¡Sarnas!", agregaba el "Añuco". Y nos disper-
saban en el campo. Nadie entonces podía felicitarlos, ni el Padre Direc-
tor se atrevía a acercarse a Lleras. Sólo en la noche lo llevaba a la capilla
del Colegio; lo abrazaba, y así juntos, iban hasta la capilla. Casi
siempre, Lleras salía con los ojos hundidos, pero con el semblante
despejado. Y durante algunos días no torturaba a los pequeños:
comía y almorzaba sin hablar con nadie. La misma sombra dominaba
al "Añuco".

El "Añuco" aparecía bruscamente entre los "chilenos". Atacaba
como un gato endemoniado. Era delgado; tendría entonces catorce
años. Su piel era delicada, de una blancura desagradable que le daba
apariencia de enfermizo; pero sus brazos flacos y duros, a la hora de
la lucha se convertían en fieras armas de combate: golpeaba con ambas
manos, como si hiriera con los extremos de dos troncos delgados.
Nadie lo estimaba. Los alumnos nuevos, los que llegaban de las
provincias lejanas, hablaban con él durante algunos días. El "Añuco"
trataba de infundirles desconfianza y rencor por todos los internos.
Era el primero en acercarse a los nuevos, pero acababa siempre por
cansarlos; y se convertía en el primer adversario de los recién llegados.
Si era mayor, lo insultaba con las palabras más inmundas, hasta ser
atacado, para que Lleras interviniera; pero si reñía con algún pequeño
lo golpeaba encarnizadamente. En las guerras era feroz. Hondeaba
con piedras y no con frutos de higuerilla. O intervenía solo en el
"cuerpo a cuerpo", pateando por detrás, atropellando a los que estaban
de espaldas. Y cambiaba de "chileno" a "peruano", según fuera más
fácil el adversario, por pequeño o porque estuviera rodeado de mayor

número de enemigos. No respetaba las reglas. Se sentía feliz cuando alguien caía derribado en una lucha en grupo, porque entonces se acomodaba hábilmente para pisotear el rostro del caído o para darle puntapiés cortos, como si todo fuera casual, y sólo porque estaba cegado por el juego. Sin embargo, alguna vez, su conducta era distinta. Al "Añuco" se le llegó a prohibir que jugara a las "guerras". A pesar de Lleras, en una gran asamblea, lo descalificamos, por "traicionero" y "vendepatria". Pero él intervenía casi siempre, cuando no iba a escalar los cerros con Lleras, o a tomar chicha y a fastidiar a las mestizas y a los indios. Llegaba repentinamente: aparecía en los bosques de higuerilla, saltaba de una tapia o subía del fondo de alguna zanja; y a veces peleaba a favor de cualquier pequeño que estuviera perseguido o que había sido tomado prisionero y estaba en el "cuartel", escoltado por varios "guardias". Se lanzaba como una pequeña fiera, gruñía, mordía, arañaba y daba golpes contundentes y decisivos. "¡Fuera sarnas! ¡Tengo mal de rabia!", gritaba, con los ojos brillantes, que causaban desconcierto: se lanzaba a luchar de verdad, y sus adversarios huían. Pero muchas veces, cuando el "Añuco" caía entre algún grupo de alumnos que lo odiaban especialmente, era golpeado sin piedad. Gritaba como un cerdo al que degüellan, pedía auxilio y sus chillidos se oían hasta el centro del pueblo. Exageraba sus dolores, gemía durante varios días. Y los odios no cesaban, se complicaban y se extendían.

En las noches, algunos internos tocaban armónica en los corredores del primer patio: otros preferían esconderse en el patio de recreo, para fumar y contar historias de mujeres. El primer patio era empedrado. A la derecha del portón de entrada estaba el edificio: a la izquierda sólo había una alta pared desnuda y húmeda. Junto a esa pared había un gran caño de agua con un depósito cuadrangular de cal y canto, muy pequeño. Viejos pilares de madera sostenían el corredor del segundo piso y orillaban el patio. Tres focos débiles alumbraban el corredor bajo: el patio quedaba casi en la sombra. A esa hora, algunos sapos llegaban hasta la pila y se bañaban en la pequeña fuente o croaban flotando en las orillas. Durante el día se escondían en las yerbas que crecían junto al chorro.

Muchas veces, tres o cuatro alumnos tocaban *huaynos* en competencia. Se reunía un buen público de internos para escucharlos y hacer de juez. En cierta ocasión cada competidor tocó más de cincuenta *huaynos*. A estos tocadores de armónica les gustaba que yo cantara. Unos repetían la melodía: los otros "el acompañamiento", en las notas más graves: balanceaban el cuerpo, se agachaban y levantaban con gran entusiasmo, marcando el compás. Pero nadie tocaba mejor que Romero, el alto y aindiado rondinista de Andahuaylas.

El patio interior de recreo era de tierra. Un pasadizo largo y sin pavimento comunicaba el primer patio con este campo. A la derecha del pasadizo estaba el comedor, cerca del primer patio: al fondo, a un extremo del campo de juego, tras de una pared vieja de madera, varios cajones huecos, clavados sobre un canal de agua, servían de excusados. El canal salía de un pequeño estanque.

Durante el día más de cien alumnos jugaban en ese pequeño campo polvoriento. Algunos de los juegos eran brutales: los elegían los grandes y los fuertes para golpearse, o para ensangrentar y hacer llorar a los pequeños y a los débiles. Sin embargo, muchos de los alumnos pequeños y débiles preferían, extrañamente, esos rudos juegos: aunque durante varios días se quejaban y caminaban cojeando, pálidos y humillados.

Durante las noches, el campo de juego quedaba en la oscuridad. El último foco de luz era el que alumbraba la puerta del comedor, a diez metros del campo.

Ciertas noches iba a ese patio, caminando despacio, una mujer demente, que servía de ayudante en la cocina. Había sido recogida en un pueblo próximo por uno de los Padres.

No era india: tenía los cabellos claros y su rostro era blanco, aunque estaba cubierto de inmundicia. Era baja y gorda. Algunas mañanas la encontraron saliendo de la alcoba del Padre que la trajo al Colegio. De noche, cuando iba al campo de recreo, caminaba rozando las paredes, silenciosamente. La descubrían ya muy cerca de la pared de madera de los excusados, o cuando empujaba una de las puertas. Causaba desconcierto y terror. Los alumnos grandes se golpeaban para llegar primero junto a ella, o hacían guardia cerca de los excusados, formando una corta fila. Los menores y los pequeños nos quedábamos detenidos junto a las paredes más próximas, temblando de ansiedad, sin decirnos una palabra, mirando el tumulto o la rígida espera de los que estaban en la fila. Al poco rato, mientras aún esperaban algunos, o seguían golpeándose en el suelo, la mujer salía a la carrera,.y se iba. Pero casi siempre alguno la alcanzaba todavía en el camino y pretendía derribarla. Cuando desaparecía en el callejón, seguía el tumulto, las increpaciones, los insultos y los pugilatos entre los internos mayores.

Jamás peleaban con mayor encarnizamiento; llegaban a patear a sus competidores cuando habían caído al suelo: les clavaban el taco del zapato en la cabeza, en las partes más dolorosas. Los menores no nos acercábamos mucho a ellos. Oíamos los asquerosos juramentos de los mayores: veíamos cómo se perseguían en la oscuridad, cómo huían algunos de los contendores, mientras el vencedor los amenazaba y ordenaba a gritos que en las próximas noches ocuparan un lugar en el rincón de los pequeños. La lucha no cesaba hasta que tocaban la campana que anunciaba la hora de ir a los dormitorios: o cuando alguno de los Padres llamaba a voces desde la puerta del comedor, porque había escuchado los insultos y el vocerío.

En las noches de luna la demente no iba al campo de juego.

El "Añuco" y Lleras miraban con inmenso desprecio a los contusos de las peleas nocturnas. Algunas noches contemplaban los pugilatos desde la esquina del pasadizo. Llegaban cuando la lucha había empezado, o cuando la violencia de los jóvenes cedía, y por la propia desesperación organizaban una fila.

—¡A ver, criaturas! ¡A la fila! ¡A la fila! —gritaba el "Añuco", mientras Lleras reía a carcajadas. Se refería a nosotros, a los menores, que nos alejábamos a los rincones del patio. Los grandes permanecían callados en su formación, o se lanzaban en tumulto contra Lleras: él corría hacia el comedor, y el grupo de sus perseguidores se detenía.

Un abismo de odio separaba a Lleras y "Añuco" de los internos mayores. Pero no se atrevían a luchar con el campeón.

Hasta que cierta noche ocurrió algo que precipitó aún más el odio a Lleras.

El interno más humilde y uno de los más pequeños era Palacios. Había venido de una aldea de la cordillera. Leía penosamente y no entendía bien el castellano. Era el único alumno del Colegio que procedía de un *ayllu* de indios. Su humildad se debía a su origen y a su torpeza. Varios alumnos pretendimos ayudarle a estudiar, inútilmente: no lograba comprender y permanecía extraño, irremediablemente alejado del ambiente del Colegio, de cuanto explicaban los profesores y del contenido de los libros. Estaba condenado a la tortura del internado y de las clases. Sin embargo, su padre insistía en mantenerlo en el Colegio, con tenacidad invencible. Era un hombre alto, vestido con traje de mestizo: usaba corbata y polainas. Visitaba a su hijo todos los meses. Se quedaba con él en la sala de recibo, y le oíamos vociferar encolerizado. Hablaba en castellano, pero cuando se irritaba, perdía la serenidad e insultaba en quechua a su hijo. Palacitos se quejaba, imploraba a su padre que lo sacara del internado.

—¡Llévame al Centro Fiscal, papacito! —le pedía en quechua.

—¡No! ¡En colegio! —insistía enérgicamente el cholo.

Y luego se iba. Dejaba valiosos obsequios para el Director y para los otros frailes. Traía cuatro o cinco carneros degollados y varias cargas de maíz y de papas.

El Director llamaba a Palacitos luego de cada visita del padre. Tras una larga plática, Palacitos salía aún más lloroso que del encuentro con su padre, más humilde y acobardado, buscando un sitio tranquilo donde llorar. A veces la cocinera podía hacerlo entrar en su habitación, cuidando de que los Padres no lo vieran. Nosotros le disculpábamos ante el profesor, y Palacitos pasaba la tarde, hasta la hora de la comida, en un extremo de la cocina, cubierto con algunas frazadas sucias. Sólo entonces se calmaba mucho. Salía de la cocina con los ojos un poco hinchados, pero con la mirada despejada y casi brillante. Conversaba algo con nosotros y jugaba. La demente lo miraba con cierta facilidad, cuando pasaba por la puerta del comedor.

Lleras y "Añuco" se cansaron de molestar a Palacitos. No era rebelde, no podía interesarles. Al cabo de un tiempo, el "Añuco" le dio un puntapié y no volvió a fijarse en él.

Pero una noche, la demente fue al patio de recreo en forma inusitada: debió de caminar con gran sigilo, porque nadie la descubrió. De pronto oímos la voz de Palacitos que se quejaba.

—¡No! ¡No puedo! ¡No puedo, hermanito!

Lleras había desnudado a la demente, levantándole el traje hasta el cuello, y exigía que el humilde Palacios se echara sobre ella. La

La demente quería, y mugía, llamando con ambas manos al muchacho.

Se formó un tropel. Corrimos todos. La oscuridad no era tan grande. Era una noche sin nubes y muy estrellada. Vimos a Palacios cerca de la puerta, dentro de la pared de madera; en el suelo se veía también el cuerpo de la demente. Lleras estaba frente a la puerta.

—¿Qué quieren, perros? —habló a gritos—. ¡Fuera, fuera! ¡Aquí está el doctor Palacios, el doctor Palacios!

Iba a reírse, pero saltamos sobre él. Y entonces llamó con voz desesperada.

—¡Auxilio, Padres, auxilio!

La demente pudo escapar. No se dirigió al callejón; astutamente, corrió hacia el otro extremo del campo. Dos Padres vinieron al patio.

—Me han querido *huayquear* [1], Padre —se quejó Lleras.

Los demás no pudieron decir nada.

—¿Por qué? —preguntó uno de los Padres.

—Ustedes saben, Padre, que es un matón, un abusivo —contestó Romero, el mayor de todos.

—¿Qué he hecho? ¡Digan qué he hecho! —preguntó cínicamente Lleras.

—Ha querido abusar de Palacios, como un demonio, suciamente...

—¿Suciamente? ¿Qué es eso? —preguntó uno de los Padres, con aparente ira.

—Pretextos, Padrecito —contestó el "Añuco"—. Le tienen envidia por sus campeonatos.

—¡Estupideces de malcriados! ¡A dormir! ¡Largo de aquí todos! —ordenó el Padre.

Lleras corrió primero. Todos fuimos tras él.

Ya en el dormitorio, Romero desafió a Lleras.

—Mañana en la noche —dijo Lleras.

¡Ahora mismo! —pidió Romero.

—¡Ahora mismo! —clamamos todos.

Pero el Director empezó a caminar frente al dormitorio.

Palacios no se atrevía a mirar a nadie. Se acostó vestido y se cubrió la cabeza con las mantas.

---

[1] Golpear entre muchos a uno solo.

El "Añuco" miró a Romero antes de entrar en su cama, y le dijo:
—¡Pobrecito, pobrecito!

Romero estaba decidido y no contestó al "Añuco"; no se volvió siquiera hacia él.

Luego el Padre Director apagó las luces. Y nadie más volvió a hablar.

A pesar de nuestra gran ansiedad el desafío no pudo realizarse. El Director prohibió que durante la semana fuéramos al patio interior.

Lleras y su amigo fumaban en los sitios ocultos del corredor, o se paseaban abrazados. Nadie se acercaba a ellos. El "Añuco" corría a la fuente, cuando oía croar a los sapos, y lanzaba pequeñas piedras al depósito de agua, o daba golpes en los bordes del estanque, con un palo largo de leña. "¡Malditos, malditos!", exclamaba; y golpeaba ferozmente. "Va uno, Lleras. Le rompí el cuerpo", decía jubilosamente. Y venía al pie del foco para ver si el palo tenía sangre.

Pasaron los días y Romero perdió su coraje. Dejó de hablar sobre sus planes para derrotar a Lleras, del método que iba a emplear para fundirlo y humillarlo. "Llegó por fin la hora", nos había prometido: "Le romperé la nariz. Han de ver chorreando sangre a ese maldito". Y podía haberlo conseguido. Romero era delgado, pero ágil y fuerte; sus piernas tenían una musculatura poderosa; jugaba de centro half en el equipo del Colegio; chocaba con adversarios más altos y gruesos y los derribaba; o saltaba como un mono, esquivando diestramente a grupos de jugadores. Teníamos una gran fe en él. Sin embargo, fue callando día a día. Y nadie quiso obligarlo. Lleras era mañoso, experimentado y feroz. "Si se ve perdido puede clavarle un cuchillo a Romero", dijo uno de los internos.

Pero Lleras tampoco recordó el compromiso. El domingo siguiente salieron primero, él y su amigo. No los vimos en el pueblo ni en el campo de fútbol. No vinieron a almorzar al Colegio. Dijeron después que habían ido a escalar montes y que consiguieron llegar hasta las primeras nieves del Ampay.

Palacios huía de Lleras y del "Añuco". Se protegía caminando siempre con nosotros; sentándose a nuestro lado. Su terror hizo que confiara algo más en sus compañeros de clase.

—Si lo viera en mi pueblo, con mi padre lo haría matar —me dijo en aquellos días en que esperábamos la pelea. Temblaba un poco mientras hablaba. Y por primera vez vi que una gran resolución endureció su mirada y dio a su rostro una expresión resplandeciente. Sus mejillas enrojecieron.

Su padre vino a visitarlo cuando el desafío se había frustrado. Poco después de la visita me llamó a nuestro salón de clase. Junto a la mesa del profesor me habló en voz muy baja.

—Oye, hermanito, dale esto a Romero. Mi padre me lo ha regalado porque le he ofrecido pasar de año.

Y puso en mis manos una libra de oro brillante, que parecía recién acuñada.

—¿Y si no quiere?

—Ruégale. Nadie sabrá. Si no quiere, díle que me escaparé del Colegio.

Fui donde Romero. Lo llevé al internado. Era cerca de las seis de la tarde y todos los alumnos estaban en los patios. Le entregué la libra. Primero enrojeció, como ante un gran insulto, luego me dijo: "No; yo no puedo aceptar; soy un perro". "Tú ya has humillado al Lleras —le contesté en voz alta—. ¿No lo ves? Hace muchos días que no impera como antes, que no abofetea a los chicos. Grita, rezondra y amenaza; pero no tiene valor para tocarnos. Mejor que no peleaste. Le has puesto un bozal sin haberle derrotado". Y como siguió dudando y no levantaba los ojos, yo continué hablándole. Me aturdía verle con la mirada baja, siendo tan mayor y llevándome tantos grados de estudios. "¿No ves cómo Palacitos ha cambiado? —le dije—. Tú tendrías la culpa si huye del Colegio". Recibió la moneda. Y se decidió a mirarme. "Pero no lo voy a gastar —dijo—. La guardaré para recuerdo". Luego pudo sonreír.

Y Palacios llegó a ser un gran amigo de Romero. No de pronto, sino lentamente. Este hecho, por sí mismo, se convirtió en una especie de advertencia a Lleras. Creo que desde entonces Lleras decidió fugar del Colegio, aun teniendo en cuenta que debería abandonar al "Añuco", dejándolo tan inerme, tan bruscamente hundido.

La demente no volvió a ir al patio oscuro, varias semanas.

Muchos internos se impacientaron. Uno de ellos, que era muy cobarde, a pesar de su corpulencia, llegó a maldecir. Le llamaban "Peluca", porque su padre era barbero. "Peluca" se escondía en los excusados y aun bajo los catres, cuando alguno de los Padres llevaba al patio de juego los guantes de box. Tenía una constante expresión lacrimosa, semejante a la de los niños que contienen el llanto.

—"Peluca", no llores. No seas así —le decían sus compañeros de clase y los internos. El enrojecía de ira; rompía sus cuadernos y sus libros. Y cuando lo exasperaban llamándole en coro, llegaba a derramar lágrimas.

—"Peluquita", no seas triste.

—"Peluquita", traeré a mi abuela para que te consuele.

—¡Agú, "Peluquita"! —le decían.

Debía tener 19 ó 20 años. Su cuello era ancho, su nuca fuerte, como la de un toro; sus manos eran grandes. Tenía piernas musculosas; durante las vacaciones trabajaba en el campo. Al principio creyeron que podría boxear. Contaban los alumnos que temblaba mientras le aseguraban los guantes; que su rival, a pesar de todo, lo miraba con desconfianza. Pero cuando recibió el primer golpe en la cara, "Peluca" se volvió de espaldas, se encogió y no quiso seguir luchando. Lo insultaron; los propios Padres le exigieron, lo avergonzaron, con las palabras más hirientes; todo fue inútil, se negó a dar cara a su contendor. El padre Cárpena, que era aficionado al deporte, no pudo contenerse, le dio un puntapié y lo derribó de bruces.

Sin embargo, en el patio interior, cuando veía llegar a la demente, el "Peluca" se transfiguraba. Aprovechaba el desconcierto del primer instante para que no lo rezagaran. Decían que entonces se portaba con una astucia que enloquecía a los demás. Y luego huía al patio de honor, cerca de los Padres. Muchas veces, ciegos de ira, los otros internos pretendían separarlo de la demente, con terribles golpes; pero decían que la demente lo abrazaba con invencible fuerza. Y "Peluca" salía de los excusados entre una lluvia de puntapiés. Muy raras veces lo dejaban atrás; y en una de aquellas ocasiones rompió la pared de madera de un solo puñetazo.

A la cuarta semana de espera, luego del incidente de Palacitos y la opa, "Peluca" fue presa de gran impaciencia. No hablaba, caminaba agitadamente; subía y bajaba las escaleras que conducían a los

dormitorios. Profería obscenas maldiciones. No oía los insultos y las
burlas con que acostumbraban herirlo.

—Oye, "Peluca"; oye, bestia —le llamaban.

—¡Qué amorcito a la demente!

—¡Se muere, se muere por ellita!

—¡Miren cómo llora!

Y reían todos.

Pero a él no le importaba ya; estaba demasiado pendiente de
su propia impaciencia.

El aislamiento de sí mismo que el "Peluca" había logrado alcanzar
a causa de la devoradora espera, exasperó a los internos. Y lo atacaron,
una noche, en el patio interior.

—Ya no nos oye el "Peluca" —se quejaron varios.

—Hay que sacudirlo a fondo —recomendó otro.

Entonces era noche de luna. La tierra casi blanda del patio interior
y las paredes encaladas iluminaban el campo de juego. El "Peluca"
entró al campo, solo. Los internos formaron una especie de cerco tras
él, y lo encerraron. El "Peluca" no lo advirtió; siguió caminando en el
patio; y cuando se volvió, porque había llegado junto a los estudiantes
que estaban frente a él, vio que lo habían rodeado. Le empezaron a
llamar, entonces:

—¡Mueres, "Peluca"!

—¡Por la inmunda chola!

—¡Por la demente!

—¡Asno como tú!

—¡Tan doncella que es!

—¡La dondella! ¡Tráiganle la doncellita al pobrecito! ¡Al "Pelu-
quita"!

Quedó paralizado en el centro del corro. Los internos siguieron
gritándole. Luego, él se repuso, y acercándose al sitio donde estaban
los alumnos más grandes, lanzó un juramento con voz firme y
ardiente.

—¡Silencio, k'anras![1]. ¡Silencio!

Se paró frente a Ismodes y le habló. Ismodes era cerdón y picado
de viruela.

---

[1] Asquerosos.

—¡Yo te he visto, *k'anra!* —le dijo—. Te he visto aquí, en el suelo, junto a los cajones, refregándote solo, como un condenado. ¡Casi te saltaban los ojos, chancho!

—Y tú ¡Anticristo! —le dijo a Montesinos—. ¡Tú también, en el mismo sitio! Te restregabas contra la pared, ¡perro!

Y fue señalando a todos y acusándolos del mismo crimen.

A Romero le habló en forma especial.

—Tú, a medianoche, en tu cama; acezando como un animal con mal de rabia. ¡Aullando despacito! ¡Sólo el Lleras y yo somos cristianos valientes! ¡Te vas a condenar, *k'anra!* ¡Todos, todos ustedes van a revolcarse en el infierno!

Nadie lo detuvo. Se fue con la cabeza levantada, rompiendo el corro: orgulloso, como ninguno podía mostrarse.

Los internos se dispersaron, procurando no rozar mucho el suelo, no levantar ningún ruido; como si en el patio durmiera un gran enemigo, un *nakak'* [1].

Durante el rosario, después de la comida, lloraron algunos de los pequeños. El Padre Director se sorprendió mucho. Pero se sintió muy satisfecho del sollozo intenso de los alumnos. Por única vez el rosario fue coreado con gran piedad y fervor.

El patio oscuro fue desde entonces más temido e insondable para muchos de los internos menores. Desde el patio empedrado, donde cantábamos *huaynos* jocosos y alegres, donde conversábamos plácidamente, oyendo y contando interminables historias de osos, ratones, pumas y cóndores; desde el río pequeño de Abancay, el Mariño cristalino, al tiempo que construíamos estanques cerrando la corriente, no podíamos salvarnos del súbito asalto del temor a ese patio.

Las palabras del "Peluca" definieron un antiguo presentimiento. Yo sabía que los rincones de ese patio, el ruido del agua que caía al canal de cemento, las yerbas pequeñas que crecían escondidas detrás de los cajones, el húmedo piso en que se recostaba la demente y donde algunos internos se revolvían, luego que ella se iba, o al día siguiente, o cualquier tarde; sabía que todo ese espacio oculto

---

[1] Degollador de seres humanos.

por los tabiques de madera era un espacio endemoniado. Su fetidez nos oprimía, se filtraba en nuestros sueños; y nosotros, los pequeños, luchábamos con ese pesado mal, temblábamos ante él, pretendíamos salvarnos, inútilmente, como los peces de los ríos, cuando caen en el agua turbia de los aluviones. La mañana nos iluminaba, nos liberaba: el gran sol alumbraba esplendorosamente, aun sobre las amarillas yerbas que crecían bajo el denso aire de los excusados. Pero el anochecer, con el viento, despertaba esa ave atroz que agitaba su ala en el patio interior. No entrábamos solos allí, a pesar de que un ansia oscura por ir nos sacudía. Algunos, unos pocos de nosotros, iban, siguiendo a los más grandes. Y volvían avergonzados, como bañados en agua contaminada; nos miraban con temor; un arrepentimiento incontenible los agobiaba. Y rezaban casi en voz alta en sus camas, cuando creían que todos dormíamos.

Una noche, vi levantarse a Chauca. Descalzo y medio desnudo salió al corredor. Un foco rojo, opaco, alumbraba brumosamente el dormitorio. Chauca era rubio y delgado. Abrió con gran cuidado la puerta, y se fue. Llevaba una correa de caucho en la mano. Al poco rato volvió. Tenía los ojos llenos de lágrimas y temblaban sus manos. Besó la correa de caucho, y se acostó muy despacio. Su cama estaba frente a la mía, en un extremo del dormitorio. Permaneció unos instantes recostado sobre los fierros del catre; siguió llorando, hasta que se cubrió con las frazadas. A la mañana siguiente despertó muy alegre; cantando un hermoso carnaval de su pueblo fue a lavarse a la pila del patio; bajó las escaleras corriendo; pasó el patio a saltos y rodeó el pequeño estanque, bailando; gritó burlonamente a los pequeños sapos, salpicándoles chorros de agua. Su alegría, la limpidez de sus ojos contagiaba. Ni una sombra había en su alma; estaba jubiloso, brillaba la luz en sus pupilas. Supe después que en la noche se había flagelado frente a la puerta de la capilla.

Yo esperaba los domingos para lanzarme a caminar en el campo. Durante los otros días refrenaba el mal recordando a mi padre, concibiendo grandes hazañas que intentaría realizar cuendo fuera hombre; dedicando mi pensamiento a esa joven alta, de rostro hermoso, que vivía en aquel pueblo salvaje de las huertas de capulí. Y con ella, recordando su imagen, me figuraba otras niñas más jóvenes: alguna que acaso pudiera mirarme con más atención, que pudiera adivinar y tomar para sí mis sueños, la memoria de mis viajes, de los ríos y montañas que había visto, de los precipicios y grandes llanuras pobladas de lagos que había cruzado. Debía ser delgada y pequeña, de ojos azules y, de trenzas.

Pero yo también, muchas tardes, fui al patio interior tras de los grandes, y me contaminé, mirándolos. Eran como los duendes, semejantes a los monstruos que aparecen en las pesadillas, agitando sus brazos y sus patas velludas. Cuando volvía del patio oscuro me perseguía la expresión de alguno de ellos: la voz angustiosa, sofocada y candente con que se quejaban o aullaban triunfalmente. Había aún luz a esa hora, el crepúsculo iluminaba los tejados: el cielo amarillo, meloso, parecía arder. Y no teníamos adonde ir. Las paredes, el suelo, las puertas, nuestros vestidos, el cielo de esa hora, tan raro, sin profundidad, como un duro techo de luz dorada: todo parecía contaminado, perdido o iracundo. Ningún pensamiento, ningún recuerdo podía llegar hasta el aislamiento mortal en que durante ese tiempo me separaba del mundo. Yo que sentía tan mío aun lo ajeno. ¡Yo no podía pensar, cuando veía por primera vez una hilera de sauces hermosos, vibrando a la orilla de una acequia, que esos árboles eran ajenos! Los ríos fueron siempre míos: los arbustos que crecen en las faldas de las montañas, aun las casas de los pequeños pueblos, con su tejado rojo cruzado de rayas de cal: los campos azules de alfalfa, las adoradas pampas de maíz. Pero a la hora en que volvía de aquel patio, al anochecer, se desprendía de mis ojos la maternal imagen del mundo. Y llegada la noche, la soledad, mi aislamiento, seguían creciendo. Estaba rodeado de niños de mi edad y de la otra gente, pero el gran dormitorio era más temible y desolado que el valle profundo de Los Molinos donde una vez quedé abandonado, cuando perseguían a mi padre.

El valle de Los Molinos era una especie de precipicio, en cuyo fondo corría un río pequeño, entre inmensas piedras erizadas de arbustos. El agua bullía bajo las piedras. En los remansos, casi ocultos bajo la sombra de las rocas, nadaban, como agujas, unos peces plateados y veloces. Cinco molinos de piedra, escalonados en la parte menos abrupta de la quebrada, eran movidos por la misma agua. El agua venía por un acueducto angosto, abierto por los españoles,

hecho de cal y c nto y con largos socavones horadados en la roca.
El camino que c municaba ese valle y los pueblos próximos era casi
tan angosto com el acueducto, y así como él, colgado en el precipicio,
con largos pasos bajo techo de rocas; los jinetes debían agacharse
allí, mirando el r o que hervía en el fondo del barranco. La tierra era
amarilla y ligosa. En los meses de lluvia el camino quedaba cerrado;
en el barro amari lo resbalaban hasta las cabras cerriles. El sol llegaba
tarde y desapare a poco después del mediodía; iba subiendo por las
faldas rocosas de valle, elevándose lentamente como un líquido tibio.
Así, mientras la cumbres permanecían iluminadas, el valle de Los
Molinos quedab en la sombra.

En esa quebr da viví abandonado durante varios meses; lloraba
a gritos en las noc es; deseaba irme, pero temía al camino, a la sombra
de los trechos h radados en la roca, y a esa angosta senda, apenas
dibujada en la ti rra amarilla que, en la oscuridad nocturna, parecía
guardar una luz opaca, blanda y cegadora. Cuando salía la luna,
me levantaba; la arabilla de los molinos tronaba; las inmensas piedras
del río, coronad s de arbustos secos, me esperaban, y yo no podía
ir contra ellas. E pequeño puente de eucaliptos, también cubierto de
tierra amarilla, s movía con los primeros pasos de los transeúntes.

Pero aun allí, en aquel valle frío, que sepultaba a sus habitantes;
solo, bajo el cuid do de un indio viejo, cansado y casi ciego, no perdí
la esperanza. Lo peces de los remansos, el gran sol que cruzaba
rápidamente el c lo, los jilgueros que rondaban los patios donde se
tendía el trigo, y los molinos que empujaban lerdamente la harina;
el sudario, cubier o de polvo, de las cruces que clavan en las paredes
de los molinos; l río, aun así enmarañado y bárbaro, me dieron
aliento. Viví tem lando, no tanto porque estaba abandonado, sino
porque el valle e a sombrío; y yo había habitado hasta entonces en
pampas de maiza es maternales e iluminadas; y necesitaba compañía
para dominarme y explorar tranquilo las rocas, los socavones, las
grandes piedras rizadas de ese río hosco y despoblado.

Lo recordaba lo recordaba y revivía en los instantes de gran
soledad; pero lo que sentía durante aquellas noches del internado,
era espanto, no c mo si hubiera vuelto a caer en el valle triste y aislado
de Los Molinos, sino en un abismo de hiel, cada vez más hondo y

extenso, donde no podía llegar ninguna voz, ning n aliento del rumoroso mundo.

Por eso, los días domingos, salía precipitadam nte del Colegio, a recorrer los campos, a aturdirme con el fuego el valle.

Bajaba por el camino de los cañaverales, busc ndo el gran río. Cuando más descendía, el camino era más polvor nto y ardoroso: los pisonayes formaban casi bosques: los molles e hacían altos y corpulentos. El molle, que en las montañas tibia es cristalino, de rojas uvas musicales que cantan como sonajas cuan o sopla el viento, aquí, en el fondo del valle ardiente, se convertía en un árbol coposo, alto, cubierto de tierra, como abrumado por el ueño, sus frutos borrados por el polvo: sumergido como yo bajo e aire denso y calcinado.

A veces, podía llegar al río, tras varias horas e andar. Llegaba a él cuando más abrumado y doliente me sentía. Lo contemplaba, de pie sobre el releje del gran puente, apoyándo e en una de las cruces de piedra que hay clavadas en lo alto de la columna central.

El río, el Pachachaca temido, aparece en un r codo liso, por la base de un precipicio donde no crecen sino enreda eras de flor azul. En ese precipicio suelen descansar los grandes ros viajeros: se prenden de las enredaderas y llaman a gritos desde a altura.

Hacia el este, el río baja en corriente tranquila, l nta y temblorosa: las grandes ramas de chachacomo que rozan la supe ficie de sus aguas se arrastran y vuelven violentamente, al desprender e de la corriente. Parece un río de acero líquido, azul y sonriente, a esar de su solemnidad y de su hondura. Un viento casi frío cubre l cima del puente.

El puente del Pachachaca fue construido por lo españolas. Tiene dos ojos altos, sostenidos por bases de cal y can o, tan poderosos como el río. Los contrafuertes que canalizan las agu s están prendidos en las rocas, y obligan al río a marchar bullenc), doblándose en corrientes forzadas. Sobre las columnas de los a cos, el río choca y se parte: se eleva el agua lamiendo el muro, prete diendo escalarlo, y se lanza luego en los ojos del puente. Al atarc cer, el agua que salta de las columnas, forma arcoiris fugaces que g ran con el viento.

Yo no sabía si amaba más al puente o al río. I ero ambos despejaban mi alma, la inundaban de fortaleza y de h roicos sueños. Se borraban de mi mente todas las imágenes plañideras, las dudas y los malos recuerdos.

Y así, renovado, vuelto a mi ser, regresaba al pueblo: subía la temible cuesta con pasos firmes. Iba conversando mentalmente con mis viejos amigos lejanos: don Maywa, don Demetrio Pumaylly, don Pedro Kokchi... que me criaron, que hicieron mi corazón semejante al suyo.

Durante muchos días después me sentía solo, firmemente aislado. Debía ser como el gran río: cruzar la tierra, cortar las rocas; pasar, indetenible y tranquilo, entre los bosques y montañas; y entrar al mar, acompañado por un gran pueblo de aves que cantarían desde la altura.

Durante esos días los amigos pequeños no me eran necesarios. La decisión de marchar invenciblemente, me exaltaba.

—¡Como tú, río Pachachaca! —decía a solas.

Y podía ir al patio oscuro, dar vueltas en su suelo polvoriento, aproximarse a los tabiques de madera, y volver más altivo y sereno a la luz del patio principal. La propia demente me causaba una gran lástima. Me apenaba recordarla sacudida, disputada con implacable brutalidad; su cabeza golpeada contra las divisiones de madera, contra la base de los excusados; y su huida por el callejón, en que corría como un oso perseguido. Y los pobres jóvenes que la acosaban; y que después se profanaban, hasta sentir el ansia de flagelarse, y llorar bajo el peso del arrepentimiento.

¡Sí! Había que ser como ese río imperturbable y cristalino, como sus aguas vencedoras. ¡Como tú, río Pachachaca! ¡Hermoso caballo de crin brillante, indetenible y permanente, que marcha por el más profundo camino terrestre!

VI. ZUMBAYLLU

La terminación quechua *yllu* es una onomatopeya. *Yllu* representa en una de sus formas la música que producen las pequeñas alas en vuelo: música que surge del movimiento de objetos leves. Esta voz tiene semejanza con otra más vasta: *illa*. *Illa* nombra a cierta especie de luz y a los monstruos que nacieron heridos por los rayos de la luna. *Illa* es un niño de dos cabezas o un becerro que nace decapitado: o un peñasco gigante, todo negro y lúcido, cuya superficie apareciera cruzada por una vena ancha de roca blanca, de opaca luz; es también *illa* una mazorca cuyas hileras de maíz se entrecruzan o forman remolinos: son *illas* los toros míticos que habitan el fondo de los lagos solitarios, de las altas lagunas rodeadas de totora, pobladas de patos negros. Todos los *illas*, causan el bien o el mal, pero siempre en grado sumo. Tocar un *illa*, y morir o alcanzar la resurrección, es posible. Esta voz *illa* tiene parentesco fonético y una cierta comunidad de sentido con la terminación *yllu*.

Se llama *tankayllu* al tábano zumbador e inofensivo que vuela en el campo libando flores. El *tankayllu* aparece en abril, pero en los campos regados se le puede ver en otros meses del año. Agita sus alas con una velocidad alocada, para elevar su pesado cuerpo, su vientre excesivo. Los niños lo persiguen y le dan caza. Su alargado y oscuro cuerpo termina en una especie de aguijón que no sólo es inofensivo sino dulce. Los niños le dan caza para beber la miel en que está untado ese falso aguijón. Al *tankayllu* no se le puede dar caza fácilmente, pues vuela alto, buscando la flor de los arbustos. Su color es raro, tabaco oscuro: en el vientre lleva unas rayas brillantes: y como el ruido de sus alas es intenso, demasiado fuerte para su pequeña figura, los indios creen que el *tankayllu* tiene en su cuerpo algo más que su sola vida. ¿Por qué lleva miel en el tapón del vientre? ¿Por qué sus pequeñas y endebles alas mueven el viento hasta agitarlo y cambiarlo? ¿Cómo es que el aire sopla sobre el rostro de quien lo mira cuando pasa el *tankayllu*? Su pequeño cuerpo no puede darle tanto aliento. El remueve el aire, zumba como un ser grande: su cuerpo afelpado desaparece en la luz, elevándose perpendicularmente. No, no es un ser malvado: los niños que beben su miel sienten en el corazón, durante toda la vida, como el roce de un tibio aliento que los protege contra el rencor y la melancolía. Pero los indios no consideran al *tankayllu* una criatura de Dios como todos los insectos comunes: temen que sea un réprobo. Alguna vez los misioneros debieron predicar contra él y otros seres privilegiados. En los pueblos de Ayacucho hubo un danzante de tijeras que ya se ha hecho legendario. Bailó en las plazas de los pueblos durante las grandes fiestas: hizo proezas infernales en las vísperas de los días santos: tragaba trozos de acero, se atravesaba el cuerpo con agujas y garfios; caminaba alrededor de los atrios con tres barretas entre los dientes: ese *danzak'* se llamó "Tankayllu". Su traje era de piel de cóndor ornado de espejos.

Pinkuyllu es el nombre de la quena gigante que tocan los indios del sur durante las fiestas comunales. El *pinkuyllu* no se toca jamás en las fiestas de los hogares. Es un instrumento épico. No lo fabrican de caña común ni de carrizo, ni siquiera de *mámak'*, caña selvática de grosor extraordinario y dos veces más larga que la caña brava. El hueco del *mámak'* es oscuro y profundo. En las regiones donde no existe el *huaranhuay* los indios fabrican *pinkuyllus* menores de *mámak'*, pero no se atreven a dar al instrumento el nombre de *pinkuyllu*, le llaman simplemente *mámak'*, para diferenciarlo de la quena familiar. *Mámak* quiere decir la madre, la germinadora, la que da origen: es un nombre mágico. Pero no hay caña natural que pueda servir de materia para un *pinkuyllu;* el hombre tiene que fabricarlo por sí mismo. Construye un *mámak'* más profundo y grave: como no nace ni aun en la selva. Una gran caña curva. Extrae el corazón de las ramas del *buaranhuay*, luego lo curva al sol y lo ajusta con nervios de toro. No es posible ver directamente la luz que entra por el hueco del extremo inferior del madero vacío, sólo se distingue una penumbra que brota de la curva, un blando resplandor, como el del horizonte en que ha caído el sol.

El fabricante de *pinkuyllus* abre los huecos del instrumento dejando aparentemente distancias excesivas entre uno y otro. Los dos primeros huecos deben ser cubiertos por el pulgar y el índice, o el anular, abriendo la mano izquierda en toda su extensión: los otros tres por el índice, el anular y el meñique de la mano derecha, con los dedos muy abiertos. Los indios de brazos cortos no pueden tocar *pinkuyllu*. El instrumento es tan largo que el hombre mediano que pretende servirse de él tiene que estirar el cuello y levantar la cabeza como para mirar el cenit. Lo tocan en tropas, acompañándose de tambores: en las plazas, el campo abierto o en los corrales y patios de las casas, no en el interior de las habitaciones.

Sólo la voz de los *wak'rapukus* es más grave y poderosa que la de los *pinkuyllus*. Pero en las regiones donde aparece el *wak'rapuku* ya no se conoce el *pinkuyllu*. Los dos sirven al hombre en trances semejantes. El *wak'rapuku* es una corneta hecha de cuernos de toro, de los cuernos más gruesos y torcidos. Le ponen boquilla de plata o de bronce. Su túnel sinuoso y húmedo es más impenetrable y oscuro que el del *pinkuyllu*, y como él, exige una selección entre los hombres que pueden tocarlo.

En el *pinkuyllu* y el *wak'rapuku* se tocan sólo canciones y danzas épicas. Los indios borrachos llegan a enfurecerse cantando las danzas guerreras antiguas: y mientras otros cantan y tocan, algunos se golpean ciegamente, se sangran y lloran después, junto a la sombra de las altas montañas, cerca de los abismos: o frente a los lagos fríos, y la estepa.

Durante las fiestas religiosas no se oye el *pinkuyllu* ni el *wak'rapuku*. ¿Prohibirían los misioneros que los indios tocaran en los templos, en los atrios o junto a los tronos de las procesiones católicas estos instrumentos de voz tan grave y extraña? Tocan el *pinkuyllu* y el *wak'rapuku* en el acto de la renovación de las autoridades de la comunidad: en las feroces luchas de los jóvenes, durante los días del carnaval: para la hierra del ganado: en las corridas de toros. La voz del *pinkuyllu* o del *wak'rapuku* los ofusca, los exalta, desata sus fuerzas: desafían a la muerte mientras lo oyen. Van contra los toros salvajes, cantando y maldiciendo: abren caminos extensos o túneles en las rocas: danzan sin descanso, sin percibir el cambio de la luz ni del tiempo. El *pinkuyllu* y el *wak'rapuku* marcan el ritmo: los hurga y alimenta: ninguna sonda, ninguna música, ningún elemento llega más hondo en el corazón humano.

La terminación *yllu* significa la propagación de esta clase de música, e *illa* la propagación de la luz no solar. *Killa* es la luna, e *illapa* el rayo. *Illariy* nombra el amanecer, la luz que brota por el filo del mundo, sin la presencia del sol. *Illa* no nombra la fija luz, la esplendente y sobrehumana luz solar. Denomina la luz menor: el claror, el relámpago, el rayo, toda luz vibrante. Estas especies de luz no totalmente divinas con las que el hombre peruano antiguo cree tener aún relaciones profundas, entre su sangre y la materia fulgurante.

—*¡Zumbayllu!* En el mes de mayo trajo Antero el primer *zumbayllu* al Colegio. Los alumnos pequeños lo rodearon.

—¡Vamos al patio, Antero!

—¡Al patio, hermanos! ¡Hermanitos!

Palacios corrió entre los primeros. Saltaron el terraplén y subieron al campo de polvo. Iban gritando:

—*¡Zumbayllu, zumbayllu!*

Yo los seguí ansiosamente.

¿Qué podía ser el *zumbayllu*? ¿Qué podía nombrar esta palabra cuya terminación me recordaba bellos y misteriosos objetos? El humilde Palacios había corrido casi encabezando todo el grupo de muchachos que fueron a ver el *zumbayllu;* había dado un gran salto para llegar primero al campo de recreo. Y estaba allí, mirando las manos de Antero. Una gran dicha, anhelante, daba a su rostro el esplendor que no tenía antes. Su expresión era muy semejante a la de los escolares indios que juegan a la sombra de los molles, en los caminos que unen las chozas lejanas y las aldeas. El propio "Añuco", el engreído, el arrugado y pálido "Añuco", miraba a Antero desde un extremo del grupo: en su cara amarilla, en su rostro agrio, erguido sobre el cuello delgado, de nervios tan filudos y tensos, había una especie de tierna ansiedad. Parecía un ángel nuevo, recién convertido.

Yo recordaba al gran "Tankayllu", al danzarín cubierto de espejos, bailando a grandes saltos en el atrio de la iglesia. Recordaba también el verdadero *tankayllu*, el insecto volador que perseguíamos entre los arbustos floridos de abril y mayo. Pensaba en los blancos *pinkuyllus* que había oído tocar en los pueblos del sur. Los *pinkuyllus* traían a la memoria la voz.de los *wak'rapukus*, ¡y de qué modo la voz de los *pinkuyllus* y *wak'rapukus* es semejante al extenso mugido con que los toros encelados se desafían a través de los montes y los ríos!

Yo no pude ver el pequeño trompo ni la forma cómo Antero lo encordelaba. Me dejaron entre los últimos, cerca del "Añuco". Sólo vi que Antero, en el centro del grupo, daba una especie de golpe con el brazo derecho. Luego escuché un canto delgado.

Era aún temprano: las paredes del patio daban mucha sombra: el sol encendía la cal de los muros, por el lado del poniente. El aire de las quebradas profundas y el sol cálido no son propicios a la difusión de los sonidos: apagan el canto de las aves, lo absorben: en cambio hay bosques que permiten estar siempre cerca de los pájaros que cantan. En los campos templados o fríos, la voz humana o la de las aves es llevada por el viento a grandes distancias. Sin embargo, bajo el sol denso, el canto del *zumbayllu* se propagó con una claridad extraña: parecía tener agudo filo. Todo el aire debía estar henchido de esa voz delgada: y toda la tierra, ese piso arenoso del que parecía brotar.

—¡*Zumbayllu, zumbayllu!*

Repetí muchas veces el nombre, mientras oía el zumbido del trompo. Era como un coro de grandes *tankayllus* fijos en un sitio, prisioneros sobre el polvo. Y causaba alegría repetir esta palabra, tan semejante al nombre de los dulces insectos que desaparecían cantando en la luz.

Hice un gran esfuerzo: empujé a otros alumnos más grandes que yo y pude llegar al círculo que rodeaba a Antero. Tenía en las manos un pequeño trompo. La esfera estaba hecha de un coco de tienda, de esos pequeñísimos cocos grises que vienen enlatados; la púa era grande y delgada. Cuatro huecos redondos, a manera de ojos, tenía la esfera. Antero encordeló el trompo, lentamente, con una cuerda delgada: le dio muchas vueltas, envolviendo la púa desde su extremo afilado: luego lo arrojó. El trompo se detuvo, un instante, en el aire y cayó después en un extremo del círculo formado por los alumnos, donde había sol. Sobre la tierra suelta, su larga púa trazó líneas redondas, se revolvió lanzando ráfagas de aire por sus cuatro ojos: vibró como un gran insecto cantador, luego se inclinó, volcándose sobre el eje. Una sombra gris aureolaba su cabeza giradora, un círculo negro lo partía por el centro de la esfera. Y su agudo canto brotaba de esa faja oscura. Eran los ojos del trompo, los cuatro ojos grandes que se hundían, como en un líquido, en la dura esfera. El polvo más fino se levantaba en círculo envolviendo al pequeño trompo.

El canto del zumbayllu se internaba en el oído, avivaba en la memoria la imagen de los ríos, de los árboles negros que cuelgan en las paredes de los abismos.

Miré el rostro de Antero. Ningún niño contempla un juguete de ese modo. ¿Qué semejanza había, qué corriente, entre el mundo de los valles profundos y el cuerpo de ese pequeño juguete móvil, casi proteico, que escarbaba cantando la arena en la que el sol parecía disuelto?

Antero tenía cabellos rubios, su cabeza parecía arder en los días de gran sol. La piel de su rostro era también dorada; pero tenía muchos lunares en la frente. "Candela" le llamaban sus condiscípulos; otros le decían en quechua "Markask'a", "El Marcado", a causa de sus lunares. Antero miraba el zumbayllu con un detenimiento contagioso. Mientras bailaba el trompo todos guardaban silencio. Así atento, agachado, con el rostro afilado, la nariz delgada y alta, Antero parecía asomarse desde otro espacio.

De pronto, Lleras gritó, cuando aún no había caído el trompo:

—¡Fuera, aka tank'as![1] ¡Mirando esa brujería del "Candela"! ¡Fuera, zorrinos!

Nadie le hizo caso. Ni siquiera el "Añuco". Seguimos oyendo al zumbayllu.

—¡Zorrinos, zorrinos! ¡Pobres k'echas! (meones) —amonestaba Lleras, con voz casi indiferente.

El zumbayllu se inclinó hasta rozar el suelo; apenas tocó el polvo, la esfera rodó en línea curva y se detuvo.

—¡Véndemelo! —le grité a Antero—. ¡Véndemelo!

Antes de que nadie pudiera impedírmelo me lancé al suelo y agarré el trompo. La púa era larga, de madera amarilla. Esa púa y los ojos, abiertos con clavo ardiendo, de bordes negros que aún olían a carbón, daban al trompo un aspecto irreal. Para mí era un ser nuevo, una aparición en el mundo hostil, un lazo que me unía a ese patio odiado, a ese valle doliente, al Colegio. Contemplé detenidamente el juguete, mientras los otros chicos me rodeaban sorprendidos.

---

[1]   Escarabajos.

—¡No le vendas al foráneo! —pidió en voz alta el "Añuco".

—¡No le vendas a ése! —dijo otro.

—¡No le vendas! —exclamó con voz de mando, Lleras—. No le vendas, he dicho.

Lleras se abrió paso a empujones y se paró frente a Antero. Le miré a los ojos. Yo sé odiar, con pasajero pero insofrenable odio. En los ojos de Lleras había una especie de mina de poco fondo, sucia y densa.

¿Alguien había detenido el relámpago turbio de esos ojos? ¿Algún pequeño había permanecido quieto delante de él, mirándolo con odio creciente, arrollador de todo otro sentimiento?

—Te lo vendo, forastero. ¡Te lo regalo, te lo regalo! —exclamó Antero, cuando aún la mirada de Lleras chocaba contra la mía.

Abracé al "Markask'a", mientras los otros hacían bulla, como si aplaudieran.

—Deja a los *k'echas*, campeón —habló el "Añuco" con cierta dulzura.

—¡Regalo éstos también! —dijo Antero. Y echó al aire varios *zumbayllus*.

Los chicos se pelearon alegremente por apoderarse de los trompos. Lleras y "Añuco" se fueron al patio de honor.

Los dueños de los otros *zumbayllus* improvisaron cordeles: reunidos en pequeños grupos empezaron a hacer bailar sus trompos. Se oía la voz de algunos *zumbayllus*. Desde los extremos del patio llegaba el zumbido leve y penetrante. Era como si hubiera venido desde algún bosque de arbustos floridos una tropa pequeña de insectos cantadores, que extraviados en el patio seco se levantaran y cayeran en el polvo.

Rogué a Antero que lanzara su trompo. Junto a nosotros se volvió a reunir el grupo más numeroso de alumnos. Nadie hacía bailar el trompo durante más tiempo ni con la intensidad que Antero. Sus dedos envolvían al trompo como a un gran insecto impaciente. Cuando tiraba de la cuerda, la gris esfera se elevaba hasta la altura de nuestros ojos, y caía lentamente.

—Ahora tú —me dijo—. Ya has visto cómo lo hago bailar.

Yo tenía la seguridad de que encordelaría bien el *zumbayllu* y que lo lanzaría como era debido. Estaba impaciente y temeroso.

Agarré el trompo y empecé a envolverle la cuerda. Ajustaba el cordel en la púa, ciñendo las vueltas lentamente y tirando fuerte. Aseguré el trompo entre mis dedos, en la mano izquierda: saqué el extremo de la cuerda por el arco que formaba el índice y el anular, como lo había visto hacer al "Candela".

—¡Pretensión del foráneo!

—¡El forasterito!

—¡El sonso!

Empezaron a gritar los abanquinos.

—Este juego no es para cualquier forastero.

Pero Antero, que me había estado observando atentamente, exclamó:

—¡Ya está! ¡Ya está, hermano!

Tiré de la cuerda, cerrando los ojos. Sentí que el *zumbayllu* giraba en la palma de mi mano. Abrí los dedos cuando todo el cordel se desenrolló. El *zumbayllu* saltó silbando en el aire: los alumnos que estaban de pie se echaron atrás: le dieron campo para que cayera al suelo. Cuando lo estuve contemplando, ante el silencio de los otros chicos, tocaron la campana anunciando el fin del recreo. Huyeron casi todos los alumnos del grupo. Sólo quedaron dos o tres, ante quienes Antero me felicitó solemnemente.

—¡Casualidad! —dijeron los otros.

—¡Zumbayllero de nacimiento! —afirmó el "Candela"—. ¡Como yo, zumbayllero!

La base de sus cabellos era casi negra, semejante a la vellosidad de ciertas arañas que atraviesan lentamente los caminos después de las lluvias torrenciales. Entre el color de la raíz de sus cabellos y sus lunares había una especie de indefinible pero clara identidad. Y sus ojos parecían de color negro a causa del mismo inexplicable misterio de su sangre.

Hasta aquella mañana de los *zumbayllus*, Antero había sido notable únicamente por el extraño color de sus cabellos y por sus grandes lunares negros. El apodo lo singularizó pero le quitó toda importancia a la rareza de su rostro. "Es el Candela, el Markask'a", me dijeron cuando pregunté por él. Era mayor que yo y estudiaba en el segundo grado de media: me adelantaba en dos grados. En su clase no se distinguía ni por excelente ni por tardo. No tenía amigos íntimos y era discreto. Sin embargo, algún poder tenía, alguna autoridad innata, cuando sus compañeros no lo convirtieron en el "punto" de la clase, es decir, en el hazmerreír, en el manso, o el raro, el predilecto de las bromas. A él sólo le pusieron un apodo que no lo repetían ni con exceso ni en son de burla.

Cuando salía del Colegio y del salón de clases, su cabeza atraía la atención de los recién llegados. En el Colegio, durante los recreos, se paraba apoyándose en las columnas de los corredores, miraba jugar y a veces intervenía, pero no en los juegos crueles.

—Oye, Ernesto, me han dicho que escribes como poeta. Quiero que me hagas una carta —me dijo el "Markask'a" algunos días después del estreno de los *zumbayllus.*

Fue a buscarme a mi sala de clases. Todos salieron al recreo y nos quedamos solos.

—Así no más yo no pediría a los de aquí un favor como éste. Tú eres de otro modo.

—¡Claro! ¡Muy bien, hermanito! —le dije—. Te escribiré la carta más linda. Es para una chica: ¿no es cierto?

—Sí. Para la reina de Abancay. Tú debes saber quién es, ¿no es cierto?

—No. Dime cuál es tu reina, hermano.

—¡Qué bruto soy! No me acordaba que tú eres el forastero. Tú no conoces Abancay. Caminas entre los cañaverales de Patibamba. Estás atontado, hermano. Pero yo te abriré los ojos. Te voy a guiar un poco en este pueblo. De lejos y de cerca he mirado a todas las chicas. Y ella es la reina. Se llama Salvinia. Está en el Colegio de Las Mercedes. Vive en la Avenida de Condebamba, cerca del Hospital. Tiene ojos chiquitos y negros. El cerquillo le tapa la frente. Es bien morena, casi negra.

—¡Como un *zumbayllu*, hermano "Markask'a"!

—¡Eso, Ernesto! ¡Como un *zumbayllu*, cuando está bailando desde que amanece! Pero tienes que verla antes de escribir la carta. Tienes que mirarla bien. Y siendo mía, tú no te enamorarás de ella. ¿No es cierto?

—¡Ni digas! Es como si fuera ya mi hermana.

—Mañana sábado iremos a mi cuarto. Esta noche te haré un *zumbayllu* especial. Tengo un *winku* [1], cholo. Los *winkus* cantan distinto. Tienen alma.

—Iré pensando en la carta. ¿Tú ya le hablas?

—No. Todavía no. Pero con su sirvienta le he mandado decir. Su sirvienta es de mi pueblo.

Tocaron la campana y salimos a formar, al patio. En la puerta de mi salón nos apretamos las manos en señal de alianza.

El "Markask'a" cruzó el patio y fue a alinearse en la fila de sus compañeros de aula.

Después de la última lección de la mañana, cuando salieron del Colegio los externos, yo me quedé solo en mi clase. Sentía la necesidad de pensar en el encargo del "Markask'a".

¿Cómo empezaría la carta? Yo no recordaba a esa pequeña reina de Abancay. La Avenida Condebamba era ancha, sin aceras. La llamaban avenida por los árboles de mora que crecían a sus orillas. Decían que fue el camino de entrada de una gran quinta. Cuando llegué a Abancay, unía el pueblo con el campo de fútbol. No recordaba haber visto a una niña de cerquillo junto a ninguna puerta de las pocas casas que había tras las moras, ni asomada a las ventanas. Los árboles crecían junto a los muros de piedra. Las hojas grandes, nervudas, daban una sombra tupida sobre el camino. En los pueblos andinos no hay moreras. A Abancay las trajo un sericicultor que fracasó porque los hacendados consiguieron hacer dictar un impuesto contra él. Pero las moreras se multiplicaron en las huertas de la ciudad: crecieron con una lozanía sin igual: se convirtieron en grandes y coposos árboles, mansos y nobles. Los pájaros y los niños disfrutaban de sus frutos. Los muros de piedra conservaban las manchas rosadas del fruto. Durante el tiempo de la cosecha, los pájaros fruteros se reunían en las huertas del pueblo para hartarse de moras: el excremento de todos ellos era rojo y caía sobre la cal de las paredes, sobre la calamina de los techos, a veces sobre el sombrero de paja de los transeúntes.

¿En qué casa, a qué distancia del término de la avenida viviría

---

[1]   Deformidad de los objetos que debían ser redondos.

la reina del "Markask'a"? Era un camino hermoso para esperar a la niña amada.

Yo no conocía a las señoritas del pueblo. Los domingos me internaba en los barrios, en las chicherías, en los pequeños caseríos próximos. Consideré siempre a las señoritas como seres lejanos, en Abancay y en todos los pueblos. Las temía, huía de ellas: aunque las adoraba en la imagen de algunos personajes de los pocos cuentos y novelas que pude leer. No eran de mi mundo. Centelleaban en otro cielo.

Desde las rejas de la gran hacienda que rodea y estrangula a Abancay escuché muchas veces tocar al piano un vals desconocido. Cantaban las calandrias y los centenares de jilgueros que hay entre los árboles, junto al corredor de la casa-hacienda. Nunca pude ver a la persona que tocaba el piano: pero pensé que debía de ser una mujer blanca, de cabellos rubios, quien tocaba esa música lenta.

En el valle del Apurímac, durante el viaje que hice con mi padre, tuvimos que alojarnos en una hacienda. El arriero nos guió al tambo, lejos de la gran residencia del patrón. Yo tenía el rostro hinchado a causa del calor y de la picadura de los mosquitos. Pasamos bajo el mirador de la residencia. Aún había sol en las cumbres nevadas: el brillo de esa luz amarillenta y tan lejana parecía reflejarse en los penachos de los cañaverales. Yo tenía el corazón aturdido, febril, excitado por los aguijones de los insectos, por el ruido insignificante de sus alas, y la voz envolvente del gran río. Pero volví los ojos hacia el alto mirador de la casa-hacienda, y vi a una joven delgada, vestida de amarillo, contemplando las negras rocas del precipicio de enfrente. De esas rocas negras, húmedas, colgaban largos cactos cubiertos de salvajina. Aquella noche dormimos entre unas cargas de alfalfa olorosa, cerca de la cuadra de los caballos. Latió mi rostro toda la noche. Sin embargo pude recordar la expresión indiferente de aquella joven blanca: su melena castaña, sus delgados brazos apoyados en la baranda: y su imagen bella veló toda la noche en mi mente.

La música que oí en la residencia de Patibamba tenía una extraña semejanza con la cabellera, las manos y la actitud de aquella niña. ¿Qué distancia había entre su mundo y el mío? ¿Acaso la misma que mediaba entre el mirador de cristales en que la vi y el polvo de alfalfa y excremento donde pasé la noche atenaceado por la danza de los insectos carnívoros?

Yo sabía, a pesar de todo, que podía cruzar esa distancia, como una saeta, como un carbón encendido que asciende. La carta que debía escribir para la adorada del "Markask'a" llegaría a las puertas de ese mundo. "Ahora puedes escoger tus mejores palabras —me dije—. ¡Escribirlas!" No importaba que la carta fuera ajena: quizá era mejor empezar de ese modo. "Alza el vuelo, gavilán ciego, gavilán vagabundo", exclamé.

Un orgullo nuevo me quemaba. Y como quien entra a un combate empecé a escribir la carta del "Markask'a":

"Usted es la dueña de mi alma, adorada niña. Está usted en el sol, en la brisa, en el arco iris que brilla bajo los puentes, en mis sueños, en las páginas de mis libros, en el cantar de la alondra, en la música de los sauces que crecen junto al agua limpia. Reina mía, reina de Abancay; reina de los pisonayes floridos; he ido al amanecer hasta tu puerta. Las estrellas dulces de la aurora se posaban en tu ventana: la luz del amanecer rodeaba tu casa, formaba una corona sobre ella. Y cuando los jilgueros vinieron a cantar desde las ramas de las moreras, cuando llegaron los zorzales y las calandrias, la avenida semejaba la gloria. Me pareció verte entonces, caminando solita, entre dos filas de árboles iluminados. Ninfa adorada, entre las moreras jugabas como una mariposa..."

Pero un descontento repentino, una especie de aguda vergüenza, hizo que interrumpiera la redacción de la carta. Apoyé mis brazos y la cabeza sobre la carpeta: con el rostro escondido me detuve a escuchar ese nuevo sentimiento. "¿Adónde vas, adónde vas? ¿Por qué no sigues? ¿Qué te asusta: quién ha cortado tu vuelo?" Después de estas preguntas, volví a escucharme ardientemente.

"¿Y si ellas supieran leer? ¿Si a ellas pudiera yo escribirles?"

Y ellas eran Justina o Jacinta, Malicacha o Felisa: que no tenían melena ni cerquillo, ni llevaban tul sobre los ojos. Sino trenzas negras, flores silvestres en la cinta del sombrero... "Si yo pudiera escribirles, mi amor brotaría como un río cristalino: mi carta podría ser como un canto que va por los cielos y llega a su destino." ¡Escribir! Escribir para ellas era inútil, inservible, "¡Anda: espéralas en los caminos y canta! ¿Y, si fuera posible, si pudiera empezarse?" Y escribí:

"*Uyariy chay k'atik'niki siwar k'entita*"...

"Escucha al picaflor esmeralda que te sigue: te ha de hablar de mí: no seas cruel, escúchale. Lleva fatigadas las pequeñas alas, no podrá volar más: detente ya. Está cerca la piedra blanca donde descansan los viajeros, espera allí y escúchale: oye su llanto: es sólo el mensajero de mi joven corazón, te ha de hablar de mí. Oye, hermosa, tus ojos como estrellas grandes, bella flor, no huyas más, detente! Una orden de los cielos te traigo: ¡te mandan ser mi tierna amante...!"

Esta vez, mi propio llanto me detuvo. Felizmente, a esa hora, los internos jugaban en el patio interior y yo estaba solo en mi clase.

No fue un llanto de pena ni de desesperación. Salí de la clase erguido, con un seguro orgullo: como cuando cruzaba a nado los ríos de enero cargados del agua más pesada y turbulenta. Estuve unos instantes caminando en el patio empedrado.

La campanilla que tocaban durante largo rato anunciando la hora de entrar al comedor me despertó de esa especie de arrebato. Cuando entré al comedor, los internos estaban de pie junto a sus asientos. El Hermano Miguel rezó en voz alta y el coro de alumnos repitió la oración. Yo seguía aún aturdido: mis compañeros parecían moverse en un espacio turbio y ondulante: los veía alargados y extraños.

—¿Qué te pasa? —me preguntó Palacitos—. Pareces como asustado. Los *zumbayllus* te están loqueando.

—Que lea Ernesto el *Manual* de Carreño —ordenó el Hermano Miguel.

Un sirviente me alcanzó el libro. Empecé a leer el capítulo que estaba señalado por el marcador. La corrección que se exigía en la lectura de ese *Manual* despertó inmediatamente todo mi pensamiento. Fueron esas lecturas públicas las que me dieron prestigio. Yo era uno de los alumnos más crecidos de mi año: y cuando ingresé al Colegio no sabía leer en voz alta. Fracasé la primera vez y fui relevado a los pocos instantes. Así pareció confirmarse que la causa de mi retardo no era la vida errante que había llevado, sino alguna otra más grave. Pero a los quince días pedí leer nuevamente —había ensayado muchas horas— y sorprendí a todos. Leí con voz alta, clara y pausadamente. Los internos dejaron de tomar la sopa por

unos instantes y me miraron. Desde entonces fui uno de los lectores
predilectos de todos los Padres que presidían la mesa, y del Hermano
Miguel. Esta vez cuando fui relevado por Romero, me había tran-
quilizado ya. Y pude decirle a Palacios:

—¡Era el hambre, Palacitos! Yo no soy tan amigo de la cocinera
como tú.

Palacitos estiró el cuello y me habló al oído:

—Estuve en la cocina. Esta noche va a ir la opa al patio. El Lleras
le ha pedido. ¡Algo ha de suceder esta noche, hermanito! El Lleras
ha estado hablando con "Añuco", como dos brujos.

—Está bien. Nosotros no iremos.

—Tocaremos rondín con Chauca en el patio de afuera.

Lleras empezó a observarnos. Palacitos se aterrorizó y no volvió
a hablarme.

—Se ha dado cuenta. ¡Pero no seas así; no te asustes! —le dije.

Su terror era muy grande. No volvió a levantar la cabeza. Hu-
mildemente almorzó. Yo tuve que conversar con Rondinel que se
sentaba a mi derecha; le tuve que hablar a pesar de que siempre me
miraba orgullosamente. Lleras y el "Añuco" seguían observándonos.

—Tú crees ya leer mucho —me dijo Rondinel—. Crees también
que eres un gran maestro del *zumbayllu*. ¡Eres un indiecito, aunque
pareces blanco! ¡Un indiecito, no más!

—Tú eres blanco, pero muy inútil. ¡Una nulidad sin remedio!

Algunos que me oyeron rieron de buena gana. Palacitos siguió
cuidándose.

—¡Te desafío para el sábado! —exclamó Rondinel mirándome
con furia.

Era muy delgado, hueso puro. Sus ojos hundidos, como no he
visto otros, y muy pequeños, causaban lástima; estaban rodeados
de pestañas gruesas, negrísimas, muy arqueadas y tan largas que
parecían artificiales. "Podrían ser hermosísimos sus ojos —decía
Valle, un alumno de quinto año, muy lector y elegante—. Podrían
ser hermosísimos si no parecieran de un niño muerto".

Causaban lástima por eso. Daban la impresión de que sólo sus
pestañas habían crecido y hacia dentro sus ojeras; pero los ojos
mismos seguían siendo como los de una criatura de pocos meses.

—¡Pobre guagua! ¡Pobre guagua! —le dije.

Palideció de rabia.

—Te mataré a patadas el sábado —me dijo.

Yo no le contesté: ni volvimos a hablar más du ante el almuerzo.
A la salida del comedor me buscó Lleras.

—¡Qué bien disimulas, cholito! —me dijo en v z muy alta, para
que oyera Palacios—. Pero yo sé que el indio Pal cios te secretaba
de mí.

—Yo no, Lleras —le contestó Palacios, casi imoteando—. Le
hablaba de mi rondín.

—¡Cuidadito, cuidadito! Sólo que Rondinel l cajeará las cos-
tillas al foráneo. Buenos fierros son sus brazos y s s piernas. Hacen
doler. ¡Ay *zumbayllito, zumbayllu!*

Acabó riéndose y mirándome irónicamente. Se llevó a Rondinel,
del brazo:

—Te entrenaré —le dijo—. ¡Cálmate! Yo te garantizo que le
sacarás un buen chocolate al foráneo.

Sentí miedo al oírle hablar.

—Te asustaste —me dijo Palacitos, mirándom —. Si te pega te
hará su oveja por todo el año.

Hasta entonces yo no había luchado en formal lesafio con nadie.
Esa debía ser la primera vez, y tuve miedo. No oodía dominar el
vergonzoso, el inmundo temor.

—Es al Lleras, no al Flaco —decía.

Sin embargo no era cierto. Era al otro.

Y el "Markask'a" no vino en la tarde al Col gio.

—Cuídate —me dijo Romero—. Los muy flac s son peligrosos.
Si le das primero, lo desarmas; pero si te adelanta, te abre un forado
en la cara.

Los internos no comentaron mucho el desafio El único que le
dio importancia fue Valle.

—Será una lucha original —dijo—. Hay que v rla. Un zancudo
de alambre contra un forastero melancólico. Debe nos procurar que
no se frustre. Será un espectáculo raro.

Hasta aquel día había sentido mucho respet por Valle. Era
el único lector del Colegio. Escondía novelas y otros libros bajo
el colchón de su cama. Los Padres lo vigilaban porque declaró ser
ateo y prestaba libros a los internos. "Dios no exist —decía al entrar

a la Capilla—. Mi Dios soy yo". Su orgullo era muy grande, pero
parecía tener fundamento. Me prestó una *Antología* de Rubén Darío:
y como aprendí de memoria los poemas más largos, me los hacía
repetir. Luego, con una expresión meditativa, decía: "Emotivo, sen-
sible: demasiado, demasiado". Y se iba.

Valle enamoraba a las señoritas más encumbradas del pueblo.
Tenía derecho, pues cursaba el último año de estudios, y era elegante.
Planchaba sus ternos con un cuidado y acierto que causaban envidia.
Usaba las corbatas con un lazo de su invención que él nombraba,
increíblemente, con una palabra quechua: *k'ompo*. El *k'ompo* llegó
a ponerse de moda en Abancay. Era un nudo ancho, de gran volumen.
Valle empleaba en hacerlo casi toda la corbata. Así llamaba la aten-
ción de las jóvenes. El despreciaba a las colegialas, su desdén era
sincero. Decía que su gran amor era la esposa del médico titular,
y lo demostraba. Se paraba los domingos en la esquina que ocupaba
la casa del médico. Muy perfumado, con el sombrero hundido sobre
la frente: su enorme *k'ompo*, tan visible, tan perfecto: los zapatos
relucientes, esperaba. Erguido, y adoptando una postura muy dis-
tinguida, Valle silbaba en la esquina.

A pesar de que parecía un joven galante, con sus derechos ya
expeditos, no era admitido en la sociedad. La esposa del médico,
le dedicaba alguna mirada complaciente: las otras jóvenes toleraban
sus galanterías, pero no conseguía que lo invitaran a las fiestas so-
ciales. El se consolaba, porque de todos modos ocupaba una situación
de privilegio entre los alumnos: sabía que las colegialas murmuraban
de él, le dedicaban su atención, le contemplaban. Su ateísmo era fa-
moso, y su "materialismo", pues él decía tener cultura "enciclopédica".
Adoraba sólo la forma: desdeñaba a los románticos y "pasionistas".
"El pobre, el desgraciado Espronceda: y el otro, el más desventurado,
el llorón Bécquer", decía. Consideraba sus ídolos a Schopenhauer y a
Chocano. Nunca intervenía en las luchas por la demente, ni tenía
amigos. Prestaba novelas y libros de poesía con ademán gentil aunque
algo desdeñoso: sólo un libro de Schopenhauer que guardaba bajo
llave, en una pequeña maleta, no lo prestó jamás a nadie. "Esta es
lectura de los fuertes, de los gigantes: únicamente el oro recibe este
líquido sin disolverse. Ustedes se condenarían si lo leyeran, o no lo
entenderían", nos decía.

Valle le habló a Rondinel; esperó vernos cerca y mientras yo escuchaba, demostró a mi rival que dadas las características de ambos, él tenía todas las probabilidades de derrotarme, de darme una buena y concluyente paliza. Luego se acercó a mí, y me dijo:

—Tu situación es pues honrosa. Si le ganas será por tu coraje, y nada más que por tu coraje. Te felicito; bien quisiera tener una oportunidad semejante.

Su lenguaje era siempre así, atildado. Y como todos creíamos que tenía derecho a hablar de ese modo, a causa de sus lecturas, no nos hería ni sorprendía su estilo. Al contrario, influía en muchos, que trataban de imitarlo.

Valle era el único estudiante que no hablaba quechua; lo comprendía bien, pero no lo hablaba. No simulaba ignorancia; las pocas veces que oí intentar la pronunciación de algunas palabras, fracasó realmente; no le habían enseñado de niño.

—No tengo costumbre de hablar en indio —decía—. Las palabras me suenan en el oído, pero mi lengua se niega a fabricar esos sonidos. Por fortuna no necesitaré de los indios; pienso ir a vivir a Lima o al extranjero.

Con el reto de Rondinel, Valle encontró una ocasión de divertirse.

—Sólo tu coraje puede salvarte —me repetía—. Felizmente los sentimentales son grandes valientes o grandes cobardes.

Y me miraba agudamente.

Yo empecé a sentir hacia él una especie de rencor impotente. Adivinaba o conocía ciertamente el miedo que me oprimía, que estaba a punto de vencerme. Quizá él había sentido alguna vez ese bajo y vergonzoso temor.

—Debe ganar el sarmentoso Rondinel —pregonaba—. Un Quijote de Abancay derribará a un quechua, a un cantador de *harahuis*. ¡Qué combate, jóvenes, qué homérico y digno combate! Un nuevo duelo de las razas. ¡Por Belcebú! Será un espectáculo merecedor de la atención del internado en pleno. ¡Hasta de una loa épica!

A Rondinel le inflamaban los pronósticos de Valle. Se paseaba agitadamente. Rechazaba ya los consejos de Lleras. Extendía su brazo flaco —enteramente influenciado por el lenguaje y los ademanes de Valle— y le decía a Lleras:

—¡No me des consejos! A ese cholito lo tumbo yo solo. ¡Lo hago tiras!

El "Añuco" me buscaba, pasaba por mi lado y me gritaba:

—¡Qué triste estás, zumbayllero! ¡Qué tal duelo tan anticipado!

—Cierto —confirmaba Palacitos—. Te has puesto amarillo. Frótate, hermano, la cara y las orejas. Mejor es que salga sangre.

Los internos de mi edad no me hablaban. Preferían estar a la expectativa. Romero me daba ánimos, pero en tono compasivo.

Por la noche, en el rosario, quise encomendarme y no pude. La vergüenza me ató la lengua y el pensamiento.

Entonces, mientras temblaba de vergüenza, vino a mi memoria, como un relámpago, la imagen del *Apu* K'arwarasu. Y le hablé a él, como se encomendaban los escolares de mi aldea nativa, cuando tenían que luchar o competir en carreras y en pruebas de valor.

—¡Sólo tú, *Apu* y el "Markask'a"! —le dije—. ¡*Apu* K'arwarasu, a ti voy a dedicarte mi pelea! Mándame tu *killincho* [1] para que me vigile, para que me chille desde lo alto. ¡A patadas, carago, en su culo, en su costilla de perro hambriento, en su cuello de violín! ¡Ja caraya! ¡Yo soy lucana, minero lucana! ¡*Nakak*!

Empecé a darme ánimos, a levantar mi coraje, dirigiéndome a la gran montaña, de la misma manera como los indios de mi aldea se encomendaban, antes de lanzarse en la plaza contra los toros bravos, enjalmados de cóndores.

El K'arwarasu es el *Apu*, el Dios regional de mi aldea nativa. Tiene tres cumbres nevadas que se levantan sobre una cadena de montañas de roca negra. Le rodean varios lagos en que viven garzas de plumaje rosado. El cernícalo es el símbolo del K'arwarasu. Los indios dicen que en los días de Cuaresma sale como un ave de fuego, desde la cima más alta, y da caza a los cóndores, que les rompe el lomo, los hace gemir y los humilla. Vuela, brillando, relampagueando sobre los sembrados, por las estancias de ganado, y luego se hunde en la nieve.

Los indios invocan al K'arwarasu únicamente en los grandes peligros. Apenas pronuncian su nombre el temor a la muerte desaparece.

---

[1] Cernícalo.

Yo salí de la capilla sin poder contener ya mi enardecimiento. Inmediatamente después que el Padre Director y los otros frailes subieron al segundo piso, me acerqué a Rondinel y le di un puntapié suave, a manera de anuncio.

—Oye, alambre —le dije—. ¡Ahora mismo, ahora mismo! ¡En el patio!

En ese sitio, frente a la capilla, había poca luz. Valle saltó entre los dos.

—¡La explosión de los sentimentales! —dijo, tranquilamente, apartando al Flaco—. Este es un desafío legal, caballeresco, para el sábado y no para luchar a tientas en la oscuridad.

—¡Sí, sí! ¡Ahora no! —gritaron varios.

—Déjalos que se zurren —dijo Romero.

—Mi desafío es para el sábado, en el campo de higuerillas —dijo Rondinel, y saltó al corredor. Se paró bajo un foco de luz—. ¡Quiero ver lo que hago! No soy un indio para trompearme en la oscuridad.

Comprendí que temía, que era él, ahora, el que estaba asustado.

—Indio traicionero —dijo Lleras.

Pero el Flaco rectificó, creo que para no enfurecerme más.

—No me ha pateado de veras —dijo—. Sólo ha sido de anuncio.

—Creo que el Quijote eres tú. ¡Serás vencido, ahora con mayor razón! —me dijo Valle, poniéndome sus manos sobre los hombros—. Ese puntapié "de anuncio" te retrata. Fue un aperitivo, para ti y para nosotros que veremos tu noble derrota.

Su ironía esta vez no me hizo mella. Se dirigía al vacío. El Flaco huyó al dormitorio, sigilosamente, mientras hablaba Valle: y los otros internos se dispersaron. Palacitos se retiró al mismo tiempo que Rondinel. Y Valle perdió su entusiasmo.

Yo ya no sentí vergüenza de esperar a Antero para contarle la historia: hasta pude recordar las cartas que había escrito.

A las ocho y media tocaban la campanilla indicando la hora de entrar al dormitorio. Pero los que deseaban acostarse antes podían hacerlo.

Yo me dirigí al patio interior. Estaba seguro que iría la demente y que algo ocurriría. Debía faltar aún cerca de media hora para que tocaran la campanilla.

En una de las esquinas del patio, junto a los excusados, hacía guardia el "Peluca". Estaba solo. Muy cerca, sobre la explanada, Lleras y el "Añuco" fumaban. Como yo sabía que Lleras había hablado con la demente, podía percibir que él y el "Añuco" vigilaban al "Peluca". De la casa vecina entraba mucha luz al patio: iluminando la cima del muro carcomida por la lluvia, una fuerte luz pasaba hacia lo alto del patio. Grupos de alumnos que estaban sentados al pie del muro permanecían completamente ocultos. Contaban historias de mujeres, chistes de curas y sacristanes.

Yo me retiré, solo, hacia el fondo del patio, junto al muro. No deseaba hablar con nadie. Sentía un placer raro: me asaltaba una especie de deseo de echarme a reír a carcajadas. "El Flaco Rondinel te ha hecho sudar frío. El Flaco Rondinel te ha hecho temblar como a un conejo" —decía casi en voz alta. Pero no pude reír una sola vez.

Luego recordé cómo había hecho frente al Lleras, devolviéndole su mirada de perdonavidas. Y hubiera seguido repasando en mi memoria los instantes de flaqueza y de coraje que tuve que sufrir, si el "Peluca" no salta al patio y se encamina hacia mí:

—¿Qué te ocultas aquí? —me preguntó con voz amenazadora.

—Va a venir la opa —le dije—. ¡Cuídate, hermano! Creo que el Lleras te va a hacer algo.

—¿Me tienes miedo? —volvió a preguntarme, ya no con rabia sino con gran curiosidad.

—No sé —respondí—. En este momento no me das miedo. Te aviso porque odio a Lleras.

Lleras y el "Añuco" vinieron, casi corriendo, hacia nosotros.

—¿Qué te dice el foráneo? ¡O me avisas o te rompo el lomo! —advirtió Lleras al "Peluca", aún antes de llegar.

El "Peluca" se quedó callado. A Lleras se le veía pequeño junto a él: en la penumbra, la mole, la sola figura del "Peluca" aparecía inclinada ante la más pequeña de Lleras.

—¡No le digas, "Peluca"! ¡No le digas! ¡Aplástalo con tu cuerpo! —le grité.

Los otros internos corrieron para ver lo que ocurría. "Peluca" iba a hablar ya: pero oyó los pasos de los que venían corriendo y escapó de un salto: bajó la alta grada del terraplén, pasó velozmente

frente a los reservados y entró al pasadizo. Yo le seguí atentamente:
no oí sus pasos en el callejón y comprendí que se había ocultado
a la vuelta de la esquina. El grupo de alumnos llegó junto a nosotros.

—¿Qué hay, *k'echas*? El foráneo está nerviosito; grita por gusto.
¡Fuera de aquí! —ordenó Lleras—. ¡Fuera de aquí!

Yo busqué a Romero en el grupo. No estaba. Todos se alejaron.
Algunos ya no volvieron al rincón. Se dirigieron al patio de honor.
Yo permanecí tranquilo. Esperé que Lleras me amenazara. Y podía
haberle contestado valientemente. Pero bajó con el "Añuco", del
campo hacia la vereda de los reservados. Los otros internos se aco-
modaron nuevamente en los rincones. Al poco rato se fueron, en
grupos de dos y tres. Chauca se separó del último grupo; caminando
despacio hacia mí; más de una vez se detuvo, mirando a Lleras, como
si esperara que le diera un grito, prohibiéndole continuar.

—¿Qué hay? —me preguntó en voz baja, cuando llegó—. ¿Por
qué tan solitario?

—Estoy esperando. Algo va a suceder. La opa ha de venir.

—¿La opa ha de venir? ¿Y cómo lo sabes?

—Lleras ha estado hablando con ella en la cocina. Palacitos los
vio. Después, parece que Lleras y "Añuco" han tramado algo. ¿Será
contra el "Peluca"?

—¿La opa ha de venir? No hay casi nadie en el patio, hermanito.
¡Yo espero! ¡Alguna vez seré yo!

—¡Pobrecito Chauca! —le dije—. Esta noche no sé qué sucederá.
Ya vendrá Lleras y nos expulsará de aquí.

—¡Gritaré! Le amenazaré con pedir auxilio si no me deja. ¡Hoy
será, o nunca! —la impaciencia ahogaba su respiración.

—No te metas con Lleras —le dije—. Anda a Huanupata. Dicen
que allí hay otras cholas mejores. ¡Esta es una opa! ¡Sucia, babienta!

—No sé, hermano. ¡Ella tiene que ser! Creo que estoy endemo-
niado. ¡Me estoy condenando, creo! ¿Por qué me aloca esta opa
babienta? Le ruego al Niño Dios todas las noches. ¡En vano, en
vano! Yo he estado con otras cholas. ¡Claro! Mi propina me alcanza
para dos. Pero vengo aquí, de noche: el excusado me agarra, con
su olor, creo. Yo todavía soy muchacho; estoy en mis dieciséis años.
A esa edad dicen que el demonio entra con facilidad en el alma. ¿Dónde,

dónde estará mi ángel de la guardia? Yo creo que si la tumbo una sola vez quedaré tranquilo, que me curará el asco...

Cuando estaba hablando Chauca, apareció la demente en el patio: pegada a la pared, rechoncha, bajita, entró a la vereda de los excusados. No había caminado dos metros, cuando el "Peluca" saltó sobre ella y la derribó. Lleras y el "Añuco" salieron de uno de los tabiques de madera: se acercaron hacia el "Peluca".

—Hay que dejar tranquilo al buen padrillo —oímos que decía Lleras, con voz casi normal, sin temer que le escucháramos.

Chauca no se atrevió a correr. Fue caminando paso a paso, casi meditando. Yo lo seguí. Así llegamos al borde del terraplén.

El "Añuco" le amarraba algo en la espalda al "Peluca". Parecía ser la punta de una honda de lana, de aquellas que terminan en pequeñas borlas. Lleras vigilaba la maniobra. No nos hizo caso: no volvió la cara siquiera hacia nosotros. El "Añuco" se levantó y nos miró: luego miró a Lleras.

—Vámonos —le dijo éste, en voz muy baja—. Que disfruten los k'echas, si quieren.

Y se fueron, caminando de puntillas, sin hacer el menor ruido.

Yo sentí que Chauca temblaba. Se puso la mano derecha sobre las mejillas. Un denso calor empezó a escalarme por el cuerpo, como si brotara desde los pies.

Salté al callejón, y corrí al patio.

El Hermano Miguel agitaba ya la campanilla desde el corredor del segundo piso. Dos Padres llamaron, palmeando:

—¡Ya, ya! ¡A dormir!

Avanzaron hacia el callejón y vocearon allí varias veces. Los alumnos que estábamos cerca pasamos al dormitorio. El "Peluca" vino corriendo del patio interior: subió a grandes trancos la escalera. Entró al dormitorio con el rostro sumamente pálido: sus ojos parecían bañados en un líquido brilloso. Todos los internos, de pie, esperamos que el Padre Director entrara.

El Director no pasó a inspeccionar el dormitorio. Lo hacía casi todas las noches. Esta vez se detuvo a dos pasos de la puerta junto al primer catre y rezó el Ave María. Le contestamos en coro.

—Buenas noches, hijos. Dormid en paz —dijo, y se fue.

En la puerta se encontró con Chauca.

—¡Eh, tú! ¡Malcriado! —le dijo—. ¡Sinvergüenza!

—¡Estuve en el reservado, Padrecito! —oímos que decía Chauca.

Yo sentí que su voz desfalleciente no sólo imploraba disculpa sino un auxilio mayor.

—¿Qué tienes? ¿Te pasa algo? —preguntó el Director con mucha ternura—. ¡Ven aquí, hijo! ¡Ven aquí!

Lo hizo entrar al dormitorio y lo contempló en la luz.

Todos lo miraron. Estaba sucio de tierra. Había tierra aún en sus cabellos. Su actitud era de una humillación tan extremada que ni siquiera hubo risas del "Añuco" y de Lleras. "Ahora, ahorita se ríen", pensé, ardiendo de odio. Pero no pudieron reírse.

—¡Me caí, Padre! —exclamó Chauca, lloriqueando.

—¡No seas tonto, hijo! ¡Vuelve en ti! —le dijo el Padre. Y con ambas manos le sacudió el polvo.

Chauca se dirigió hacia su cama con la cabeza inclinada. El Padre salió, y cerró la puerta del dormitorio.

"Ahora empieza la fiesta del Lleras", pensé. Creí que reaccionaría pronto y que se ensañaría con Chauca. Pero ambos, él y el "Añuco", miraban al "Peluca".

Uno de los vecinos de cama del "Peluca" exclamó, de pronto, saltando al medio del dormitorio:

—¡Jesús! ¡Jesús! ¡Dios mío!

Era nativo de Pampachiri, un pueblo de altura. Con gran terror señaló la espalda del "Peluca".

—¡*Apasankas, apasankas!* —gritó.

Una sarta de inmensas arañas velludas colgaba del saco del "Peluca".

Aun los internos que ya estaban acostados se levantaron y fueron hacia la cama del "Peluca".

—¿Y...? ¿Qué importa? —dijo éste, al parecer muy tranquilo.

Se quitó el saco suavemente: lo levantó, lo más alto que pudo, sosteniéndolo de una de las solapas.

Las arañas pataleaban. No con movimientos convulsos y rápidos, sino lentamente. Las tarántulas son pesadas: movían sus extremidades como si estuvieran adormecidas. El cuerpo rojinegro de las arañas, oscuro, aparecía enorme, tras de los vellos erizados que también se movían.

Yo no pude contenerme. Temí siempre a estas tarántulas venenosas. En los pueblos de altura son consideradas como seguros portadores de la muerte. No grité: pude sofrenar el grito en mi garganta: pero me apoyé en el catre y luché con gran esfuerzo contra la terrible ansia que sentía de llamar a grandes voces. Chauca y Romero se me acercaron.

—¡Qué bruto, qué maldito! —dijo Romero—. ¡Pero vé, fíjate! ¡No son nada!

El "Peluca" había arrancado la sarta de arañas: las había arrojado al suelo y las aplastaba con ambos pies.

—¡Con esto sí que no me asustan! Yo las reviento desde que era guagua —dijo.

Pasaba la planta de los pies sobre los cuerpos molidos de las *apasankas*. Luego bailó en el sitio. No quedó allí sino una mancha.

Romero me ayudó a desvestirme. Me miró a los ojos mucho rato, procurando ahuyentar mi temor.

—No es nada, chico. Además, no es cierto que pican —me dijo—. Yo creo que aquí, en el valle, se amansan. Hasta las niñas juegan con ellas: las pelotean de lo lindo. ¡Claro! Ni qué decir que su cuerpo es feo. El vecino del "Peluca", el pampachirino, con lo grandazo que es, está igual que tú: hasta más pálido.

Chauca se sentó junto a mi cama. Nadie se ocupaba ya de él, felizmente. Lleras y el "Añuco" se acostaron rápidamente: se hacían los dormidos. Chauca me puso una de sus manos en la frente.

—Esto sí que no es para asustarse tanto —me dijo—. ¡Espera no más! ¡Algún día le haremos algo al Lleras! ¡Algo de que se acuerde toda su vida!

—¡El *apasanka* no es para asustarse! —se atrevió a decirme Palacitos, desde su cama.

El incidente salvó a Chauca. Recuperó su tranquilidad, se disipó de su rostro todo misterio, toda sombra. Y pudo acompañarme un instante. Romero se había ido antes.

Sin embargo, durante la noche, como un estribillo tenaz, escuché en sueños un *buayno* antiguo, oído en la infancia, y que yo había olvidado hacía ya mucho tiempo:

Apank' orallay, apank' orallay,	*Apankora, apankora,* [1]
apakullawayña,	llévame ya de una vez:
tutay tutay wasillaykipi	en tu hogar de tinieblas
uywakullawayña.	críame, críame por piedad.
Pelochaykiwan	Con tus cabellos,
yana wañuy pelochaykiwan	con tus cabellos que son la muerte
kuyaykullawayña.	acaríciame, acaríciame.

- Al día siguiente me levanté muy temprano. Me bañé en la fuente del primer patio para refrescarme la cabeza. Luego me vestí con gran cuidado sin despertar a los internos. Y me dirigí al patio de tierra.

La madrugada se extinguía. Los pequeños sapos asomaban la cabeza entre las yerbas que rodeaban el pozo de la fuente. Bajo las nubes rosadas del cielo, los pocos árboles que podían verse desde el patio interior, y las calandrias amarillas que cantaban en las ramas, se dibujaban serenamente: algunas plumas de las aves se levantaban con el aire tibio del valle.

Encordelé mi hermoso *zumbayllu* y lo hice bailar. El trompo dio un salto armonioso, bajó casi lentamente, cantando por todos sus ojos. Una gran felicidad, fresca y pura, iluminó mi vida. Estaba solo, contemplando y oyendo a mi *zumbayllu* que hablaba con voz dulce, que parecía traer al patio el canto de todos los insectos alados que zumban musicalmente entre los arbustos floridos.

—¡Ay *zumbayllu, zumbayllu!* ¡Yo también bailaré contigo! —le dije.

Y bailé, buscando un paso que se pareciera al de su pata alta. Tuve que recordar e imitar a los danzantes profesionales de mi aldea nativa.

Cuando tocaron la campanilla para despertar a los internos, yo era el alumno más feliz de Abancay. Recordaba al "Markask'a": repasaba en mi memoria la carta que había escrito para su reina, para su amada niña, que según él tenía las mejillas del color del *zumbayllu.*

—¡Al diablo el "Peluca"! —decía—. ¡Al diablo el Lleras, el Valle, el Flaco! ¡Nadie es mi enemigo! ¡Nadie, nadie!

---

[1] Como *apasanka*, nombre de la tarántula.

VII. EL MOTÍN

Esa mañana, a la hora del recreo, le entregué a Antero el borrador de la carta para Salvinia.

—La leeré en mi cuarto, a solas —me dijo—. Y en la tarde la leeremos juntos. Yo te esperaré a la una en la puerta del Colegio.

—¿No quieres leerla ahora? —le pregunté.

—No. Ahora no, mejor a solas, recordándola. Si quisiera preguntarte algo no podría hacerlo aquí. Los alumnos nos fastidiarían.

Luego le conté mi aventura con Rondinel.

—¡Pero si a ese flaco puedes matarlo! —exclamó—. Llora por cualquier cosa. ¡Pobrecito! Mejor será que no pelees con él. A esta hora debe estar temblando, llorando como un pajarito. Es malogrado el pobre. Dicen que su madre es medio loca y que cuando el Flaco era niño lo castigaba como a un condenado.

—¡De veras! Ya ni me mira, ni mira a nadie. Está como sepultado —le dije.

Entonces Antero me pidió que lo esperara en la puerta de mi salón de clases, y fue a buscar a Rondinel.

—Lo calmaré —me dijo—. Me da lástima. Su madre es muy amiga de la madre de mi reina. Por ella lo hago. Le diré que estás decidido a no reclamar el desafío.

Volvió al poco rato de brazo con el Flaco. Llegaron corriendo. Antero lo guiaba, lo arrastraba casi.

—Aquí está —dijo—. El también quiere amistar. Yo soy el juez. ¡Dénse la mano!

Le tendí la mano, sonriéndole. En sus pequeños ojos hundidos, tras de sus pestañas arqueadas y hermosas, una mirada angustiosa pugnaba por no extinguirse. Comprendí que si no seguía sonriéndole, que si no me acercaba a él, cerraría los ojos y se echaría a correr.

Lo abracé.

—¡Soy un perro, soy un perro! —decía. Y empezó a llorar.

Lo llevamos a mi sala de clases. Todos los alumnos jugaban en los patios, y los internos no vieron nuestra reconcialiación. Eran los únicos que hubieran podido perturbarla.

El Flaco se sentó en una carpeta y apoyando la cabeza sobre los brazos de Antero lloró unos instantes. Después levantó el rostro para mirarme.

—¡No seas sonso! —le dijo el "Markask'a".

—Los otros son los peores —le dije yo—. El Lleras, el Valle, el "Añuco". Nosotros no, hermano.

—Dios los castigará. ¡Algún día! —exclamó.

Se levantó y volvió a darme la mano.

—Tú eres un caballero. ¡Lo reconozco como hombre! Desde hoy te voy a querer.

Temblaba un poco.

—¡Juguemos, hermanitos! —gritó de repente—. ¡Juguemos al *zumbayllu*! ¡Vamos!

Salimos corriendo. El me llevaba de la mano.

En el callejón que une los patios nos topamos con Valle. Venía a paso lento, erguido como siempre. Un gesto de gran sorpresa interrumpió, como un relámpago, su pesada solemnidad. Rondinel le sacó la lengua y le dijo a gritos:

—¡Espera sentado a que peleemos! ¡Sonso!

Y seguimos adelante. Ni rastros de forzada amabilidad hubo entre nosotros. Deseábamos halagarnos. Hicimos cantar a nuestros *zumbayllus* con gran destreza. Los arrojábamos al mismo tiempo. Y una vez el del Flaco derrotó en duración al de Antero. ¡Qué felicidad fue para él! Saltaba: me miraba y miraba al "Markask'a". Daba vueltas sobre un pie. El sol alumbraba para él solo, esa mañana. El mundo redondo, como un juguete brillante, ardía en sus manos. ¡Era de él! Y nosotros participamos de la dicha de sentirlo dueño.

A las doce, cuando los externos salían a la calle, se oyeron gritos de mujeres afuera. Rondinel y yo, de pie en la pequeña escalera que conducía a mi sala de clases, podíamos ver la calle. Varias mujeres pasaron corriendo: todas eran mestizas, vestidas como las mozas y las dueñas de las chicherías. El Padre Director salió de su oficina, se dirigió al zaguán y observó la calle, mirando a uno y otro lado. Volvió en seguida: entró precipitadamente a la Dirección. Creímos percibir que tenía miedo.

El tumulto aumentó en la calle. Más mujeres pasaban corriendo. Un oficial entró al Colegio.

El Director apareció en la puerta y llamó a gritos a los Padres.

—¡Hazles oír! —me dijo, palmeando.

Yo corrí a los dormitorios y al comedor, llamando a los Padres. Eran cinco, y el Hermano Miguel. Se reunieron en la Dirección con el oficial. Conferenciaron pocos minutos y salieron juntos a la calle. El Hermano Miguel se quedó a cargo del Colegio.

—No es nada —dijo—. Ya voy a llamar para el almuerzo.

El portero continuaba observando la calle, no había cerrado aún el zaguán. Seguía corriendo la gente en la calle. Hombres, mujeres y niños pasaban como persiguiéndose unos a otros. Todos los internos nos acercamos al zaguán.

En ese instante, las campanas tocaron a rebato y un griterío de mujeres, tan alto como el sonido de las campanas, llegó desde la plaza. Lleras y Romero saltaron a la calle y siguieron adelante, hacia la plaza. Todos los seguimos. El portero empezó a gritar en quechua:

—¡Se escapan, Padrecitos! ¡Auxilio!

En la primera esquina nos encontramos con Antero: venía corriendo. Rondinel iba conmigo.

—¡El Flaco, no! —dijo Antero—. Tu mamá irá a buscarte al Colegio y se alocará si no te encuentra. Anda a tu casa. ¡Corre! La plaza está hirviendo de mujeres rabiosas. Te pueden atropellar. ¡Te pueden matar! ¡Anda!

Rondinel dudaba, entre el espanto y la curiosidad.

—¡Llévenme, hermanitos! —dijo.

En la energía con que Antero hablaba parecía encontrar la protección suficiente.

—¡Quiero ir, "Markask'a"! ¡Llévame, hermanito!

—¡No! —le replicó Antero—. Hay mucha gente. Es como un repunte de agua. ¿Quién podría cuidarte, hermano? Te contaremos todo. Sube a un balcón de tu casa y verás pasar a la gente. ¡Ya! Nosotros vamos a carrera.

Partimos, y el Flaco no pudo seguirnos. Volví la cabeza para

verlo, cuando llegamos al final de la calle. Rondinel seguía aún en
el mismo sitio, dudando.

Cuando desembocamos a la plaza, una gran multitud de mujeres
vociferaba, extendiéndose desde el atrio de la iglesia hasta más allá
del centro de la plaza. Todas llevaban mantas de Castilla y som-
breros de paja. Los colegiales miraban a la multitud desde las esquinas.
Nosotros avanzamos hacia el centro. Antero se abría paso, agachán-
dose y metiendo la cabeza entre la cintura de las mujeres.

No se veían hombres. Con los pies descalzos o con los botines
altos, de taco, las mujeres aplastaban las flores endebles del "parque",
tronchaban los rosales, los geranios, las plantas de lirios y violetas.
Gritaban todas en quechua:

—¡Sal, sal! ¡Los ladrones, los pillos de la Recaudadora!

Antero continuó acercándose a la torre. Yo le seguía furiosamente.

La violencia de las mujeres me exaltaba. Sentía deseos de pelear,
de avanzar contra alguien.

Las mujeres que ocupaban el atrio y la vereda ancha que corría
frente al templo, cargaban en la mano izquierda un voluminoso
atado de piedras.

Desde el borde del parque pudimos ver a la mujer que hablaba
en el arco de entrada a la torre. No era posible avanzar más. En la
vereda la multitud era compacta. Sudaban las mujeres: los aretes
de plata y de quintos de oro que llevaban algunas, brillaban con
el sol. La mujer que ocupaba el arco de la torre era una chichera famosa:
su cuerpo gordo cerraba completamente el arco: su monillo azul,
adornado de cintas de terciopelo y de piñes, era de seda, y relucía. La
cinta del sombrero brillaba, aun en la sombra: era de raso y parecía
en alto relieve sobre el albayalde blanquísimo del sombrero recién
pintado. La mujer tenía cara ancha, toda picada de viruelas: su busto
gordo, levantado como una trinchera, se movía: era visible, desde
lejos, su ritmo de fuelle, a causa de la respiración honda. Hablaba en
quechua. Las ces suavísimas del dulce quechua de Abancay sólo
parecían ahora notas de contraste, especialmente escogidas, para que
fuera más duro el golpe de los sonidos guturales que alcanzaban a
todas las paredes de la plaza.

—¡*Mánan*! ¡*Kunankamallam suark'aku...*! —decía.

(¡No! ¡Sólo hasta hoy robaron la sal! Hoy vamos a expulsar de

Abancay a todo los ladrones. ¡Gritad, mujeres: gritad fuerte: que lo oiga el mundo entero! ¡Morirán los ladrones!)

Las mujeres gritaron:

—¡Kunanmi suakuna wañunk' aku! (¡Hoy van a morir los ladrones!) Cuando volvieron a repetir el grito, yo también lo coreé.

El "Markask' i" me miró asombrado.

—Oye, Ernesto, ¿qué te pasa? —me dijo—. ¿A quién odias?

—A los salineros ladrones, pues —le contestó una de las mujeres.

En ese instante llegó hasta nosotros un movimiento de la multitud, como un oleaje. El Padre Director avanzaba entre las mujeres, escoltado por dos frailes. Sus vestiduras blancas se destacaban entre los rebozos multicolores de las mujeres. Le hacían campo y entraba con cierta rapidez. Llegó junto al arco de la torre, frente a la chichera. Levantó el brazo derecho como para bendecirla: luego le habló. No podíamos oír la voz del Padre: pero por la expresión de la mujer comprendimos que le rogaba. Las mujeres guardaron silencio: y, poco a poco, el silencio se extendió a toda la plaza. Podía escucharse el caer del sol sobre el cuerpo de las mujeres, sobre las hojas destrozadas de los lirios del parque... Oímos entonces las palabras del Padre. Habló en quechua.

—...No, hija. No ofendas a Dios. Las autoridades no tienen la culpa. Yo te lo digo en nombre de Dios.

—¿Y quién ha vendido la sal para las vacas de las haciendas? ¿Las vacas son antes que la gente, Padrecito Linares?

La pregunta de la chichera se escuchó claramente en el parque. La esquina que formaban los muros de la torre y del templo servían como caja de resonancia.

—¡No me retes, hija! ¡Obedece a Dios!

—Dios castiga a los ladrones, Padrecito Linares —dijo a voces la chichera, y se inclinó ante el Padre. El Padre dijo algo y la mujer lanzó un grito:

—¡Maldita no, padrecito! ¡Maldición a los ladrones!

Agitó el brazo derecho, como si sacudiera una cuerda. Todas las campanas se lanzaron a vuelo, tocando nuevamente a rebato.

—¡Yastá! ¡Avanzo, avanzo! —gritó la chichera, en castellano.

Bajó del arco dio un rodeo junto a los Padres, respetuosamente, y se dirigió a la esquina más próxima. La multitud le abrió campo.

Las mujeres mayores, que eran también las más gordas, como las dueñas de las chicherías, formaron una especie de primera fila, a la izquierda y derecha de la cabecilla. Avanzaron hacia la esquina.

Se oyeron unos tiros.

—¡Nada, nada! ¡Avanzo, avanzo! —gritó la cabecilla.

—¡Avanzo, avanzo! —repitió la multitud de mujeres.

—¡Avanzo, avanzo!

—¡Avanzo, avanzo!

Fue ya el grito único que se repetía hasta la cola del tumulto. El grito corría como una onda en el cuerpo de una serpiente.

Los gendarmes que resguardaban la esquina fueron arrollados. No los golpearon. Eran humildes parroquianos de las chicherías, y dispararon al aire, levantando visiblemente el cañón del rifle al cielo. Les quitaron sus armas.

La mayoría de los colegiales y los curiosos huyeron al escuchar los primeros disparos. El "Markask'a" no se asustó. Me miró dudando. "¿Seguimos?", me preguntó.

—Seguimos hasta el fin.

—Griten ¡Avanzo! —nos decían las mujeres.

Gritábamos a todo pulmón.

—¡Ahora sí! ¡Valiente muchacho! ¡Avanzo, avanzo!

Al voltear una esquina, la última para llegar a la oficina del estanco de la sal, Antero me quiso arrastrar hacia afuera.

—¡Vámonos! —me dijo—. Es feo ir entre tanta chola. ¡Vámonos! Ya es bastante para mataperradas.

—No —le dije—, veamos el final. ¡El final, "Markask'a"!

La muchedumbre empezó a gritar con más furia. Se oyeron unas descargas menos resonantes y de pocos tiros. Antero escapó. "Yo me voy. ¡No soy solo! —me gritó al oído—. ¡Tengo que cuidarla!"

Era cierto. En todas las casas debían estar temblando a esa hora. El no tenía miedo, lo vi en sus ojos. Al contrario, cuando habló de protegerla y se lanzó fuera de la multitud, parecía que iba a enfrentarse a otra lucha mayor.

Se abrió camino, agachándose. Yo avancé más. Si era verdad que él iba a custodiar a su amada, ¿qué haría yo? Grité más alto, empujé hacia adelante. En las primeras filas se sentía un gran alboroto. Las piedras empezaron a sonar al caer sobre los postes, contra las rejas y las puertas de la Salinera. Se deshacían vidrios. Ya no dispararon más.

—¡Sangre! ¡Sangre! —oí que decían en quechua, junto a las paredes de la Salinera.

Derribaron varias puertas y entraron al patio de la Salinera. Yo alcancé allí la primera fila. La cabecilla se había terciado un rifle a la espalda. Un gran sudor le chorreaba de los cabellos. Subida en el alto poyo del corredor, miraba agudamente a todos.

—¡Silencio! —ordenó.

Una mujer que estaba a su lado tenía una larga mancha de sangre en el costado, hacia el hombro izquierdo. También cargaba un rifle.

—¿Qué es esto, mujer? —dijo ella—. ¡Bala de salinero! ¡No sirve! —Movió el brazo violentamente, en molinete, y lanzó una risotada.

—¡Almacén! ¡Veinte al almacén! —ordenó en quechua la cabecilla.

Un grupo de cholas entró al depósito de sal. Llamaron al instante desde dentro:

—¡*Kachi, kachi!* [1]. ¡Harto!

Empezaron a arrastrar los sacos de sal hasta el patio.

Ante el asombro y el griterío de las mujeres, sacaron cuarenta costales de sal blanca al patio.

—¡Padrecito Linares: ven! —exclamó con un grito prolongado la chichera— ¡Padrecito Linares, ahistá sal! —hablaba en castellano—. ¡Ahistá sal! ¡Ahistá sal! ¡Este sí ladrón! ¡Este sí maldecido!

La multitud se detuvo, como si fuera necesario guardar un instante de silencio para que las palabras de la chichera alcanzaran su destino. Una vez más volvió a llamar la mujer.

—!Padrecito Linares...!

Luego bajó del poyo, por un instante: hizo despejar la puerta del almacén: dio varias órdenes y las mujeres formaron una calle, aplastándose unas a otras.

Y comenzó el reparto.

Presidió ella, desde lo alto del poyo. No hubo desorden. Con cuchillos, las chicheras encargadas abrían los sacos y llenaban las mantas de las mujeres. Luego ellas salían por la tienda y las que estaban en el zaguán, se acercaban.

En los pueblos de indios las mujeres guardan silencio cuando

---

[1] Sal.

los hombres celebran reuniones solemnes. En las fiestas familiares, aun en los cabildos, los indios hablan a gritos y a un mismo tiempo. Cuando se observan desde afuera esas asambleas parecen una reunión de gente desaforada. ¿Quién habla a quién? Sin embargo existe un orden, el pensamiento llega a su destino y los cabildos concluyen en acuerdos. La mujer que es callada cuando los hombres intervienen en los cabildos, chilla, vocifera, es incontenible en las riñas y en los tumultos.

¿Por qué en el patio de la Salinera no se arañaban, no se destrozaban a gritos? ¿Cómo no insultaban o llamaban las que aún permanecían fuera del zaguán en la calle? Si una sola hubiera podido gritar como cuando era libre, habría incendiado a la multitud y la hubiera destrozado.

Pero ahí estaba ella, la cabecilla, regulando desde lo alto del poyo hasta los latidos del corazón de cada una de las enfurecidas y victoriosas cholas. Al menor intento de romper el silencio, ella miraba, y las propias mujeres se empujaban unas a otras, imponiéndose orden, buscando equilibrio. Del rostro ancho de la chichera, de su frente pequeña, de sus ojos apenas visibles, brotaba una fuerza reguladora que envolvía, que detenía y ahuyentaba el temor. Su sombrero reluciente le daba sombra hasta los párpados. Un contraste había entre la frente que permanecía en la sombra y su mandíbula redonda, su boca cerrada y los hoyos negros de viruela que se exhibían al sol.

—Para los pobres de Patibamba tres costales —dijo, como para sacudirme.

Hasta ese momento se había repartido ya la mayor parte de los sacos de sal, y el patio se veía despejado.

Ante la orden, casi inesperada, varias mujeres fueron a ver el corral de la Salinera. Encontraron cuarenta mulas aún aperadas. La noticia desconcertó a las cholas. Pero la cabecilla ordenó que arrearan tres al patio. No hizo ningún comentario.

Mientras las repartidoras seguía llenado las mantas de las mujeres con grandes trozos de sal, alegremente, se dedicaron a preparar las cargas para los "colonos" de Patibamba.

Levantaron con dificultad los costales llenos. Tuvieron que sacar buena cantidad de sal de los sacos y los volvieron a coser. Pesaban mucho para que las mujeres pudieran alzarlos hasta el lomo de las mulas.

La mujer herida quiso ir a Patibamba. La cabecilla la miró con duda.

—Ya no sale sangre —le dijo. Se desnudó el pecho y levantó su monillo. Mostró la herida.

La cabecilla no accedió. Señaló a diez: y pidió que las acompañaran todas las que quisieran. Cerca de cincuenta mujeres cargadas ya con sus mantas de sal siguieron a las que fueron designadas.

—¡Que viva doña Felipa! ¡*Patibambapak!* —gritaron las mujeres que salían tras de las mulas.

—¡Doña Felipa! ¡Doña Felipa! —corearon todas, despidiéndose de la cabecilla.

Ella no se había olvidado de los indefensos, de los "pobres" de Patibamba. Con la violencia del éxito ninguna otra se había acordado de ellos.

—Despacio van a repartir —dijo en quechua, dirigiéndose a la comisión.

El reparto continuaba aún en el patio, pero yo no dudé: salí tras de las mujeres que iban a Patibamba. Como ellas, tenía impaciencia por llegar. Una inmensa alegría y el deseo de luchar, aunque fuera contra el mundo entero, nos hizo correr por las calles.

Arrearon las mulas al trote. En el barrio de la Salinera, todas las calles estaban llenas de gente. Hombres del pueblo formaban una especie de barrera pasiva. No dejaban avanzar a los caballeros de corbata.

—Las mujeres te pueden degollar, señor —oí que les decían.

—¡*Patibambapak!* ¡*Patibambapak!* —gritaban las mujeres y arreaban las mulas. Les abrieron campo.

Desde algunos balcones, en las calles del centro, insultaron a las cholas.

—¡Ladronas! ¡Descomulgadas!

No sólo las señoras, sino los pocos caballeros que vivían en esas casas insultaban desde los balcones.

—¡Prostitutas, cholas asquerosas!

Entonces, una de las mestizas empezó a cantar una danza de carnaval: el grupo la coreó con la voz más alta.

Así, la tropa se convirtió en una comparsa que cruzaba a carrera las calles. La voz del coro apagó todos los insultos y dio un ritmo especial, casi de ataque, a los que marchábamos a Patibamba. Las mulas tomaron el ritmo de la danza y trotaron con más alegría. Enloquecidas de entusiasmo, las mujeres cantaban cada vez más alto y más vivo:

Patibamballay	¡Oh árbol de pati
patisachachay	de Patibamba!
sonk'oruruykik'a	nadie sabía
k'orimantas kask'a	que tu corazón era de oro.
sonk' ruruykik'a	nadie sabía
k'ollk'emantas kask'a.	que tu pecho era de plata.
K'ocha mayullay	¡Oh mi remanso,
k'ocha remanso	mi remanso del río!
challwachallaykik'a	nadie sabía
k'orimantas kask'a	que tus peces eran de oro,
patuchallaykik'a	nadie sabía
k'ollk'emantas kask'a.	que tus patitos eran de plata.

Cerca de Huanupata muchos hombres y mujeres se sumaron a la comisión. La gente salía de las casas para vernos pasar, corrían de las calles transversales para mirarnos desde las esquinas.

Así llegamos a la carretera, al ancho camino polvoriento de la hacienda. Era ya un pueblo el que iba tras de las mulas, avanzando a paso de danza. Las chicheras seguían cantando con el rostro sonriente.

Pensé que en el camino dejarían el canto y que iríamos al paso. Hay cerca de dos kilómetros de Abancay al caserío de Patibamba. El polvo era removido por los cascos de las mulas, por los pies de la gente que marchaba a la carrera: en el aire quieto se elevaba el polvo hasta las copas de los árboles: las grandes flores rojas de los pisonayes se cubrían de tierra en la altura y su resplandor se apagaba. Dentro de la lengua de polvo las mulas y la gente avanzábamos en marcha jubilosa. Cruzábamos chapoteando los acequiones y los charcos, arrastrábamos por un instante a los transeúntes o los incorporábamos a la danza.

Las mujeres llegaron a los límites de la casa-hacienda, al camino empedrado. Ellas pasaron frente a las rejas sin mirar siquiera hacia el parque. Deseaban entrar al caserío, al polvoriento barrio de los indios colonos inmediatamente. Pero yo miré los corredores de la gran residencia, mientras corría tras de la comisión. Las mujeres levantaron la voz, aún más, junto a las rejas: fue esa la única advertencia. En los extremos de los corredores, dos mestizos de botas y de grandes sombreros alones, se arrodillaron con fusiles en las manos. Un hombre vestido de blanco estaba de pie en la última grada de la escalinata: vio pasar a las cholas sin hacer ningún ademán, con aparente tranquilidad.

Llegamos a la "ranchería": entramos a la carrera, y cantando todavía, a la agria callejuela.

Las puertas de todas las chozas permanecieron cerradas.

—¿No han de salir, acaso? ¿No han de salir ahora? ¿Qué va a suceder, Dios santo? —me preguntaba, contemplando los techos deshilachados y renegridos de las pequeñas casas.

—¡Salid, madrecitas! ¡Os traemos sal! —gritó en quechua una de las chicheras.

—¡*Mamachakuna*! ¡*Mamachakuna*! [1] —llamó otra.

El silencio continuó. Las mujeres empezaron a mirar a todos lados, con los semblantes escrutadores y llenos de odio, mientras algunas descargaban las mulas.

—¿*Pim manchachinku merdas?* (¿Quién las asusta...?) —exclamó la guía. Su voz casi varonil, llena de amenaza, vivificó el caserío.

¿*Pim manchachinku, merdas?* —repitió la pregunta. Avanzó violentamente hacia una puerta y la hundió con el hombro.

—¡*Au* mamacita! ¡*Au* mamacita! —gimieron mujeres y niños en el oscuro interior de la choza.

—¡Sal del pueblo, para tí, madrecita! —exclamó la chichera y señaló las cargas de sal. Su voz se tornó tierna y dulce.

— ¡Salid a recibir, madrecitas! —gritó entonces en quechua una de las mujeres de Patibamba.

Se abrieron las puertas, a lo largo de la callejuela melosa, poblada de avispas: y vinieron las mujeres, dudando aún, caminando muy despacio.

En ese momento la chichera levantó un gran trozo de sal blanca

---

[1]   Madrecitas.

y la dejó caer sobre la falda de la india de Patibamba que llamó a
las otras. Le ordenó que sostuviera bien su falda y le echó varios
trozos más de sal. La india miró a la chichera y los trozos de sal.
Dio media vuelta y se lanzó a la carrera, hacia su choza: la siguieron
sus criaturas: y cuando todos estuvieron adentro, cerró la puerta.

Todas las mujeres se acercaron luego al sitio del reparto. Se
abrieron los tres sacos y se hizo la distribución con cierto orden,
entre un murmullo ininteligible. Las indias recibían la sal, la bende-
cían con sus manos, se volvían a sus chozas, y se encerraban.

Mientras repartían la sal sentí que mi cuerpo se empapaba de
sudor frío. Mi corazón palpitaba con gran fatiga: un intenso vacío
me constreñía el estómago. Me senté en el suelo enmelado de esa
especie de calle y me apreté la cabeza con las manos. El rumor de
la gente disminuía. Oí unos disparos. Las mujeres de Abancay empe-
zaron nuevamente a cantar. El olor agrio del bagazo húmedo, de la me-
laza y de los excrementos humanos que rodeaban las chozas se hincha-
ba dentro de mis venas. Hice un esfuerzo, me puse de pie y empecé a
caminar hacia el parque de la hacienda, buscando la senda empedrada.

En el cielo brillaban nubes metálicas como grandes campos de
miel. Mi cabeza parecía navegar en ese mar de melcocha que me
apretaba crujiendo, concentrándose. Vencido de sueño llegué junto a
una de las columnas de las rejas de acero. Pude ver aún, en el jardín de
la hacienda, algunas mariposas amarillas revoloteando sobre el césped
y las flores: salían de la profunda corola de los grandes lirios y volaban,
girando sus delicadas, sus suaves alas. Me eché bajo la sombra de
la columna y de los árboles, y cerré los ojos. Se balanceaba el mundo.
Mi corazón sangraba a torrentes. Una sangre dichosa, que se derramaba
libremente en aquel hermoso día en que la muerte, si llegaba, habría
sido transfigurada, convertida en triunfal estrella.

Galoparon las mulas por el camino empedrado, muy cerca de mis
pies: pasaron en tumulto, de regreso, las mujeres de Abancay. Se
alejó rápidamente el tropel, como un viento ligero. Yo no lo pude
ver. Estaba sumergido en un sopor tenaz e invencible.

Tarde, al declinar el sol, una señora gorda, vestida de rosado,
me despertó. Cuando abrí los ojos, me humedecía la frente con un
pañuelo empapado en agua.

—¡Estás amarillo, hijito! —me dijo.

Descascaró una naranja y me la dio de comer, gajo tras gajo. La miré despacio. Tenía medias negras y zapatos bajos: su falda rosada le cubría hasta los pies: su monillo estaba adornado de cintas que dibujaban flores sobre el pecho, a la moda de las mestizas. Pero ella era blanca y de mejillas encendidas, de ojos azules. Tenía la apariencia de una costurera de casa grande o de la mujer de algún mayordomo o empleado de hacienda.

—¿Quién eres, hijito? —me preguntó—. ¿Qué te ha sucedido? ¡Ay, felizmente en la hacienda hasta se pudren las naranjas y los limones!

Unos álamos que crecían cerca de la reja nos daban sombra. La sombra de las hojas jugaba sobre los cabellos y la frente de la señora. Estaba en cuclillas frente a mí. Me recosté sobre sus rodillas. Sentí que me acariciaba la cabeza con sus manos. Luego oí que sollozaba, hablando en quechua.

—¿Quién te ha traído aquí, hijito? ¿Quién te ha abandonado?

—Vine con las cholas trayendo sal para los colonos de Patibamba —le dije.

Se quedó callada. Bajo sus manos gordas que me acariciaban suavemente, se disipaba la inclemencia del camino polvoriento, del alto cielo quemado y de mis recuerdos. Su llanto no me inducía como otros a llorar más desesperadamente. Llamaba al sueño, al verdadero sueño de los niños en el regazo materno. La señora lo comprendió. Se sentó sin incomodarse, apoyándose en el muro que servía de base al enrejado, y esperó que descansara.

No debió pasar mucho rato. Gente de a caballo cruzó a galope por el camino. Las herraduras hicieron crujir el empedrado. Levanté la cabeza y vi a varios jinetes galopando entre el polvo, con dirección a Abancay. Me pareció que alguno de ellos volteaba la cabeza para mirarme. En ese momento empezaron a cerrar la puerta de las rejas de hierro de la hacienda.

—Se llevaron la sal —dijo la señora.

Me incorporé y le pregunté, ya de pie.

—¿Qué sal, señora?

—La que le quitaron a las indias.

—¿A qué indias?

—A las de la hacienda. Entraron a las casas, mientras el amansador de potros y su ayudante hacían restallar zurriagos en el caserío; y les quitaron toda la sal. El zurriago no dejaba oír ni lo que lloraban las pobres mujeres.

—¿Usted es de aquí, señora?

No. Soy cuzqueña. Estoy con mi señora en Patibamba. Ella ha venido de visita donde el administrador.

—¿Les han quitado la sal a zurriagazos?

—No. El zurriago sólo tronaba en la callecita del rancherío. Los peones siguen en el cañaveral. Los están atajando con disparos de revólver. ¡Qué pasará, hijito! Los peones dicen que están acorralados y quieren pasar a buscar a sus mujeres. Están avanzando a pocos. Pero ahora que ya les quitaron la sal los dejarán pasar. Y tú, criatura, ¿Quién eres? ¿Por qué no te vas? Tengo miedo.

Le dije quién era.

Entonces me acompañó lejos, casi hasta la mitad del camino.

Yo hubiera querido cantar, entre lágrimas de sangre, aquel carnaval de Patibamba con que avanzamos por el mismo camino, hacia la hacienda. La señora me llevaba casi abrazándome, pero su ancho brazo con que me rodeaba el cuello y que me tocaba mi hombro, no lo apoyaba en mí. No sentía ningún peso, sólo el calor de su piel. Yo iba callado. El mundo nunca fue más triste: calcinado, sin esperanza, hundido en mis entrañas como un helado duelo. "¡Dios mío! —iba diciendo—, ¡haz que encuentre a mi padre en la puerta del Colegio!"

En el momento de despedirnos, la señora me besó en los ojos. Y se regresó. Yo me olvidé de preguntarle su nombre. Pero como un sol inapagable veo siempre sus ojos azules, sus inmortales y tiernos ojos.

Caminé rápidamente. Tenía la obsesión de que encontraría a mi padre en el pueblo. No podía correr porque mis piernas temblaban y desfallecían.

Llegué al barrio de Huanupata y lo encontré alborotado. Un rumor de fiesta, de gran día, se escuchaba en la sucia calle. El suelo es duro, lo riegan diariamente; manchas húmedas, extensas, alternan en el suelo con las huellas de los orines de caballos y de hombres. Cada vecino y cada chichería empapa la parte de la calle que le corresponde. El piso es quebrado. A veces, el viento corre hacia la ciudad, desde los caminos, y arrastra polvo, basura, trozos de lana y hojas secas. Ahora entraba el polvo por el lado de Huanupata, cargaba desperdicios calle adentro: girando y revolviéndose, el viento ingresaba como un manto, buscando el otro extremo del pueblo. Frente a las chicherías bailaban. La gente rebosaba de las picanterías. La voz delgada y jubilosa de las mozas llegaba lejos, hasta la boca del camino.

Cuando avancé algunos pasos en la calle vi que también cantaban hombre en el interior de las chicherías. Entré en el barrio como si una luz de amanecer lloviera sobre la calle: una luz ploma, húmeda y ondulante. Las nubes, tan encendidas al mediodía, se condensaron y oscurecieron: ahora cubrían el sol débil de la tarde.

¿De dónde habían venido tantos mestizos e indios al barrio de las chicherías? Ya estaban borrachos, bailaban con los ojos cerrados y haciendo figuras casi acrobáticas con los pies. No era posible entrar a las chicherías. De mano en mano alcanzaban por lo alto jarras llenas de chicha para los que estaban afuera. Todos tomaban, como en los días de fiesta, a costa ajena, hasta hartarse.

—¿Tú quieres, muchacho? —me preguntó un mestizo que parecía ser un cargador del mercado.

—Sí quiero —le contesté.

Me alcanzó una jarra pesada: la levanté y la sostuve en alto con mucha dificultad, para beber, mientras el mestizo y los de su grupo se reían. La chicha era fuerte y sentí que me abrigaba.

¡Buena, muchacho! ¡Caray! ¡Caray, guapo! ¡Adentro, adentro consuelo! —gritaba mi invitante oyendo los largos tragos que tomaba.

—¿Y por qué es la fiesta, don? —le pregunté.

—¡Ja caraya! —dijo. Y lanzó una gran carcajada—. La mujer, pues, ha hecho correr a los guardias. La Salinera, pues, han agarrado. ¡Viva doña Felipa!

Y empezó a cantar un *huayno* cómico que yo conocía: pero la letra, improvisada por él en ese instante, era un insulto a los gendarmes y al salinero. Todos los del grupo formaron un coro. Alternaban cada estrofa con largas carcajadas. El cholo cantaba la estrofa, lentamente, pronunciando cada palabra con especial cuidado e intención, y luego la repetía el coro. Se miraban y volvían a reírse.

Impusieron el canto en la chichería. Desde el interior empezaron a corearlo. Luego bailaron todos con esa melodía. Zapateaban a compás. Los descalzos, los de ojotas y los de zapatos golpeaban el suelo brutalmente. Los talones de los descalzos sonaban hondo; el cuero de las ojotas palmeaba el suelo duro y los tacos martilleaban. Parecía que molían las palabras del *huayno*.

Soldaduchapa riflink'a	El rifle del soldadito
tok'romantas kask'a	había sido de huesos de cactus,
chaysi chaysi	por eso, por eso,
yank'a yank'a tok'yan,	truena inútilmente,
chaysi chaysi	por eso, por eso,
yank'a yank'a tok'yan	truena inútilmente.
Manas manas wayk'ey,	No, no, hermano,
riflinchu tok'ro	no es el rifle,
alma rurullansi	es el alma del soldadito
tok'ro tok'ro kask'a.	de leña inservible.
Salineropa revolverchank'a	El revólver del salinero
llama akawansi	estaba cargado
armask'a kask'a,	con excremento de llama,
polvorañantak'	y en vez de pólvora
mula salinerok'	y en vez de pólvora
asnay asnay supin.	pedo de mula salinera.

El canto se extendió a todos los grupos de la calle y a las otras chicherías. Mi invitante y su grupo bailaban con entusiasmo creciente. No debían ya acordarse de mí ni de nada.

Yo quedé fuera del círculo, mirándolos, como quien contempla pasar la creciente de esos ríos andinos de régimen imprevisible: tan secos, tan pedregosos, tan humildes y vacíos durante años, y en algún verano entoldado, al precipitarse las nubes, se hincha de un agua salpicante, y se hacen profundos; detienen al transeúnte, despiertan en su corazón y su mente meditaciones y temores desconocidos.

Debí permanecer quizá una hora sentado en el suelo delante de la chichería. Antero me encontró allí, al anochecer.

—¡Te he buscado como a Cristo, hermanito! He pasado por aquí varias veces. ¿Por qué te escondiste? —me preguntó.

Me ayudó a levantarme.

—No me escondí: aquí he estado, desde que regresé de Patibamba —le dije.

—El Padre Director está furioso. Les ha quitado la salida de mañana. Yo lo vi rezondrando a los internos.

Hablaba a gritos para hacerse oír. Me llevó del brazo, hacia el centro del pueblo.

—Comerás a la vuelta. ¡Te esperan, hermanito! ¡Te esperan! ¡Salvinia y Alcira! Sé que es un abuso llevarte antes de que comas algo: y así como estás. Pero ella dice que le gustas, por loco, por huraño.

—¿Quién? ¿A quién?

—Alcira es una amiga de Salvinia. Te quiere ver. Si no llegamos dentro de unos minutos ya será tarde.

Me obligó a correr un poco. Yo tenía sueño. Oía mal: seguía muy aturdido. Deseaba sentir los latidos del corazón y no los percibía. Me detuve en una esquina.

—¿Te sientes mal? —me preguntó Antero.

—No —le dije—. Corramos.

—Así le gustarás más —me dijo acezando el "Markask'a"—. Tus cabellos están revueltos, casi parados: estás bien pálido.

Yo no podía fijar mi pensamiento en la joven desconocida, que según Antero, me esperaba en la casa de Salvinia.

Quizá en otro día, en otra tarde, una noticia como ésa me hubiera arrebatado, y habría corrido al encuentro de quien me esperaba. ¿Qué importaba que fuera hermosa o fea? Era la primera noticia y yo tenía catorce años. Aguardaba desde la infancia ese instante.

Frente a mi aldea nativa existe un río pequeño cuyas orillas se hielan en invierno. Los pastos de las orillas, las ramas largas que alcanzan el agua permanecen cubiertas de nieve hasta cerca del mediodía. Los niños de la aldea sueltan pequeños barcos de papel y de totora en la corriente. Las navecillas pasan bajo las figuras arborescentes de nieve, velozmente. Yo esperaba muy abajo, junto a una mata de espino, de grandes agujas que también parecían de hielo. Echado sobre el pasto veía cruzar los pequeños barcos. ¡Muchas veces creía que a bordo de alguno de ellos aparecería la niña impar, la más bella de todas! ¡Sería rubia! Los arcos de hielo la alumbrarían con esa luz increíble, tan blanca. Porque el sol a ninguna hora es blanco como la luz que brota de la nieve endurecida sobre la delgada grama.

Pero cuando llegamos muy cerca de la casa de Salvinia, otro sentimiento rudo me dominaba. ¿Por qué no había entrado a las chicherías hasta encontrar a doña Felipa? Quizá al verla bailar habría olvidado la triste imagen de las mujeres de Patibamba entregando la sal, mientras los zurriagos tronaban. Quizá ya no volvería a verla más. Una gran impaciencia me detuvo. "Iré a buscarla! —pensé—. ¡Y buscaré también a la señora de Patibamba: le preguntaré su nombre y le besaré las manos!"

—¿Qué tienes? —me preguntó Antero—. ¿No ves que ya hemos llegado? ¡Mira! ¡Ahí está Salvinia!

¡Qué delgada y morena parecía! Su falda corta, de color lila, y su blusa blanca, lucían juvenilmente bajo el resplandor solemne de las nubes altísimas.

—¿Es alegre, ella? —pregunté a Antero.

—Nadie más alegre que ella. ¡Mira! Nos llama.

Corrió bajo las moreras, llamándonos. Se detuvo junto a la reja que cerraba el muro de la huerta.

Yo sabía que Antero caminaba en ese instante muy despacio, con paso de ladrón, a causa de su gran temor. No se atrevía a mirarme. Me agarró del brazo, no para apoyarse, sino para contenerme, para transmitirme su confusión.

—No te apures, hermano. Sí. Tengo como un miedo alegre —me dijo.

¿Era a causa de sus lunares y del agudo perfil de su nariz, o de ese raro juego que existía entre sus ojos y sus lunares, que en el rostro del "Markask'a" se expresaban con tanto poder los sentimientos, aun el pensamiento?

Yo tuve que empujarle un poco.

—¿Por qué tan despacio? —dijo ella desde el otro lado de la pequeña reja—. Ya Alcira se fue.

Tenía ojos rasgados, imperceptiblemente oblicuos; era el cerquillo, recto, cuidadosamente cortado, lo que hacía posible descubrir la graciosa línea de sus ojos. No eran su rostro ni sus brazos del color del *zumbayllu* sino sus ojos. Pero no del *zumbayllu* detenido, que es prieto, sino en pleno canto, girando velozmente: porque entonces el color del *zumbayllu* clarea, se torna pardo cristalino.

Yo me presenté con la mayor cortesía. Mi padre era un modelo de ademanes caballerescos. ¡Si yo hubiera tenido los ojos azules de él, sus manos blancas y su hermosa barba rubia...!

Me dio la mano. Sus dedos eran largos y dejaban una sensación de suavidad que perduraba.

—Ya me tengo que ir —dijo—. Mi padre puede llegar de un momento a otro. Los he esperado mucho: porque a Antero debía agradecerle nuevamente. ¡Qué valiente es! Muchas gracias, Antero. Déme la mano.

El no dijo una sola palabra.

Cuando Salvinia cerró la reja y se despidió de mí con un ademán, Antero pudo hablar: dijo en voz muy baja:

—¡Adiós, adiós, mi reina!

Quizá ella lo oyó, pero no quiso demostrarlo. Se fue caminando airosamente.

—¡Es linda, muy linda! —le dije.

—¿Sabes? —me dijo él—. ¿Por qué será? Cuando están quietos sus ojos parecen un poco bizquitos: no se fijan parejos: uno de ellos se queda sin haber llegado al centro. En esa desigualdad hay una duda de su alma; su hermosura queda como pensando, atrayéndose. ¡Y otra cosa, hermanito! Cuando los ojos de mi reina se detienen así muestran mejor su color. ¿Cuál es? ¿Tú podrías decirlo?

—No, "Markask'a. Creo que es del color del *zumbayllu*, del canto del *zumbayllu*.

—¡Cierto! ¡Cierto! Pero yo estoy pensando en otro parecido. ¡Es más exacto! Algún día te llevaré a la hacienda de mi padre. Está muy adentro del Pachachaca, donde empieza la selva. Más allá nadie ha entrado. Yo te voy a mostrar un remanso que hay entre precipicios amarillos. El barranco se refleja en el remanso. ¡Ese es el color, hermano! El amarillo del precipicio con el verde del agua tranquila en ese remanso del Pachachaca. Los patitos del río y un pajarito que merodea en las orillas tienen las alas de ese color. Los indios dicen que son criaturas del remanso grande. Si yo, algún día, llevo a Salvinia a mi hacienda, ellos dirán que sus ojos fueron hechos de esa agua: dirán que es hija del río. ¡Seguro, hermanito! Creerán que yo la llevo por orden del río. Y quizá es cierto. ¡Quizá es la verdad!

—¿Y el *zumbayllu*?

—¡Ah, también es como el *zumbayllu!* ¡Pero mira esto, hermano! Me mostró un pequeño puñal que desenvainó de su funda. Lo había asegurado a su cinturón. La funda tenía adornos de plata: el mango del puñal era dorado.

—¡Quisiera que alguien intentara quitármela! ¡Qué alguien se opusiera! ¡Tengo ansias de pelear, hermano! —me dijo a gritos el "Markask'a"—. ¡Qué ella me viera desde su ventana quebrantando a algún rival, a algún ofensor de ella! ¡A caballo! Mejor sería a caballo. Le haría bracear en el aire las patas delanteras: de un solo golpe de pecho derribaría al otro. Yo he pasado a galope por caminos que cruzan precipicios. Mi madre lloraba al saberlo. Ella también llorará, y seré feliz. ¿Oíste cómo dijo que yo era valiente? Por una tontería. Porque a unos mestizos que se detuvieron en la avenida y miraron la casa de Salvinia los espanté mostrándoles el puñal. Le he prometido hacer guardia esta noche en la avenida, cerca de su casa. Los indios y mestizos están borrachos y cantarían en pandilla en todas las calles. Los soldaditos se han escondido. Y aunque ella se opone, yo iré con mi puñal y rondaré su casa. Si por curiosidad sale a la ventana, me verá...

Bajo el alumbrado de la calle pude verle mejor el rostro. Su nariz mostraba casi el filo del hueso: sus ojos seguían ardiendo de impaciencia.

—No es nada, no es ninguna prueba el hacer ronda contra los indios borrachos. ¡Que hubiera otro peligro quisiera! Que hubiera ido de paseo a una isla del río y que llegara el repunte y rodeara la isla. Entre los tumbos nadaría, solo, o en mi caballo. ¡Iría a rescatarla, hermanito! La traería, la volvería a su casa. Yo conozco a los ríos bravos, a estos ríos traicioneros: sé cómo andan, cómo crecen, qué fuerza tienen por dentro: por qué sitios pasan sus venas. Sólo por asustar a los indios de mi hacienda me tiraba al Pachachaca en el tiempo de lluvias. Las indias gritaban, mientras dejaba que el río me llevara. No hay que cruzarlos al corte: de una vena hay que escapar a lo largo: la corriente tiembla, tú te estiras en su dirección, y de repente, con un movimiento ligero del cuerpo te escapas: la fuerza del agua te lanza. ¡Esa prueba sí, es como para que vea tu adorada! ¡Que llore, y que después te mire alcanzar la orilla! ¿Y si la salvas? ¿Si llegas bajo tormentas a la isla, en tu caballo, y la salvas? ¡Gran Pachachaca, río maldito, eso quisiera! Mi caballo conoce mejor que yo las mañas de este río. Porque es hondo, porque corre entre barrancos: porque en esos barrancos se extienden como culebras los cactos espinosos feos, enredados de salvajina, los indios le temen. Mi caballo se ríe de él. Yo le he enseñado y él a mí. A veces hemos cruzado el río contra un precipicio, por sólo tocar la roca de enfrente. Los indios dicen que mi fuerza está guardada en mis lunares, que estoy encantado. ¡Lindo, hermano, lindo! Creo que algunas veces hasta mi madre duda. Me mira pensativa, examinando mis lunares... Mi padre en cambio se ríe, se alegra, me regala caballos...

El "Maskask a" era mejor que yo, había explorado un río: un río temido, y no como hombre de paso. ¡Pachachaca! "Puente sobre el mundo" significa este nombre. Yo no podía decir cuál era el que más amaba, el verdadero, el autor de mi pensamiento.

La voz del "Markask'a" era como la del Pachachaca irritado. Cuando dominara la timidez de los primeros días, le hablaría a Salvinia con ese lenguaje. "O la asusta o la domina", pensaba yo.

—Dicen que se puede querer a una después de otra —siguió hablando—. ¡No! A ella sola. Yo no pienso estudiar mucho. Me la llevaré, y si el demonio me la quita, me dedicaré a las cholas. Tendré diez o veinte.

Ya no parecía un colegial: a medida que hablaba, su rostro se endurecía, maduraba. "No le conocía, no le conocía bien", pensaba yo, mientras tanto. Podía haberse vestido de montar, con esos pantalones que tienen refuerzos de cuero: llevar en las manos un fuete y cubrirse la cabeza con un sombrero alón de paja. Tendría el aspecto de un hacendado pequeño, generoso, lleno de ambición, adorado por sus indios. ¿Dónde estaba el alegre, el diestro colegial campeón del *zumbayllu*? Sus ojos que contemplaban el baile del *zumbayllu* confundiendo su alma con el juguete bailador, ahora miraban como los de un raptor, de un cachorro crecido, impaciente por empezar su vida libre.

Llegamos a la puerta del Colegio. Me abrazó.

—Me has hecho hablar —dijo—. Todo lo que pienso a solas lo he cantado. No sé por qué, contigo se abre mi pensamiento, se desata mi lengua. Es que no eres de acá: los abanquinos no son de confiar. Fuera del Romero y de Lleras, los otros parece que hubieran nacido para amujerados. Mañana te busco temprano. ¡Te llevo tu *zumbayllu*! ¡Del *winku*, hermano, del *winku* brujo! ¡Ahora mismo lo hago!

Se fue, corriendo. Yo entré al Colegio por la puerta pequeña.

VIII. QUEBRADA HONDA

El Padre Director me llevó a la capilla del Colegio. Delante del pequeño altar adornado con flores artificiales, me azotó.

—Es mi deber sagrado. Has seguido a la indiada, confundida por el demonio. ¿Qué han hecho, qué han hecho? Cuéntale a Dios, junto a su altar.

Era un pequeño azote trenzado. Recibí los golpes y el dolor, casi jubilosamente. Recordé el trueno de los zurriagos en el caserío de Patibamba. Me incliné sobre el alfombrado, en las gradas del altar.

—Te han visto correr por Huanupata, detrás de las mulas robadas por las indias. ¿Cantabas con las forajidas? ¿Cantabas? ¡Dí!

—Sí cantaba. Llevaban la sal para los pobres de la hacienda. ¡Cantábamos!

Mi pecho parecía inundado de fuego.

—¿La Felipa me maldecía? ¡Confiesa! Estamos solos en la capilla. ¡A solas con Dios! ¿Me maldecía?

—No, Padre. Lo llamó, no más, fuerte, cuando descubrieron los cuarenta sacos de sal.

El Padre me puso sus manos sobre los hombros.

—Tienes ojos inocentes. ¿Eres tú, tú mismo, o el demonio disfrazado de cordero? ¡Criatura! ¿Por qué fuiste? —me preguntó.

—¡Usted hubiera ido, Padre!

—Yo no sabía que la sal había llegado. El recaudador es un imbécil. Pero que no entre la furia aquí. Recemos, hijo. Después te confiesas; para que duermas.

Le conté todo. El reparto: las órdenes de doña Felipa. La llegada a la hacienda: mi caminata desfalleciente a las rejas de acero del parque. Mi despertar sobre el regazo de la señora de ojos azules. Cómo vimos galopar los caballos en que devolvían la sal.

—No entraron por la carretera —dijo el Padre—. Felizmente

alcanzaron la Prefectura dando un rodeo. El administrador es enérgico
y sutil.

—Les quitaron la sal a los pobres mientras reventaban zurria-
gazos. El corazón les arrancaron —me atreví a decirle.

—Lo robado, no, hijo. Lo robado ni para los pobres.

—Ellas no robaron: no quisieron recibir nada. Les entregamos
la sal y corrían.

—¿Por qué dices "les entregamos"?

—Yo también fui, Padre. ¿Es robo eso?

—Te atreves, pequeño. Si eres inocente no juzgues. Yo soy viejo,
e hijo de Dios.

—A mí también me golpearon el corazón. Los vi galopar en el
camino. Y la señora lloró, lágrimas de sangre.

Me apoyé en el pecho del fraile.

—Eres enfermo o estás enfermo. O te han insuflado algo de su
inmundicia, las indias rebeldes. ¡Arrodíllate!

Sobre mi cabeza rezó en latín. Y me azotó nuevamente, en la
cara, aunque con menos violencia.

—Avisaré a tu padre. No saldrás más del internado. No vaga-
bundearás los domingos. Irás conmigo a las haciendas. Tu alma
necesita compañía. Ven.

Salimos. El castigo y los rezos me habían empequeñecido. Temí
seguir llorando hasta ahogarme. Los internos ya habían comido y
murmuraban en el corredor semioscuro. Lleras y el "Añuco" vigi-
laban la capilla desde una columna del corredor. El Padre apoyó
su brazo sobre mi hombro, como para protegerme: y me llevó al
comedor. No sentía hambre sino sueño.

El Padre comió largo rato. Tomó su vino.

—Tu cuerpo está vacío, por eso no apeteces nada. Mejor que
ayunes —me dijo.

Hizo llamar al rosario.

—Tú ya has cumplido. Mereces la piedad de Dios. Que te lleven
a acostar.

El viejo Padre Augusto me llevó al internado. Fue él quien trajo
a la demente. Su rostro gordo estaba siempre animado por una ex-
presión bondadosa y persuasiva, a pesar de que era avaro, famoso
por avaro.

—¡Eh, tú, vagabundillo: zorrillo, zorrillo! —me iba diciendo.

Los internos subieron atropellándose al dormitorio: se persignaron, contestaron las oraciones de costumbre a la voz del Padre, y se acostaron. Pero apenas sintieron perderse los pasos del Padre Director en la escalera corrieron hacia mi cama. Veía mal sus caras en la penumbra.

—¿Qué te dijo? Amenazó que te azotaría hasta que te sacara sangre.

—Nunca estuvo así. Ya no era santo: parecía un vengativo. ¿Por qué?

—¿Qué hicieron las cholas?

—Te vieron correr tras las mulas. Parecías loco.

—¡Que cuente mañana! —exclamó Romero.

—¡Mañana! —repitió Chauca.

—¡Es un héroe! Que cuente ahora —dijo Valle.

—¡Déjenlo, déjenlo, avispas! —dijo el "Chipro", y se dirigió hacia su cama—. ¡Avispas, *akatank'as!*

Yo me cubrí la cabeza con las frazadas. Estuvieron hablando largo rato.

—Si quieren que hable, sáquenle las frazadas. ¡Echenle agua, o cállense! —gritó Lleras.

La voz de los internos, la voz del Padre: la voz de Antero y de Salvinia. la canción de las mujeres, de las aves en la alameda de Condebamba, repercutían, se mezclaban en mi memoria: como una lluvia desigual caían sobre mi sueño. La luz del sol suele aparecer en medio de las lluvias dispares: fulge por algún vacío de las nubes, y el campo resalta, brilla el agua, los árboles y las yerbas se agitan, iluminados: empiezan a cantar los pájaros. El hombre contempla indeciso el mundo así disputado, sacudido por el sol y las nubes tenebrosas que se precipitan.

El Padre Director entró al dormitorio, al día siguiente, muy temprano, casi al amanecer. No tocaron la campanilla. Abrió la puerta y vino directamente hacia mí cama:

—Levántate —me dijo—. Vamos a Patibamba.

Algunos internos se sentaron y saludaron al Padre.

—¡Sigan ustedes, sigan! No es hora todavía. Tengo una misión con Ernesto.

Esperó que me vistiera. Bajamos al patio. En la puerta del Colegio había un automóvil. Era de la hacienda.

Ni el amanecer es penetrante en los valles cálidos. A esa hora, en la altura, el resplandor atraviesa los elementos: el hombre domina el horizonte: sus ojos beben la luz y en ella el universo. En el Pachachaca la luz del amanecer es blanda, invita al sueño, flota en el mundo como un vapor rosado.

Era el mismo camino atroz de la víspera. Pero ahora lo cruzaba en automóvil, junto al santo de Abancay. El Padre iba rezando. Las flores inmensas de los pisonayes pasaban rápidamente como una roja franja, en lo alto. No se les veía una por una o árbol por árbol, como yendo a pie. Reconocí un gran cedro en el camino.

—Aquí me despedí de ella —dije en voz alta.

—¿De quién? —preguntó el Padre.

—De la señora de ojos azules.

No se detuvo el automóvil frente a la reja de la casa-hacienda. Siguió de frente, hacia el caserío de los indios.

En el patio de la fábrica estaba reunida la gente de la hacienda, todos los "colonos" o *runas* de Patibamba. Las mujeres orillaban el campo: vestían de azul o negro. Los hombres, de bayeta blanca y chaleco de diablo fuerte.

Cuando apareció el Padre lanzaron un grito, al unísono.

Habían levantado una especie de estrado junto al arco de entrada a la fábrica, y lo habían adornado con hojas de palma.

El Padre subió al palco por una escalera. Yo le seguí.

Allí, frente al tabladillo, estaban los hombres que yo había buscado en vano en las chicherías del pueblo: y más lejos, junto a los muros, las mujeres que nos recibieron, el día anterior, aterrorizadas y huyendo, la sal del pueblo. ¿Qué iba a hacer el Padre con ellos y conmigo? Miré a mi alrededor, buscando.

El olor a bagazo se levantaba más agriamente del suelo, con la llegada del día.

El Padre se sentó en una silla que había sobre el tabladillo. Violentamente se escucharon los pasos del mayordomo principal que subió al palco. Tenía botas, de las más altas, con botones de acero.

Habló en quechua desde el extremo del tabladillo. Dijo que el santo Padre de Abancay había venido temprano, a decir un sermón para la gente de la hacienda, porque los colonos de Patibamba le preocupaban mucho: a ellos era a quienes más amaba. El mayordomo saltó luego al suelo: no bajó por las gradas.

Cuando el Padre se puso de pie y avanzó hacia el borde del tabladillo, los indios volvieron a lanzar un grito. Se retorcían los dedos: lo contemplaban con los ojos brillantes, conteniendo el llanto. El viento había empezado a agitar la sotana blanca del Padre.

Con su voz delgada, altísima, habló el Padre, en quechua:

"Yo soy tu hermano, humilde como tú: como tú, tierno y digno de amor, peón de Patibamba, hermanito. Los poderosos no ven las flores pequeñas que bailan a la orilla de los acueductos que riegan la tierra. No las ven pero ellos les dan el sustento. ¿Quién es más fuerte, quién necesita más mi amor? Tú, hermanito de Patibamba, hermanito: tú sólo estás en mis ojos, en los ojos de Dios, nuestro Señor. Yo vengo a consolarlos, porque las flores del campo no necesitan consuelo: para ellas, el agua, el aire y la tierra les es suficiente. Pero la gente tiene corazón y necesita consuelo. Todos padecemos, hermanos. Pero unos más que otros. Ustedes sufren por los hijos, por el padre y el hermano: el patrón padece por todos ustedes: yo por todo Abancay; y Dios, nuestro Padre, por la gente que sufre en el mundo entero. ¡Aquí hemos venido a llorar, a padecer, a sufrir, a que las espinas nos atraviesen el corazón como a nuestra Señora! ¿Quién padeció más que ella? ¿Tú, acaso, peón de Patibamba, de corazón hermoso como el del ave que canta sobre el pisonay? ¿Tú padeces más? ¿Tú lloras más...?" ·

Comenzó el llanto de las mujeres, el Padre se inclinó, y siguió hablando:

—¡Lloren, lloren —gritó—, el mundo es una cuna de llanto para las pobrecitas criaturas, los indios de Patibamba!

Se contagiaron todos. El cuerpo del Padre se estremecía. Vi los ojos de los peones. Las lágrimas corrían por sus mejillas sucias, les caían al pecho, sobre las camisas, bajaban al cuello. El mayordomo se arrodilló. Los indios le siguieron: algunos tuvieron que arrodillarse sobre el lodo del canchón.

El sol resplandecía ya en las cumbres. Yo no me arrodillé: deseaba huir, aunque no sabía adónde.

—¡Arrodíllate! —me ordenó el Padre—. ¡Arrodíllate!

Atravesé el tabladillo: salté lejos, y caí a los pies de un peón viejo. La voz del Padre empezó de nuevo:

"El robo es la maldición del alma: el que roba o recibe lo robado en condenado se convierte: en condenado que no encuentra reposo, que arrastra cadenas, cayendo de las cumbres nevadas a los abismos, subiendo como asno maldito de los barrancos a las cordilleras... Hijitas, hermanitas de Patibamba, felizmente ustedes devolvieron la sal que las chicheras borrachas robaron de la Salinera. Ahora, ahora mismo, recibirán más, más sal, que el patrón ha hecho traer para sus criaturas, sus pobrecitos hijos, los *runas* de la hacienda..."

Me levanté para mirarlo. Del oscuro piso bajo del tabladillo, ayudantes del mayordomo principal arrastraban costales repletos.

El Padre Director impartió la bendición a los colonos. Se persignaron todos. Se buscaban unos a otros. Eran felices. Se arremolinaron murmurando confusamente, como moscardones que horadan madera vieja, dando vueltas, y cantando.

Salí al camino. Desde la cima de un muro vi que les repartían la sal. El sol se acercaba al patio: había llegado ya a los penachos de los cañaverales. En ese instante, decidí bajar a carrera hasta el río. El Padre me vio y me llamó. Le miré con temor: pero él también sonreía.

—Véte al Colegio —me dijo—. Yo voy a decir misa en la capilla. Tú eres una criatura confusa. Veré lo que hago. Un mayordomo te acompañará.

—Padre, ¿podría tan sólo visitar a la señora? —le pregunté.

—No. El mayordomo te llevará a caballo hasta la puerta del Colegio. Tú no saldrás, los otros tampoco.

Y volví a Abancay, en el anca de un caballo de Patibamba. Por cuarta vez iba huyendo por ese camino.

—Señor —le dije al mayordomo—. ¿Conoce usted a una señora de ojos azules que ha venido a la hacienda con su patrona?

—Sí.

—¿Se va pronto?

—Mañana.

—¿Por qué?

—No llega todavía la tropa del Cuzco. Están asustadas: por eso se van.

—¿La tropa?

—Dicen. Se han asustado los patrones. Viene tropa en camión hasta Limatambo. La señora es visita.

—Le dice usted que el estudiante del Colegio se despide de ella, que le besa las manos.

—¿Le besa las manos? ¿Por qué?

—¿Podría darle sólo ese encargo?

—Bueno. Es muy cariñosa esa señora.

—¿Y el dueño de la hacienda?

—Casi no viene. Vive en el Cuzco. No habla bien castellano.

—¿Quién se ha asustado entonces?

—El mayordomo grande. Los patrones de las haciendas de abajo.

—¿Qué va a hacer la tropa?

—No sé, joven. Vendrán pues, a asustar a las cholas, y a los indios. también. Quizá matarán a alguien, por escarmiento.

—¿Escarmiento?

—Doña Felipa, pues, ha acorralado a los gendarmes. Los ha hecho correr.

¿Escarmiento? Era una palabra antigua, oída desde mi niñez en los pueblos chicos. Enfriaba la sangre.

—¿Y la sal? ¿Es la misma que les quitaron ayer? —le pregunté.

—No sé, joven. Ahora, a la madrugada, sacamos los costales del almacén de la hacienda. El Padrecito es un santo.

—Así ha de ser. Hace llorar a los indios.

—Ahora van a estar bien contentos, pues.

—¿Cuántos indios tiene la hacienda?

—De su pertenencia serán trescientos. También hay de a jornal, para trabajos de responsabilidad.

Llegamos al pueblo. Había poca gente en las calles. No vi guardias.

Bajamos en la puerta del Colegio. El mayordomo tocó fuerte el postigo.

Abrió la puerta el Hermano Miguel.

—¿No te quedaste? —me preguntó.

—No, hermano, el Padre me despachó del patio de la fábrica.

El mayordomo saludó al Hermano y partió al galope.

—¡Qué raro! Algo ocurre —dijo el Hermano—. En mi celda tomarás desayuno y me contarás.

Me llevó a su celda.

Era negro el Hermano Miguel: pero de rostro agudo, de nariz casi aguileña.

—No le temas al Padre —me dijo—. Guía a las almas como un santo. Pero las cholas de ayer lo han perturbado.

—El Padre también es extraño, Hermano —le contesté—. ¡No lo comprendo! ¿Por qué me azotó ayer? Decía que porque me quería. Y ahora, frente a los indios, ha hablado para que lloren. Yo no me quise arrodillar, mientras hacía llorar a los colonos. Creo que me ha amenazado...

—Eres un pequeño, y estás al cuidado del Colegio. Debías jugar, jugar nada más. Ahora sacaré la red del *volley-ball*. Jugaremos toda la mañana. Los internos están en el patio. El Padre ha de perdonarlo todo.

Hizo que me sirvieran chocolate y bizcochos: el desayuno de los Padres.

¿Ha venido Antero, Hermano? —le pregunté, recordando de repente la promesa del "Markask'a".

—No. Quizá más tarde.

—¿Lo dejará entrar usted, Hermano?

—Lo dejaré entrar, te lo prometo.

Me levanté, me acerqué a él, y lo abracé.

—Cuando venga el Padre Director lo abrazarás también, como a mí.

—Sí, si no me rechaza.

—Ya verás que te recibe, que te abraza.

Yo le pregunté en seguida:

—¿Le gusta el *zumbayllu*, Hermano?

—Es un juguete precioso. En Lima hay otros semejantes: pero son de colores, como el arco iris, y grandes. Bailan con una cuerda automática. Pero no son tan extraños: diría yo que son tontos, si los comparamos con los pequeños trompos de Abancay, a pesar de sus colores y de que cantan más fuerte.

—¿De qué son los limeños?

—De lata pintada.

—¡No sabía! ¿No son, entonces, sólo de Abancay?

—De Abancay. Los trompos de Lima no te gustarían.

Tocaron la puerta, cuando temía enfrentarme ya a los internos.

—Es el joven Antero, Hermano —dijo el portero.

Salimos con el Hermano.

—Abrele pronto —ordenó.

Antero vino corriendo y nos encontró al pie de la escalera.

¡El *winko, hermano!* —gritó—. *¡Winko* y *layk'a*[1]: nunca visto! Mostró un *zumbayllu* gris oscuro, con resplandores rojos.

—Hermano Miguel, es el mejor que he hecho en mi vida. He trabajado casi toda la noche. ¿Lo hago bailar?

—¿Sobre las piedras, criatura?

—Un brujo puede bailar en la punta de una aguja. Vea el filo de la púa.

Lo encordeló. La cuerda era también de color amarillo y negro.

—¡No baila! —dijo el Hermano—. ¡Que no baila!

Antero lo lanzó alto. El trompo bajó girando. Se posó sobre una de las piedras redondas del piso, cantó agudamente: el zumbido fue haciéndose más intenso, penetraba en el oído como un llamado que brotara de la propia sangre del oyente.

"¡No habrá escarmiento! ¡No habrá escarmiento! ¡Vivirá doña Felipa", exclamé yo, voceando para mí mismo, al tiempo que el *zumbayllu* giraba en la tierra.

—¡Diablo muchacho! ¡Qué le has hecho! —exclamó el Hermano—. Parece que el juguete se me ha metido.

No se rió Antero: clavó sus ojos en el *zumbayllu*, agachándose.

—Está volando sobre el río —dijo—. ¡Ya alcanza, alcanza el recodo donde el Pachachaca tuerce a la montaña

El zumbido bajó de tono. Nos agachamos los tres. Empezaron a separarse las manchas del pequeño trompo. Su voz parecía la de un moscardón lento.

—Ahora es un viudo. ¡Pero no mueres! ¡Yo te paro con las manos!

Lo recogió. La esfera rojiza dio algunas vueltas en los dedos de Antero.

[1] *Layk'a:* brujo: *winko, winku:* deformidad de los objetos que debían ser redondos.

—Hermano, este *zumbayllu* no es para todos los días. Es un "maldito" —dijo—. ¡Hay que cuidarlo! Ernesto lo va a hacer bailar para él solo. Si lo ven los internos, se lo quitan, o lo chancan con los pies, o a pedradas. *¡Winko y layk'a!*

—¡Quiero ver si tú puedes manejarlo! —me dijo, entregándome el trompo.

—¡Claro, yo conozco a los *layk'as!* He visto al San Jorge cargar a las tarántulas.

Encordelé el trompo, respetándolo, rezándole. Felizmente el patio seguía solitario.

Lancé el *zumbayllu* hacia arriba. ¡Creí que se iba de lado y que chocaría con el muro! El cordel se deslizó como una culebra en mis manos. Pero la esfera se detuvo en el aire, enderezó la púa y cayó, lentamente. Cayó entre piedras ásperas, y empezó a escarbar.

—¡Sube, *winku!* —gritó Antero.

El trompo apoyó la púa en un andén de la piedra más grande, sobre un milímetro de espacio: se balanceó, girando, templándose, con el pico clavado. La piedra era redonda y no rozaba en ella la púa.

—No va a la montaña ahora, sino arriba —exclamó Antero—. Derechito al sol! Ahora la cascada, *winko*. ¡Cascada arriba!

El *zumbayllu* se detuvo, como si fuera un brote de la piedra, un hongo móvil sobre la superficie del canto rodado. Y cambió de voz.

—¿Oyen? —dijo Antero—. ¡Sube al cielo, sube al cielo! ¡Con el sol se va a mezclar...! ¡Canta el pisonay! ¡Canta el pisonay! —exclamaba.

Es que las flores del pisonay crecen en el sol mejor que en la tierra, según los indios del Pachachaca. Cuando empezó a bajar el tono del zumbido. Antero levantó el trompo.

—¿Qué dice ahora, Hermano? —preguntó Antero.

—Digo que eres un diablillo o diablote. ¿Cómo puedes modelar este juguete que cambia así de voz?

—No, Hermano: no soy yo, es el material.

—Bueno. Yo saco la red y entretengo a los internos. Ustedes sigan.

Cuando se fue el Hermano Miguel, Antero me miró fijamente.

—Este es mezcla de ángel con brujos —me dijo—. *Layk'a* por su fuego y *winku* por su forma, diablos: pero Salvinia también está en él. Yo he cantado su nombre mientras clavaba la púa y quemaba los ojos del *zumbayllu*.

—¡Soy de palabra! —exclamó cuando comprendió que quizá reclamaría—. Es tuyo, hermano. ¡Guárdalo! Lo haremos llorar en el campo, o sobre alguna piedra grande del río. Cantará mejor todavía.

Lo guardé en el bolsillo. Sentía temor de que allí, en el empedrado, chocara contra las piedras y se rompiera la púa. Lo examiné despacio con los dedos. Era de verdad *winku*, es decir, deforme, sin dejar de ser redondo: y *layk'a*, es decir, brujo, porque rojizo en manchas difusas. Por eso cambiaba de voz y de colores, como si estuviera hecho de agua. La púa era de naranjo.

—Si lo hago bailar, y soplo su canto hacia la dirección de Chalhuanca, ¿llegaría hasta los oídos de mi padre? —pregunté al "Markask'a".

—¡Llega, hermano! Para él no hay distancia. Enantes subió al sol. Es mentira que en el sol florezca el pisonay. ¡Creencias de los indios! El sol es un astro candente, ¿no es cierto? ¿Qué flor puede haber? Pero el canto no se quema ni se hiela. ¡Un *layk'a winku* con púa de naranjo, bien encordelado! Tú le hablas primero en uno de sus ojos, le das tu encargo, le orientas al camino, y después, cuando está cantando, soplas despacio hacia la dirección que quieres: y sigues dándole tu encargo. Y el *zumbayllu* canta al oído de quien te espera. ¡Haz la prueba, ahora, al instante!

—¿Yo mismo tengo que hacerlo bailar? ¿Yo mismo?

—Sí. El que quiere dar el encargo.

—¿Aquí, en el empedrado?

—¿Ya no lo viste? No lo engañes, no lo desanimes.

Lo encordelé más cuidadosamente que otras veces. Y miré a Antero.

—Háblale bajito —me advirtió.

Puse los labios sobre uno de sus ojos.

"Dile a mi padre que estoy resistiendo bien —dije—: aunque mi corazón se asusta, estoy resistiendo. Y le darás tu aire en la frente. Le cantarás para su alma."

Tiré la cuerda.

—¡Corriente arriba del Pachachaca, corriente arriba! —grité.

El *zumbayllu* cantó fuerte en el aire. Se paró en una de las gradas

de madera que subían al corredor: saltó sobre las fibras de la madera
vieja y se detuvo sobre una vena lúcida del piso.

—¡Sopla! ¡Sopla un poco! —exclamó Antero.

Yo soplé hacia Chalhuanca, en dirección de la cuenca alta del
gran río.

Cantó dulcemente.

—Déjalo que muera solo —me dijo el "Markask'a".

El *layk'a* se balanceó, apagando su voz poco a poco: rozó la
cabeza en el fondo de la grada, y se extendió bajo la sombra.

—¡Que venga ahora el Padrecito Director! —le dije a Antero—.
Me ha azotado. ¡Me ha empujado! Ha hecho *sanku* [1] del corazón de
los colonos de Patibamba. ¡Pero que venga ahora! Mi padre está
conmigo. ¿Qué dices, "Markask'a"?

—Vamos al patio de adentro. ¡Lanzaremos el *winku* en el centro!
—exclamó—. Los dos lo defenderemos contra el Lleras, el "Añuco",
el Valle...

—¡No! Tú dijiste que debe bailar a solas.

—Bueno, cuéntame lo que te pasó anoche, entonces. ¿Qué hay
de los colonos de Patibamba? ¿Por qué te azotó el Padre? ¿Te azotó de
veras?

—Cuenta tú si rondaste la casa de Salvinia...

Cuando hablábamos, se detuvo un automóvil a la puerta del Co-
legio. Nos miramos. Iba a decir algo Antero pero la voz del Hermano
Miguel nos sorprendió. Gritó en el patio interior:

—¡De rodillas, so bestia! ¡De rodillas!

Corrimos por el pasadizo: saltamos al terraplén del patio. Lleras
estaba de rodillas, bajo la red. Le habían destrozado la nariz y un
chorro de sangre corría desde su boca al pecho. El "Añuco" se arro-
dilló, cuando llegamos, y se tapó la cara con las dos manos. Hasta
sus piernas desnudas, porque usaba todavía pantalón corto, estaban
pálidas; los tendones del cuello se le habían saltado, tensos: se veían
arrugas gruesas en su frente, por el espanto. Valle miraba al Hermano
con expresión casi de desafío: Romero se le había acercado y tenía
las manos cerradas en puños.

---

[1]   Harina cocida en agua. Potaje muy antiguo del Perú.

—¿Lo agarro a patadas, Hermanó? —dijo Romero—. ¿Lo hago avanzar a patadas?

—¡Camina de rodillas! —le gritó el Hermano: lo empujó con el pie.

Hubiera hecho caminar a una piedra. Creímos que todos se prosternarían. Valle pestañeó. Porque el Hermano tenía color de ceniza: las fosas abiertas de su nariz aguileña tragaban aire como las de los toros salvajes de puna que embisten la sombra de los pájaros; sus ojos mostraban la parte blanca; infundían terror, creo que hasta al polvo.

Lleras se arrastró de rodillas, y el "Añuco" le siguió, llorando.

—¡Hasta la capilla! —dijo el Hermano.

Los internos le seguimos; Antero y yo, rodeando el patio, despacio, habíamos llegado hasta donde estaban los alumnos. "Peluca" y Palacitos, miraban de lejos, desde la pared.

"¿Cómo ha de bajar las gradas del terraplén? ¡Se caerá! Aprovechará el sitio para escapar", pensé, mientras Lleras caminaba de rodillas y se rajaba la piel en el cascajo. Valle también nos seguía. Chauca empezó a llorar, y se detuvo.

Vimos en ese instante al Padre Director. Iba a cruzar el patio hacia la escalera. Descubrió el tumulto; nos miró extrañado.

—¡Auxilio, Padre! —chilló el "Añuco"—. ¡Auxilio, Padrecito!

El Director vino. Hubiera querido correr, pero se contuvo. Lo vi claramente. Apresuró el paso.

—¡Sin levantarse! —ordenó el Hermano.

Pero el "Añuco" corrió, se lanzó sobre el Padre, lo abrazó.

—¡El negro, Padre, el negro abusivo! —gritó, enfurecido.

Avanzamos; nos pusimos casi en fila, para ver al Padre. Antero quedó atrás, retrocedió hasta la puerta de los excusados. El Hermano se apaciguó y permaneció junto a Lleras. No le permitió levantarse. El Director no pudo caminar muy rápido porque el "Añuco" se le prendió de un brazo.

—¡El negro! ¡El negro! —repetía, atolondrado, ahogándose con las lágrimas. El Padre le tapó la boca y lo sacudió.

Llegó el Director frente a nosotros. Lleras parecía como degollado, por la cantidad de sangre. Se le había empapado la camisa y le rezumaba por la cintura. Y como aún le manaba de la nariz, el sol fuerte de la quebrada exhibía la sangre.

—¿Qué es esto? —exclamó el Director, mirando al Hermano.

Nosotros, Antero y yo, hubiéramos querido hacer la misma pregunta.

—Me ha ofendido, Reverendo Padre —contestó el Hermano—. Por nada, casi por nada, me insultó. Me empujó por el pecho, me derribó al suelo. Entonces no pude más, y por Dios, con la mano de Dios, lo castigué.

—¿Con la mano de quién? ¿Con la mano de quién, dice usted? —preguntó el Padre.

—¡Lo castigué, porque me afrentó! Yo llevo un hábito de Dios.

—Levántate, Lleras, y ven —ordenó el Padre—. Vamos a la capilla. Usted vaya a su celda, y espéreme.

Lleras se puso de pie con dificultad, y mientras se erguía, dijo con voz contenida: lo oímos los alumnos:

—¡Es un negro maldecido!

Quiso soplar la exclamación por lo bajo.

El Director nos había dado ya la espalda. Nunca supimos si oyó a Lleras. El Hermano había empalmado sus manos y así bajó del terraplén, detrás de Lleras. No lo seguimos. Sólo el "Añuco" fue caminando junto al Padre. Parecía que se le doblaban las piernas, que se rendía: iba de un costado a otro. Empezaron a hablar los internos.

—Así tenía que acabar ese *k'anra* —dijo Romero.

—¡Es un condenado! —dijo Chauca.

—¡Ha empujado al Hermano! —exclamó Palacitos—. ¡Lo ha tumbado, hermanito! Porque le marcó un fául nada más, le agarró del hombro, y le dijo: "¡Negro, negro é mierda!" El Hermano, no sé cómo, se levantó, le dio un puñete y la sangre chispeó de toda su cara. ¡Qué sucederá! ¡Qué habrá! ¡Lloverá quizá ceniza! ¡Quizá la helada matará a las plantitas! ¡El cielo va a vengarse, hermanitos!

Palacios se abrazó a Romero, y sólo entonces, se puso a llorar desesperadamente.

—¡Creo que el sol se morirá! ¡Ay papacito!

Romero lo cargó, subiéndolo hasta la altura de su pecho. Lo llevó al internado.

—Pero se excedió el Hermano. Que es negro es negro —dijo en voz alta Valle.

—Y que tú eres una gallina de muladar también es cierto —le gritó el "chipro"[1] Ismodes.

—¿Qué? —exclamó Valle, dudando.

—¡Una gallina de pata amarilla!

Y se le acercó.

—Yo no peleo, nunca. No me rebajo —dijo Valle, con menosprecio.

—¿No ven? ¡La prueba! A la gallina se le pisa no más. No pelea.

El "Chipro" lanzó una carcajada. Todos nos miramos. Hasta el "Peluca" se acercó mucho y quiso mirar de cerca a Valle. Antero no se atrevía a salir.

—¡Los imbéciles! —dijo Valle al bajar del terraplén, y apuró el paso.

—Ver sangre es así, hermanitos —nos dijo a todos el "Chipro"—. A unos los engallina, a los fifís, a estos *k'echas*. A otros nos da ganas de defender a alguien. No se puede estar tranquilo. ¡Caray, el Hermano! ¡El Hermano Miguel! ¿Quién dice que no es bueno, que no es cariñoso? ¿Quién, perro, dice?

—¡Sólo algún condenado, algún maldito! —le dije. Lo abracé.

—¿Y quién dice que el Lleras no es un putañero, un abusivo, un condenado? ¿El Valle? ¡Ahí está, esperando que algún gallo le zurre en la cabeza!

—¡A la capilla! —llamó el Padre Director.

Antero se quedó en el patio, escondido tras los tabiques de madera. Los internos corrimos en tropel.

—¡A la capilla! —voceó el Padre.

Romero bajó del internado con Palacitos. Valle apareció en el corredor; se había retirado a uno de los salones de clases. Estaba pálido: bajó al patio empedrado y avanzó como sonámbulo. Yo lo miré detenidamente. Caminó hasta la puerta de la capilla, echando las piernas en forma inarmónica. "¡Algo, algo le pasa!", pensé.

Entramos a la capilla. No estaba Lleras. El Padre llegó al altar y se paró delante de nosotros. Nos miró un largo rato: nos contempló

---

[1] Mote quechua con que se nombra a los picados por la viruela.

a todos, uno por uno. Yo sentí que la expresión de su rostro me calmaba. Nos miraba especialmente; no era sólo el asunto de Lleras el que necesitaba ser discurrido entre nosotros, entre él y yo, sino el recuerdo de la mañana, las lágrimas de los colonos que no sé si él recordaría aún, pero que en mí seguían llameando, como el sol que llegó tan de sorpresa a los cañaverales de la hacienda. El Padre me miró, tranquilo.

—¡Hijos míos! ¡Hijitos queridos! —habló—. Quien ve cometer un gran pecado también debe pedir perdón a Dios; el gran pecado salpica: todos los testigos debemos arrodillarnos y clamar a fin de que ni rastros, nada, nada de la mancha persista, ni en el corazón de los que delinquieron ni en el pensamiento de los que tuvieron el infortunio de ser testigos...

El Padre hablaba esta vez de otro modo, no como lo hizo en el tabladillo de la hacienda, frente al patio barroso que pisaban los colonos de Patibamba. Quizá era una idea, un presentimiento sólo mío. El quechua en que habló a los indios me causaba amargura. "¿Tiene varios espíritus?", me pregunté, oyéndole en la capilla. "A nosotros no pretende hacernos llorar a torrentes, no quiere que nuestro corazón se humille, que caiga en el barro del piso, donde los gusanos del bagazo se arrastran... A nosotros nos ilumina, nos levanta hasta confundirnos con su alma..."

—¡Hijitos...! Nuestro Señor os bendice, cada mañana con su piedad: un ángel vigila a cada uno... pero somos también libres: es el bien y el mal del mundo. Pero nada es más infinito que el corazón que Dios nos ofrendó, que cimentó en la criatura humana... ¡Ya veréis la prueba...!

Rezamos, después, a esa hora de la mañana, un rosario completo. Pero yo pude ver que Valle no rezaba. Estaba a dos bancas de mí, en la fila opuesta como siempre. Cambiaba de rodillas en el madero del banco. Tenía apoyada la cabeza sobre sus manos y a ratos la movía, con muestras de impaciencia. El "Añuco" rezó en voz alta, al pie del altar, sobre las gradas de piedra.

El Padre nos bendijo y nos dio licencia para salir. El "Añuco" se quedó con él.

Valle salió, el último. La mayor parte de los internos se quedaron en el patio de honor. No hablaban. Yo me dirigí al terraplén, a buscar a Antero. No estaba ya. Vi que el "Chipro" y Chauca entraban al pasadizo. Venían juntos. El Padre y el "Auco" atravesaron el patio y empezaron a subir las gradas. Llegaron el "Chipro" y Chauca al terraplén. El pampachirino también vino al patio interior, solo. Detrás de él llegó Valle, caminando rápido. No nos miró: fue hasta el extremo del muro que daba hacia la calle.

—¡Ismodes! —llamó—. ¡Ven, Ismodes!

El "Chipro" fue, andando despacio. Yo llegué primero junto a Valle.

—No desafiarás al Padre —le dije.

No me contestó.

—¿Qué hay? ¿Qué quieres? —le preguntó el "Chipro".

No sé por qué, todos los picados de viruela que conocí en mi niñez eran trigueños, de expresión imprevisible, siempre fáciles a la ira, enérgicos, y de ojos pequeños, como Ismodes. Alguna rigidez tenían en el semblante y por eso resaltaba la expresión de sus ojos.

Valle era más alto: junto a Ismodes daba la impresión de un patrón joven delante de un empleado o de un mensajero. El "Chipro" tenía la camisa sucia, cerca del cinturón: creo que todas sus camisas eran cortas y siempre estaba metiéndolas con las manos, dentro del pantalón, y las ensuciaba. Hizo un ademán mientras contestaba a Valle.

—Ahora hay poca gente en el patio. Recojo tu desafío y tu asqueroso insulto, de chusco —le dijo Valle.

—¡Ahora! Para que el Padre me expulse, para que vea que soy un anticristo. ¡Fifí, fifí! —gritó el "Chipro".

Valle lo agarró del saco. Apretó sus labios delgadísimos y palideció.

—¡Cera de muerto! —exclamó, mirándolo, y sin reaccionar aún, el "Chipro".

Valle le dio un cabezazo y, al mismo tiempo, le golpeó con la rodilla en el vientre. Lo soltó en seguida.

—¡Traicionero k'echa! —gritó Ismodes—. ¡En la cara no! ¡Que no vea el Padre!

Se agachó, inesperadamente, y con ambas manos se prendió de los testículos de Valle.

128ARGUEDAS: LOS RÍOS PROFUNDOS

—¡Ahora fifí! —decía, casi riéndose—. ¡Sí tenía, hermanos: sí tenía!

Valle cayó sobre el "Chipro" sin gritar. El "Chipro" quitó el cuerpo y lo dejó derrumbarse; se irguió en seguida y nos preguntó:

—¿Tengo chichón en la nariz? ¿Estoy morado?

Una pequeña hinchazón se le había formado en el borde de la frente, hacia abajo. Chauca empezó a apretarle con una moneda.

El pampachirino levantó a Valle; inmediatamente le sacudió el polvo de la ropa, mientras lo sostenía con una mano. Estaba aún más pálido Valle. Temblaban sus labios; me acerqué a él.

—Eres valiente —le dije—. Eres valiente. ¿No sabías que los chipros son extraños, que son de temer?

—¡Los indios! —dijo—. O los hijos de indios, solamente.

No le contesté. Con el pampachirino lo acompañamos hasta las gradas que bajaban a los reservados, donde había sombra. Se sentó allí, rendido. El pampachirino lo contemplaba apenado, muy afligido, sin poder comprenderle.

Por las rendijas de las tablas que cerraban los excusados asomaban sus ramas algunas yerbas endebles. Yo sabía que al otro lado, hacia la pared, había una flor amarilla que alcanzaba el sol que se filtraba por el techo. En ese rincón no podían aplastarla los alumnos. Pensé en ese lobulillo afelpado —*ayak'zapatilla* le llaman en quechua (zapatilla de cadáver)— porque frente a Valle, así rendido, y con mis ardientes recuerdos de todo lo ocurrido aquel día y en la víspera, no pude encontrar otro pensamiento que me cautivara. El *ayak'zapatilla* florece alegremente, con gran profusión, en las paredes húmedas que sostienen a los andenes sembrados, en los muros que orillan los caminos; tiembla con el aire; y los *wayronk'os*, los grandes moscardones negros, lo buscan: se detienen pesadamente en la pequeña abertura de su corola y se lanzan después a volar, con las alas y el vientre manchados por el polvo amarillo de la flor.

Al día siguiente, lunes, no vinieron al Colegio los externos. Supimos que las calles del centro estaban vacías, que las tiendas de comercio no fueron abiertas.

Los internos pasamos el día, como la tarde del domingo, desperdigados. Antero no volvió. Rondinel se quedó en la casa de su madre. Los internos leían o escribían. Valle pasaba las horas en su aula, al parecer leyendo. Romero andaba fatigado con la compañía de Palacitos. El pampachirino se acercaba con frecuencia hasta la puerta del salón donde permanecía Valle, pero no miraba hacia el interior. El "Chipro" y Chauca conversaban o alguno de ellos leía en voz alta. Eran compañeros de clase.

—El sarmentoso Valle se acabó —me dijo Chauca, en la mañana, cuando pasé cerca de las gradas donde estaban sentados—. ¡El valiente!

—No —le dije—. Ayer también resucitó después de haber estado pensando.

—Sigue tu camino —me dijo el "Chipro".

Yo acariciaba a mi *zumbayllu*, pero temía exhibirlo. El "Chipro" no me habló con enojo. "¿Si les contara a los dos que tengo un *winko layk'a?*", pensé. Tenía fe en ambos: sin embargo, recordaba la advertencia de Antero: "¡Es un *layk'a*, un maldito: y también en su alma está Salvinia: he pronunciado su nombre, mientras le abría a fuego sus ojos...!" No podía arriesgarme. El "Chipro" era de Andahuaylas, hijo de mestizo: quizá repudiaba a los *layk'as*; sería feliz, entonces, aplastando con la planta de los pies a un *zumbayllu winko*, a un réprobo, por muy hermoso que fuera su canto.

Al mediodía Romero se decidió a tocar su rondín. Romero llevaba el compás de la música con su cuerpo alto y flexible. Se quebraba. Empezó con los primeros ritmos, la "entrada" de un carnaval que él prefería: "Apurímac mayu...". Como los verdaderos maestros del rondín, se metía muy adentro de la boca el instrumento y lanzaba con los labios, desde el fondo, a bocanadas, el acompañamiento, el ritmo lento: luego corría el rondín y tocaba la melodía, altísima...

Romero nunca había tocado de día. Empezó desganado, y fue animándose. Quizá presintió que la inocencia de la música era necesaria en ese patio. Lleras no aparecía ni el Hermano Miguel: el "Añuco" seguía recluido en el cuarto del viejo Padre Augusto. El Director había presidido el almuerzo y la comida del domingo: sabíamos que a esa hora de la mañana, estaba en la calle. Los alumnos fueron apareciendo en el corredor. No se acercaron de inmediato donde Romero, que tocaba junto a la pila. Fui yo primero, luego el pampachirino, el "Chipro" y Chauca, el "Peluca", Saturnino, el "Iño" Villegas...

—No cambies de tonada —le rogué.

Concluía el canto con una "fuga", para el zapateo. Romero se agachaba, o levantaba la cabeza, según el compás. El ritmo se hacía más vivo al final. Romero alzaba la cara, como para que la música alcanzara las cumbres heladas donde sería removida por los vientos: mientras nosotros sentíamos que a través de la música el mundo se nos acercaba de nuevo, otra vez feliz. Pero cuando ya estábamos reunidos en círculo, junto a Romero, oímos de repente, como desde la otra orilla de la quebrada, la voz del "Añuco":

—¡Calla, Romerito! ¡Hermanito Romero, no toques!

Lloraba en la baranda del corredor alto. Estaba desencajado, blanco, con los ojos hundidos.

Romero dejó de tocar.

—¿Qué pasa con Abancay, estos días? —dije casi en voz alta, aturdido. Apreté el *zumbayllu* en el fondo de mi bolsillo.

El "Añuco" desapareció: volvió al cuarto del Padre Augusto.

Cuando nos dispersábamos, entró al patio, por el zaguán, el portero: corrió hacia nosotros, hablando:

—¡Ya baja la tropa, ha volteado, dicen, el abra de Sok'llak'asa! Las chicheras se están escondiendo. Los gendarmes han ido y han rescatado sus fusiles. Menos los de doña Felipa; ella se ha quedado con dos máuseres. Dicen que van a tumbar la puerta de su chichería, cuando llegue la tropa. Está correteando la gente de Huanupata. La gente está saliendo de las chicherías: se están yendo. Dicen que viene un coronel que estuvo en Huanta y que quinteó a los indios en el panteón. Los hombres se están yendo. En Huanupata están temblando... Los gendarmes también tienen miedo... El Coronel los puede afusilar por lo que se hicieron vencer con las chicheras... Algunos, dicen, están corriendo, cuesta abajo, a esconderse en el Pachachaca... ¡Cristianos, Abancay ha caído en maldición...! Entonces, a cualquiera ya pueden matarlo...

—Y tú ¿por qué te asustas? —preguntó Romero.

—Está corriendo la gente. ¡Cómo entrará la tropa! Dice que esta vez van a apretar Huanupata. No echarán bala. Se quemaría. Tanto techo de malahoja. Sería incendio. ¡Ahora pues váyanse, escapen: ahí está la puerta!

Nos mostró el zaguán con el brazo extendido, y siguió hablando:

—¡*Jajaylla!* Yo he visto tiroteo. En el tiroteo creo no apuntan: las balas perdidas pasan por lo alto también, caen a las ventanas, a los postes, a la torre. En Huanta, hasta los cañaverales llegaron: dice ardieron, y en la noche alumbraban la quebrada. Así quintearon a los indios en el panteón.

—¡Animal: eso fue en 1910! —le gritó Romero.

Pero el mal ya estaba hecho. El portero había logrado despertar los peores presentimientos entre los internos que lo rodeábamos en el patio. Nos miramos. "Peluca" giraba los ojos, como buscando a alguien o un lugar donde esconderse.

—¡Ahora no van a matar a nadie! Quizá las zurren a las cholas —dijo el "Iño" Villegas. Pero su voz se quebraba.

El portero oyó que abrían el postigo del zaguán y corrió hacia la cocina. Vimos entrar al Padre Director. Sonreía, caminaba ligero. Palmeó al ingresar al patio.

—¡Al comedor! —dijo—. ¿Por qué no los han llamado? Ya pasó la hora.

—Padrecito, ¿qué dice que la tropa va a entrar a Abancay por Huanupata, fusilando a las chicheras? —preguntó el "Peluca": se atrevió a hablar.

—¿Qué imbécil criminal ha dicho eso? El ejército viene a restablecer el orden. Los comerciantes están abriendo ya sus tiendas.

—¿Y en Huanupata? —le pregunté.

—Las cholas huyen. Las responsables. ¡Nada más! Vamos: vamos al comedor.

No pudo transmitir su alegría a los internos. Almorzamos en silencio. Valle se atrevió a mirar al "Chipro". Estaba solo. Los testigos de su derrota guardaron el secreto. Quizá sentía vergüenza. Mucho más tarde acaso el "Chipro" contaría la historia, riéndose como un chivo. Ahora estaba como desconcertado: devolvió la mirada de Valle sin ironía, enrojeció un poco. Y Valle siguió mirándolo. El no tenía otra preocupación. Nos miró después a Chauca, a mí y al pampachirino. Nos escrutó. Luchaba por reconstruir su famosa elegancia. ¿Podría mantenerla después de cómo lo tumbaron en el patio? Pero nosotros habíamos oído al portero, casi trastornado por las amenazas, por los presagios que recogió en la calle: habíamos oído y visto al "Añuco", colgado de las barandas del segundo piso, implorando:

sabíamos que Lleras estaba tendido de espaldas, con un emplasto de yerbas sobre la boca y la nariz, en la antesala del Padre Director, y que el Hermano no salía de su cuarto. A Valle no le podía importar nada de eso. ¿Contarían que el "Chipro"...?

Algún mal grande se había desencadenado para el internado y para Abancay: se cumplía quizá un presagio antiguo, o habrían rozado sobre el pequeño espacio de la hacienda Patibamba que la ciudad ocupaba, los últimos mantos de luz débil y pestilente del cometa que apareció en el cielo, hacía sólo veinte años. "Era azul la luz y se arrastraba muy cerca del suelo, como la neblina de las madrugadas, así transparente", contaban los viejos. Quizá el daño de esa luz empezaba recién a hacerse patente. "Abancay, dice, ha caído en maldición", había gritado el portero, estrujándose las manos. "A cualquiera ya pueden matarlo..."

El Padre Director no parecía, sin embargo, participar de esos presentimientos: nos contemplaba con plácida condescendencia: hasta sospeché que le hacía bien vernos desconcertados y anhelantes.

La tropa debía llegar a las cinco de la tarde. A las tres tocaron la campana del Colegio.

Salieron los internos de las aulas y los corredores, algunos vinieron del patio interior. Los Padres bajaron de sus celdas. El Director, de pie, en la puerta de su oficina, ordenó en voz alta:

—¡A formar! Como para ir a misa.

En una fila, por orden de estatura, con frente a la Dirección, nos alineamos. El "Añuco", sin mirar a nadie, ocupó su sitio, entre Palacitos y el "Iño".

Los cinco padres formaron otra corta fila, en el corredor, delante de las gradas que bajaban al patio.

Vino el Hermano Miguel, después, sin sombrero. Bajó las gradas de madera, lentamente, como si temiera. Sus cabellos parecían haberse ensortijado más, en mil nudos pequeños. Su color era cenizo: pero anduvo erguido, con la cabeza levantada, aunque sus ojos miraban bajo, con una humildad que oprimía.

Lo seguimos todos con la vista; repercutían en el patio y en nuestro espantado corazón, sus pasos. Quise ver qué expresión tenía Valle, qué semblante mostraba, entonces. No miraba al Hermano: quizá lo vio bajar las gradas, pero después no le dio cara; miraba al Director, fríamente.

El Director se acercó a nuestra fila. El Hermano se había detenido a cierta distancia del grupo de los Padres, en el corredor.

—¡Baja ya, Lleras! —voceó el Padre.

Vimos aparecer a Lleras en el corredor de enfrente, por la puerta del salón del Director, sobre el techo de la bóveda que conducía al zaguán. Estaba aún amoratada su boca. Se detuvo, como tambaleándose.

—¡Baja! —le ordenó el Padre.

Se decidió y caminó rápidamente hacia la escalera. Bajó a trancos, de dos en dos, las gradas. Fue directamente hacia el Hermano. Ya muy cerca de él se detuvo, bruscamente. Lo examinó. Vimos que lo examinó con los ojos. Le miró la cabeza descubierta.

—¡Hermano! ¡Perdóneme! Le pido perdón delante de mis compañeros... —dijo.

Algo, algo más iba a decir y hacer. Se inclinó, empezó a inclinarse. El Hermano había levantado las manos.

—¡No! —gritó Lleras—. ¡No! ¡Es negro, Padrecito! ¡Es negro! ¡*Atatauya!* [1].

De un salto bajó al patio empedrado, lo cruzó a gran velocidad, entró a la sombra de la bóveda; oímos que abría el zaguán, una hoja de la puerta grande, y la cerró en seguida, desde fuera, empujándola violentamente.

El Director no se alteró mucho. Con una mirada fulgurante detuvo al "Añuco" que se movió en la fila.

—¡Tú! —le dijo—. ¡Tú, el amigo de ese condenado!

—¡Yo sí, Padre! —gritó el "Añuco"—. ¡Yo sí, Padrecito!

Fue al corredor, a paso vivo, sin correr. Subió las gradas y se arrodilló ante el Hermano. No pudo hablar. Lloraba. Ambas manos del Hermano las besó. Entonces Palacitos, lo siguió. A la carrera pasó delante de nosotros. Nadie lo contuvo. Se prosternó delante del Hermano y empezó a besar los extremos de su hábito.

—¡Perdón, perdoncito! —clamaba—. ¡La luna va a llorar, el

---

[1]   Interjección de asco.

sol va a hacer llover ceniza! ¡Perdón, Hermanito! ¡Diga perdón, Hermanito!

El Hermano lo levantó; lo abrazó contra su pecho. Lo besó en la cara y en los ojos. El "Añuco" saltaba de alegría.

—Yo los perdono y pido perdón —dijo el Hermano.

Y se inclinó ante el "Añuco". Le dio un beso en la mejilla, casi respetuosamente

—Le ruego, Padre, que me deje ir a la capilla —dijo.

Sus ojos parecían acuosos, la parte blanca se veía grande y también brillaba. Er ese color, tan exaltado por su piel oscura, que rodeando sus ojos, sus verdaderos ojos, le daba tanta ternura a su mirada. Una onda de calor, como venida del sol o del suelo, vivificó mi sangre, le dio alegría a nuestra vida. Palacitos y el "Añuco" bailaban junto al Hermano Miguel, bajo esa quebrada temible, en medio de tantos presagios funestos. "¡Ya no morirá nadie! —pensaba yo—. Caerá una lluvia fresca sobre los campos. La tropa entrará, quizá tocando cornetas, a caballo".

—Id con el Hermano —accedió el Padre.

—Sólo los que quieran —dijo el Hermano.

Pero fuimos todos.

El "Chipro" buscaba a Valle. Se miraron ambos. En su rostro picado, "moro", como solemos decir en la sierra, revuelto y perturbado por tanta cicatriz pequeña, los ojos del "Chipro" ardían de júbilo. Valle sonrió, no tan limpiamente, pero el "Chipro" siguió mirándolo, transmitiéndole la fuerza de su alegría. Como una flor de pisonay era su cara; tan pequeños sus ojos, pero el rostro todo, a pesar de su rigidez, estaba encendido por el fuego de sus ojos. "¡Es un diablo el Chipro! —decía yo, mientras caminaba—. ¡Es un diablo! ¡Nadie tiene ese brillo en los ojos! Quizá la luz de un pejerrey cuando cruza un remanso bajo el sol. ¿Quién no ha de reír, quién no ha de bailar ante esa alegría? Hasta el Valle, el orgulloso, el "gran" caballero..."

Riéndose entraron a la capilla, él, el "Chipro" y el Don Juan, el petimetre del internado. Pero Valle sonreía midiéndose ostensiblemente. El "Chipro" debió de percibir el gesto cómico de su contendor; me miraba de otro modo que a Valle, y guiñaba un ojo.

Ya en el altar el Hermano no supo de qué hablarnos; nos miraba a todos y sonreía. Mejor habría sido ir al patio y de arnos sueltos allí, o lanzarnos a la calle.

"Es que tiene que concluir la ceremonia, de alguna manera", reflexionaba yo. Largo rato después, pudo habla el Hermano:

—Cerca de mi ciudad natal, de San Juan de Mala —recuerdo que dijo— hay un farallón, quiero decir unas roca altísimas adonde el mar golpea. En lo alto de esas rocas se ha des cubierto la figura de una Virgen con su Niño. ¿Saben, hijos?, la ro ca es prieta, más que yo... Vayan a jugar; con mis humildes manos /o les doy la bendición de esa Virgen; que ella les haga olvidar los pecados que han visto. Yo sólo quiero escuchar las olas que caen a us pies; será una voz más fuerte que la de mis culpas. ¡Adiós, hijos... ! Vayan al patio. Yo me quedo todavía.

Salimos. ¿Cómo, siendo negro, el Hermano pror inciaba con tanta perfección las palabras? ¿Siendo negro?

Palacitos corrió, dándose fuertes palmadas en los muslos, para simular que era un caballo brioso. Dio vueltas. I l "Añuco" dudó unos instantes en la puerta de la capilla.

Me acerqué a él.

—¡Mira! —le dije.

Le mostré el *winku* rojizo.

—¡Un *winku!* —exclamó.

—¡Y *layk'a!* —le contesté.

—¿Lo has hecho bailar? —preguntó.

—Baila más que un *tankayllu*. Como un mi ndo baila; según Antero, su canto sube hasta el sol. ¿Lo hacemos bailar, "Añuco"? ¿Lo defendemos si alguien lo quiere pisar?

—¿Quién lo va a querer pisar? ¿Quién? —dijo.

—¡Vamos, entonces! ¡Vamos, hermano! ¡Recue da que es *layk'a!*

Lo arrastré un poco. Después se echó a corr r. Palacitos daba cabriolas en el campo.

Empecé a encordelar el trompo. Se acercaron asi todos adonde yo estaba.

—¡Un *winko!* —dijo Romero. Lo contempló nás, y gritó:

—¡*Layk'a*, por Diosito, *layk'a!* ¡No lo tires!

Palacitos pudo llegar a mirar el trompo.

—¿Quién dice *layk'a?* ¿Lo tenías en la capilla, cuando el Hermano nos echó la bendición?

—Sí —le contesté.

—¡Ya no es brujo, entonces! ¡Ya está bendito! ¡Hazlo bailar, forastero! —exclamó Palacitos con energía.

Sentí pena.

—¿Ya no es *layk'a?* —le pregunté al "Añuco".

Me miró, reflexionando.

—Siempre ha de haber algo. ¡Tíralo!

Lo arrojé con furia. El trompo bajó girando casi en línea recta. Cantaba por sus ojos, como si de los huecos negros un insecto extraño, nunca visto, silbara, picara en algún nervio profundo de nuestro pecho.

—¡Lo ha hecho el "Candela"! —exclamó el "Chipro"—. ¡Seguro!

—¿Me lo regalas? —me preguntó, angustiado el "Añuco"—. ¿Me lo regalas?

—Hazlo bailar, "Añuco" —le dije.

Lo encordeló con cuidado, pasando cada vuelta junto a la otra, empujando con la uña los círculos del cordel para apretarlos. No me miró antes de arrojar el trompo.

Lo hizo bailar diestramente. Giró el *zumbayllu* sobre el polvo, cantando como si lo oyéramos en medio del sueño: se detuvo, como paralizado, girando invisiblemente.

—¡Duerme! —dijo el pampachirino.

Luego se revolvió, escarbó el suelo con la púa.

—¡*Layk'a*, no *layk'a*, *layk'a*, no *layk'a*, *layk'a*, no *layk'a*...! ¡No *layk'a!* ¡Bendito! —gritó Palacitos, levantando el trompo, cuando cesó de bailar y cayó estirado en la tierra suelta.

—Algo ha de tener —afirmó Romero—. ¡Algo ha de tener!

—Es tuyo, "Añuco" —le dije alegremente.

—¿De veras?

—¡Qué *zumbayllu* tienes! —le repetí, entregándole el pequeño trompo—. En su alma hay de todo. Una linda niña, la más linda que existe: la fuerza del "Candela"; mi recuerdo: lo que era *layk'a;* la bendición de la Virgen de la costa. ¡Y es *winko!* Lo harás bailar a solas.

—¿Qué dices?

—Ya te contaré.

—Que baile una vez más —dijo Valle.

Me sorprendió.

—¿Tú quieres que baile? —le preguntó el "Añuco".

—Sí —dijo—. Precioso instrumento. Es un precioso instrumento.

IX. CAL Y CANTO

Hasta las seis no escuchamos tiros de fusil ni tropel de caballos. Nos reunimos en el patio de honor para estar cerca de la calle. No oímos pasar al ejército. Cuando anochecía escuchamos aplausos, a lo lejos.

—Han bajado despacio. Están llegando —dijo Romero.

No pudimos ver la marcha de la tropa; pero los aplausos se escuchaban cada vez más fuerte.

—¡Mueran las chicheras! —Oímos claramente este grito. Y luego otro inmediato.

—¡La machorra doña Felipa!

En ese momento prendieron el alumbrado eléctrico; unos focos rojizos, débiles, que no servían sino para marcar la sombra de las cosas.

Estábamos todos los internos agolpados contra el zaguán.

Pero ninguna detonación hubo.

—¡Viva el Coronel! —gritaron.

—¡El glorioso regimiento!

—Contra las cholas, ¿un regimiento? —dijo Valle.

—Las chicheras son peor que hombres, más que soldados —contestó el "Chipro".

—¡El mito de la raza! Las cholas mueren igual que los indios si las ametrallan.

Valle hablaba siempre así: no se podía saber si quería ofender a quien le escuchaba o a la persona de quien hablaba, aun a las cosas.

—¿No oíste al portero? Doña Felipa no ha entregado los fusiles.

—Dos máuseres —dijo—. Dos máuseres. ¡Gran artillería para luchar contra un regimiento!

Repicaron las campanas.

—El regimiento está formado por cholos —gritó Romero para hacerse oír.

—Nuevamente, el mito de la raza. ¡Que se maten hasta el fin de los siglos! Yo soy un espectador infausto.

—¿Infausto? ¿Qué es eso? Pero un cholo puede borrártelo.

—Puede, claro, puede. Mientras los hijos de los hijos de mis hijos juegan... montados sobre ellos.

—¿Y si te hacen unas cosquillitas? —le preguntó el "Chipro".

—Tendría que reírme.

—¡Ay lágrimas, lagrimitas! —exclamó socarronamente el "Chipro".

—¡Balazos! —gritó Palacitos.

—¿No sabes distinguir, cholo? Cohetes de arranque en honor de la tropa.

Las detonaciones llegaban de lo alto.

No oíamos ya los gritos. La tropa habría llegado a la prefectura y marcharía al cuartel, hacia el lado de Condebamba. Había un cuartel viejo, allí. Pintado de gris oscuro, con almenas y torres en las esquinas, era un edificio vacío. La gente contaba que en las noches de luna se oía la voz de los centinelas que voceaban números. Los gendarmes llevaban algunos presos al cuartel, los días sábados, y hacían arrancar la yerba que crecía en los patios; el Municipio cuidaba de las calles laterales. El cuartel mostraba así su fachada, sus almenas y contrafuertes; era el edificio más grande de la ciudad. Inspiraba temores porque estaba vacío. Nadie ensuciaba el pie de los muros, por los sapos que allí abundaban y por miedo a los gendarmes. Los sapos se prenden, inesperadamente, de la piel humana desnuda.

Seguían repicando las campanas. Escuchamos los pasos de un grupo que se acercaba a la puerta del Colegio.

—¡No hubo tiros! —dijo jubilosamente Palacitos.

—Debe ser el Padre que viene —advirtió Romero.

Nos retiramos al patio.

El Padre abrió la puerta. Avanzó rápidamente hacia donde estábamos los internos.

—Todo tranquilo, hijos. El Coronel es ahora el Prefecto. Mañana habrá clases. No hagan caso a las predicciones de los cholos. Están aterrorizados —dijo, mientras se acercaba.

—¿No fusilarán? —preguntó el "Peluca".

—¿Otra vez tú? ¡Al salón de estudio, todos! —ordenó.

No me atreví a preguntarle por doña Felipa ni por Lleras, en ese instante. Los internos se dirigieron al salón. El Padre iba a subir a su residencia. Lo alcancé al pie de las gradas, protegiéndome en la oscuridad del corredor, tras de una columna.

—¡Padrecito! —le dije—. ¿Y doña Felipa?

—La prenderán esta noche —me contestó con violencia.

—Tiene fusiles, Padre.

—Por eso mismo. Si se defiende, la matarán.

—¡Se defenderá, Padre!

—Dios no lo quiera. La acribillarían. Es culpable.

—Pero ella también puede matar. ¡Quizá yo iría! ¡Quizá yo traería los fusiles!

—¿Tú? ¿Por qué?

Se me acercó mucho. En esa luz opaca, sus ojos y su rostro resaltaban, sus pómulos, su cabellera blanca.

—¿Por qué, tú?

Parecía más alto. Su vestidura blanca centelleaba, como si reflejara la gran impaciencia que lo aturdía; su pecho se fatigaba, casi sobre mis ojos.

—Yo, Padre, la he conocido... Yo le puedo pedir las armas... Le puedo decir...

—¿Qué, hijo? Tú la has seguido como un perro. ¡Ven: sube!

Escaló las gradas, ágilmente. No había nadie ya en el patio.

—¡Con el Hermano Miguel puedo ir! —le dije en voz alta, acercándome a él, en el corredor del segundo piso.

—¿Sabes? Si tu padre estuviera todavía en Chalhuanca, yo te despacharía mañana; pero ya llegó a Coracora, a cien leguas de aquí.

—¡Yo puedo irme! —le dije—. ¡Yo puedo irme, Padrecito! ¡Cien leguas! Yo sé andar por las cordilleras. Despácheme, Padre. ¡Despácheme! ¿Qué son cien leguas para mí? ¡La gloria!

—Ya sé, por los cielos, que necesitas mi protección. Pero, ¿por qué andas tras los cholos y los indios? No le harán nada a la Felipa. ¡No le harán nada! Yo iré. Yo le mandaré decir, hijo, que entregue los rifles.

—¡Con el Hermano Miguel iré! —le dije, acercándome más a él.

Me llevó al salón de recibo. Se parecía al del Viejo. Una alfombra roja cubría casi todo el piso. Había un piano: muebles altos, tapizados. Me sentí repentinamente humillado, ahí dentro. Dos grandes espejos con marcos dorados brillaban en la pared. La luz profunda de esos espejos me ha arrebatado siempre, como si por ellos pudiera verse más allá del mundo. En los templos del Cuzco hay colgados, muchos, en lo alto de las columnas, inalcanzables.

El Padre me acarició la cabeza. Hizo que me sentara en un sillón forrado de seda.

—No importa que tu padre se haya ido tan lejos; estás conmigo —dijo.

—¿Por qué no me anunciaría su viaje a Coracora, mi padre? Conoceré otro pueblo. Iré lejos. ¿Usted defenderá a doña Felipa? —le pregunté.

—No, hijo. Ya te he dicho que es culpable. Le mandaré decir que fugue... Intercederé, de algún modo, a su favor.

—Y después me iré. Usted me soltará. Preguntando de pueblo en pueblo llegaré hasta donde está mi padre. ¡Como un ángel lloraré, cuando, de repente, me aparezca en su delante! ¿Está muy lejos del Pachachaca ese pueblo? ¿Muy lejos, muy a un lado de su corriente?

—Muy lejos.

—¡El canto del *winko* se ha perdido entonces! —exclamé—. ¡Y ahora ya no sirve! Lo bendijo el Hermano.

El Padre me miró detenidamente.

—¿Estás resuelto a desobedecer a tu padre y a mí? El quiere que estudies. ¿De qué hablas?

—Pero usted, ¿no me dijo de despacharme?

—Ahora no, pequeño. Y parece que desvarías. ¡Te quedarás! Serás un buen hijo de Dios. ¡Lo juro!

Me dejó solo; fue a su dormitorio y trajo un vaso de agua.

—Toma —me dijo.

Era un líquido amargo.

—Yo también he tomado.

—Me quedo, Padre —le dije—. ¡Claro! Le fue mal en Chalhuanca. A usted le encargó que me lo dijera.

—Y ya ha mandado dinero de Coracora. Te comprarás un vestido nuevo.

—¿Y me dejará salir con Antero, Padrecito?

Le tomé una mano.

—¿Con Antero, Padre?

—¿Por qué no, hijo? Te daré permiso, el sábado en la tarde, y una buena propina.

Me atreví a ponerme de pie, sobre el alfombrado.

—Vamos —me dijo el Padre.

Rodeó mi cuello con su brazo. Empecé a sentir el perfume que solía echarse en los cabellos. Salimos. Desde el corredor alto pudimos ver dos cohetes de arranque que subían y estallaban en el cielo.

—¡Mueran las chicheras! ¡Mueran! —gritaron en la calle.

—Así es todavía el mundo —habló el Padre—. Cuando unos festejan, otros se esconden.

—¿Y Lleras? —le pregunté.

—Seguramente se perderá. Huyó de nosotros. ¡Ya hijo! ¿Por qué, contigo, hemos de hablar de asuntos graves? ¡A estudiar y jugar, en lo sucesivo! ¡Nada más!

—Sí, Padre. Quizá por lo que ha abusado de los chicos, el Lleras se ha condenado.

—Llama a los Padres, corre —me ordenó—. Toca, toca tres campanadas.

Bajó las gradas. Toqué la campana. Los Padres y el Hermano se dirigieron al salón de los altos.

No vino el "Añuco" al comedor. El Director presidió la mesa. Yo había pensado hacer cantar al *winku* de noche, en el patio interior, en compañía de "Añuco", y repetir el mensaje a mi padre. Tirar alto el trompo y guiándome por el zumbido, recibirlo en la palma de la mano. Lo había hecho bailar en un rincón del patio oscuro.

Ningún alumno fue al campo de tierra, después de la comida. Vimos que los Padres se dirigieron al comedor, llevando al "Añuco". Lo vigilaron. No pude hablarle a la salida. Fue caminando entre los Padres, con la vista hacia el suelo. No me atreví a llamarlo. Su rostro estaba como rígido. Nunca más se juntó con nosotros.

Llamé a Romero.

—¡Romerito! —le dije—. ¿Podrías tocar ese carnaval del río Apurímac en tu rondín, conmigo, allá, en el patio de juego?

—¿Por qué? —me preguntó.

—Abancay tiene el peso del cielo. Sólo tu rondín y el *zumbayllu*

pueden llegar a las cumbres. Quiero mandar un me saje a mi padre.
Ahora ya está en Coracora. ¿Has visto que las nub s se ponen como
melcocha, sobre los cañaverales? Pero el canto el *zumbayllu* los
traspasa. Al mediodía, el *winko* hizo volar su cant y con Antero lo
empujamos, soplando, hacia Chalhuanca.

—El agua también sirve —me dijo Romero— Ahí está la del
Colegio: viene desde un manantial, no es del Ma iño. Háblale po-
niendo la boca sobre el chorro.

—No creo, Romerito. No puedo creer. La c rdillera es peor
que el acero. Si gritas rebota la voz.

—Pero el agua filtra hasta en la piedra *alaymo a*. ¿No has visto
que de los precipicios de roca gotea agua?

—¿Por dónde va a entrar el agua a la casa er que mi padre, a
esta hora, quizá se pasea?

—¡Buen cholo forastero eres! ¿Tu sangre acaso no es agua? Por
ahí le habla al alma, el agua, que siempre existe b jo la tierra.

—No creo, Romerito. Vamos a tocar tu rondi .

—¿Rondin? ¿No ves que tiene lata? El *winku* es distinto. El *winku*
zumba con fuerza que nadie puede atajar, como l parpadeo de la
estrella. ¡Así es, así es! Pero el Hermano lo ha amansa lo, bendiciéndolo
en la capilla; le ha quitado su fuerza.

Palacitos descubrió que hablábamos en secr to y vino hacia
nosotros, casi corriendo.

—¿Tú crees que el canto del rondín puede llega hasta cien leguas,
si alguien le ruega? —le preguntó Romero.

—Quiero mandarle un mensaje a mi padre, en e canto del rondín,
Palacitos —le dije—. Que Romero toque "Apuri ac mayo"... Yo
imploraré al canto que vaya por las cumbres, en el aire, y que llegue
a los oídos de mi padre. El sabrá que es mi voz. ¿L egará, Palacitos?
¿Llegará la música hasta Coracora si le ruego en q echua? Tú sabes
mejor que yo de estas cosas.

—¿Y esa lata que hay sobre el rondín? ¡Que la rranque primero!

—¿Por qué?

—La madera del rondín que quede al aire. ¿N sabes?

—Bueno —dijo Romero—. Yo sé.
Con los dientes le arrancó la lámina en que parecía la marca
de fábrica. El era un atleta, un indio generoso de A ndahuaylas.

—Vamos —dije.

Pudimos llegar, solos, al patio oscuro.

Tocó el carnaval.

Iría la música por los bosques ralos que bajan al Pachachaca. Pasaría el puente, escalaría por los abismos. Y ya en lo alto sería más fácil: en la nieve cobraría fuerza, repercutiría, para volar con los vientos, entre las lagunas de las estepas y la paja que en el gran silencio transmite todos los sonidos.

"Si la voz del *winku* no te ha llegado, aquí va un carnaval", dije, pensando en mi padre, mientras Romero tocaba su rondín. "¡Que quiera vencerme el mundo entero! ¡Que quiera vencerme! ¡No podrá!", y seguí hablando con más entusiasmo: "Ni el sol ni el polvo del valle, que sofocan: ni el Padre ni el regimiento... Iré, iré siempre..."

—Como para pelear en esta música —dijo el "Chipro" desde el extremo del patio, subiendo al terraplén.

También él se puso a cantar.

—¡Mira! ¡La opa! —exclamó Palacitos, señalando la figura de la demente que subió al patio. Ella se detuvo.

—¡Fuera! —le gritó el "Chipro".

Romero siguió tocando.

Apareció también el "Peluca". A empellones quiso llevar a la opa hacia los excusados. Ella se resistía.

—¡Bestia el "Peluca"! —dijo el "Chipro".

Vimos que el "Peluca" le daba de puntapiés a la demente. Oímos que la insultaba.

Romero dejó de tocar.

—Te vas, "Peluca", o te rompo la crisma —le gritó.

Mientras él se detenía, y volvió la cara para ver si Romero se decidía a intervenir, la opa escapó. El "Peluca" quiso seguirla. Romero zapateó en el suelo. Dudó el "Peluca" un instante, y la mujer desapareció en el pasadizo.

—¡Bestia el "Peluca"! —repetía Ismodes—. ¡Condenada bestia!

Al poco rato nos llamaron al internado.

Los externos no asistieron al Colegio, al día siguiente. El portero abrió el zaguán a la hora de costumbre. El Padre Augusto lo mandó cerrar largo rato después. El Director intervenía en los asuntos de la ciudad.

El "Añuco" no bajó al patio. En la mañana se llevaron su catre del internado, su baúl, y un pequeño cajón donde guardaba insectos secos, semilla de higuerilla, *huayruros*...[1], bolitas de cristal y trapos de colores. Cerraba el cajón con candado, y algunos internos sólo pudimos ver de lejos la mezcla de colores de los objetos curiosos que guardaba. Sabíamos que tenía una colección de bolas de cristal que llamábamos "daños", porque eran las más grandes; todas las que compraba el "Añuco" eran de ondas rojas. El rojo en sus diversos matices, hasta el amarillo. Jugaba con ellas eligiendo a los competidores menos diestros o a los débiles. Y nunca perdió una. Depositaba los "daños" junto a los insectos. En las pequeñas esferas de cristal, esas ondas profundas de colores, unas delgadas que se alargaban como varios ejes, y otras que se expandían hacia el centro de la esfera, nos cautivaban. En las del "Añuco" eran rojas y en bolas nuevas; aunque en las desportilladas y opacas las ondas de colores también aparecían, extrañas e inexplicables. Se llevaron las cosas del "Añuco" a la celda del Padre Augusto.

Cerca de las doce se asomó el "Añuco" a las barandas del corredor alto. No llamó a nadie. Nos pareció que sus ojos se habían hundido. Estaba pálido, casi verdoso. El tenía un color blanco delicado y no muy varonil. Esta vez la palidez lo favorecía. Respetaron los internos su aislamiento. Desapareció al poco rato. Valle sonrió. Leía junto a la fuente.

Un externo, amigo del "Iño" Villegas, entró al Colegio por el postigo del zaguán. Corrió, seguido del portero, hasta el final de la bóveda. Allí lo alcanzamos.

—Están zurrando a las chicheras en la cárcel —dijo—. Algunas han chillado duro, como alborotando. Dice que las fuetean en el trasero, delante de sus maridos. Como no tienen calzón les ven todo. Muchas han insultado al Coronel, en quechua y en castellano. Ya ustedes saben que nadie en el mundo insulta como ellas. Les han metido excremento en la boca. ¡Ha sido peor, dicen! Insultos contra vergazos es la pelea...

—¡Homérico! ¡Eso es homérico! —exclamó Valle.

Nadie le hizo caso.

—"¡Al Coronelcito no me lo hagan tragar, pues! ¡Es mierda!

---

[1] Especie de frijol, nativo, de color rojo y negro.

¡Es mierda! ¡Había sido mierda! ¿Han traído mierda desde el Cuzco? ¿Qué hechor le ha sacado su porquería? ¡Viva el hechor! ¡Le hará parir al Coronel, por Diosito!" —ha dicho una de las chicheras: una de las que fueron a Patibamba. La gente se está riendo a escondidas en las calles...

—¿De quién?

—Será pues de las cholas. Pero hay soldados con fusil en Huanupata y en todas las esquinas. Los gendarmes buscan en los caseríos de las alturas y en los cañaverales a las que han escapado.

—¿Y doña Felipa? —le pregunté.

—Dicen que ha huido de noche. Pero la han visto. Han salido a perseguirla: un sargento con muchos gendarmes. Ella ha bajado al Pachachaca. Dicen que tiene parientes en Andahuaylas.

—¿Dicen que llevaba fusiles?

—Por eso la persiguen tantos. Va con otra, en mulas. Las han visto bajar al trote y con el fusil terciado a la espalda. Dicen que por los sombreros blancos ofrecen buen bulto y que seguro las van a tumbar en la cuesta: porque los gendarmes van en caballos del ejército.

—¿Gendarmes o soldados? —preguntó Valle.

—¡Yo qué sé! Pero las alcanzarán.

—Si son gendarmes no, si son soldados de línea o guardias civiles, quizá, quizá...

—¿Por qué no han venido los externos?

—Nadie está tranquilo. La chilladera de los cholas ha alborotado. Han insultado como condenadas al Coronel. No tienen miedo. Se pueden levantar los indios y los cholos. Va a haber bando hoy. Un pregonero va a leer el bando del Prefecto. Si matan a las dos chicheras...

—No lo sabrá nadie —dijo Valle, sonriendo—. Las echarán al río.

—Los indios mueren no más —dijo Romero—. ¿Pero una chichera con fusil? ¿Ya no te acuerdas lo del sábado?

—Ahora está el ejército. Y ellas, de espaldas, o con el trasero desnudo. No pasará nada.

El amigo del "Iño" se fue. El portero lo obligó a salir. Los internos no formaron grupos: se dispersaron.

El sol caldeaba el patio. Desde la sombra de la bóveda y del corredor mirábamos arder el empedrado. El sol infunde silencio cuando cae, al mediodía, al fondo de estos abismos de piedra y de arbustos. No hay árboles inmensos.

Varios moscardones cruzaron el corredor, de un extremo a otro. Mis ojos se prendieron del vuelo lento de esos insectos que absorben en su cuerpo negro, inmune, el fuego. Los seguí. Horadaban la madera de los pilares, cantando por las alas. Doña Felipa estaría quizá disparando desde la sombra de un arbusto contra la tropa, en ese instante. La matarían al fin, entre tantos, y la enterrarían en algún sitio oculto de la quebrada. Pero, podía ocurrir que disparara detrás de un parapeto de piedra, bien resguardada en cualquier laberinto o bóveda de la orilla derecha del río, que es, por el lado del puente, un abismo de rocas. Allí repercute la voz de los loros viajeros. Si tal ocurriera, mientras yo seguía con los ojos el vuelo lento de los moscardones, quizá ella apuntaba, mirando hasta descubrir aun a las hormigas, sobre el camino de enfrente. Apuntaría con su ojo pequeño, que ardía como un diamante, en su enorme rostro picado de viruela. Entonces sólo podría ser herida en la cabeza, y caería al Pachachaca, desde lo alto del precipicio. No podrían quizá alcanzar su cuerpo. Eso era importante, pensaba. Los gendarmes furiosos ante un cuerpo atravesado, odiado y tan deforme ¿qué no harían?

Pero supimos que sus persecutores encontraron una de las mulas, tumbada en medio del puente del Pachachaca. La habían matado, degollándola, y habían extendido las entrañas a lo ancho del puente. De una cruz a otra del releje amarraron las tripas de la bestia. Algunos viajeros se habían detenido. Examinaban los cordones y no se atrevían a cortarlos. De una de las cruces de piedra caía al fondo del río un cabestro. Y sobre la cruz flameaba un rebozo de Castilla.

Los guardias cortaron las tripas que impedían el paso, y cuando examinaban el cabestro que caía al río, escucharon un coro de mujeres que cantaba desde un lugar oculto, por el lado de Abancay:

"Huayruro", ama baleaychu;   No dispares; *huayruro* [1]
chakapatapi chakaykuy;   sobre el puente sé puente;
"huayruro", ama sipiychu   no mates, *huayruro;*
chakapatapi suyaykuy,   sobre el puente espera,
tiayaykuy; ama manchaychu.   siéntate; no te asustes.

---

[1] Mote que dieron en quechua a los guardias civiles, por el color del uniforme.

Los guardias montaron; pasaron a galope el puente y el pequeño trecho de camino plano que faldea el precipicio. Habían subido ya una parte de la inmensa cuesta cuando escucharon disparos; vieron levantarse polvo en el puente y se detuvieron. Muy cerca a ellos cayó un tiro. Echaron pie a tierra, observaron la montaña de enfrente. Era arbórea y no rocosa como la que ellos escalaban. Los cañaverales llegaban casi hasta el río y estaban orillados de árboles de pacae y guayabas. En los sitios muy escarpados los molles formaban bosques.

—Las cholas se han quedado al otro lado, donde hay monte —dijo el sargento.

—Las machorras nos van a cruzar el puente a tiros. Ya lo han calculado.

—¡Disparan de dos sitios!

El sargento ordenó volver.

—No nos joden —dijo—. Cruzar a galope, y uno a uno. Las chicheras no pueden tener puntería.

Siguieron disparando. Cuando los guardias llegaron junto al precipicio en que está apoyado un extremo del puente, se detuvieron para observar y oír. El Pachachaca brama en el silencio; el ruido de sus aguas se extiende como otro universo en el universo, y bajo esa superficie se puede oír a los insectos, aun el salto de las langostas entre los arbustos.

No dispararon mientras los guardias hacían alto en el recodo del camino, donde comienza el trecho plano que desemboca en el puente. El sargento cruzó al galope el camino y el puente; le siguieron los guardias. Subieron al trote la cuesta. Muy arriba, colgando de un molle, encontraron los dos fusiles.

—Nos han hecho pato —dijo uno de los guardias—. No son las cabecillas. Ellas ya deben de estar muy lejos; se habrán ido por los caminos de a pie. Pueden llegar a la cumbre más rápido que un caballo.

—Usted y un guardia las persiguen aunque sea hasta Andahuaylas. Yo llevaré los fusiles. Ya no hay peligro. Tengan presente que una de ellas está herida —había ordenado el sargento al guardia más antiguo, a un tal Zamalloa, apodado "El Machete".

La historia la contaron muchos en Abancay. Hubo testigos; los viajeros que estuvieron detenidos en el puente y que observaron el regreso de los guardias, las cholas que cantaron desde el monte mientras los guardias miraban el río, y que después dispararon; los propios "civiles".

Durante mucho tiempo, por las noches, en Abancay y en los caseríos próximos, coros de mujeres cantaron el mismo *jarabui*: "No dispares, "*huayruro...*"; pero le agregaron otra estrofa:

Fusil warkusk'atas tarinku,	Encontraron colgados los fusiles
mana piyta sipisk'anta.	que a nadie mataron.
Mula yawarllas chakapatapi	Sólo la sangre de las mulas desde el [puente,
sutuspa sutusiask'a	goteando goteaba
sutuspa sutusiask'a	goteando goteaba.

Cantaron en los barrios, y dicen que una noche llegaron hasta muy cerca de la Plaza de Armas.

Antero vino a visitarme el sábado en la tarde. Conversamos en el patio interior.

—A los maridos de las chicheras los han sacado a puntapiés de la cárcel y les han hecho barrer la calle —me dijo—. Eran diez. Dos de doña Felipa. Les pusieron un rabo de trapos y les hicieron barrer la calzada. Les daban de puntapiés, mientras avanzaban. Al final de la cuadra los soltaron. Reventaron cohetes mientras escapaban. Todo lo han hecho por consejos del alcaide.

—¿Es cierto, Antero, que los maridos de las chicheras son humildes? —le pregunté.

—Los de doña Felipa, dicen. Dos tenía. Dicen que al alcaide, de la cárcel lo arrojó a empellones de su chichería, porque él también quiso quedarse a dormir en la chichería. Ya estaba borracho y lo tendió en la calle. Ahora se ha vengado. Pero, doña Felipa ha prometido volver sobre Abancay. Unos dicen que se ha ido a la selva. Ha amenazado regresar con los chunchos, por el río, y quemar las haciendas. Lleras se ha ido con una mestiza del barrio de Huanupata. A caballo se fueron hacia el Cuzco. La mestiza era costurera y tenía una cantina en el barrio de Huanupata. El Lleras ha dejado su maldición en Abancay; ha dicho que tumbó al Hermano y que lo revolcó a patadas. La gente ya sabe; las beatas y las señoras están rezando

por el Herman("Aunque sea negro, tiene hábito", dicen. Pero
quieren que se aya de Abancay. La tía donde quien vivo me ha
dicho: "Vamos   pedir al Padre Director que lo despache: un fraile
que ha sido afre itado ya no debe seguir en el pueblo: no debe salir
siquiera a la cal :". La madre de Rondinel ha decidido no mandar
ya al Flaco al C legio: lo van a trasladar a un internado del Cuzco.
"Donde han ofe dido a Dios no irá mi hijo", ha dicho. Y no lo deja
salir. El Flaco h llorado: yo lo he visto.

—¿Adónde ir Lleras? —le dije a Antero—. Si pasa por las orillas
del Apurímac, e "Quebrada Honda" el sol lo derretirá; su cuerpo
chorreará del lc no del caballo al camino, como si fuera de cera.

—¿Lo maldic es?

—No. El so lo derretirá. No permitirá que su cuerpo haga ya
sombra. El tien la culpa. La desgracia había caído al pueblo, pero
hubiera respetad el internado. Lleras ha estado empollando la mal-
dición en el Co egio, desde tiempo.

—¿Y el "Añ co"?

—Casi ha mu rto ya. Le regalé el *winko* y se animó en ese instante.
El Hermano, al bendecirnos, bendijo al *zumbayllu* y le quemó su
brujería. Pero c ntaba y bailaba como antes. El "Añuco" acabará
por amansarlo: ació para libre y ahora está en una celda, igual que
su nuevo dueño. Le crecerá moho en la púa y en los ojos, así como
ya se apagó el g nio del "Añuco". Creo que a él los Padres, como
es huérfano, han decidido hacerlo fraile también. Para eso se reunie-
ron. Y ya no vin más donde nosotros.

—¡Entonces os malditos del Colegio se acabaron! —exclamó
Antero—. Mejoi, hoy verás a Alcira. Abancay también está en si-
lencio. Pero dice que en todas las haciendas hablan de doña Felipa:
que tienen mied . Dicen que si vuelve con los chunchos y prende
fuego a las hacie ndas, los "colonos" pueden escapar e irse al bando
de la chichera.

—¿Los colon s? ¡No van, "Markask'a": no van!

—En mi haci nda hay poquitos —me dijo—. Y siempre les echan
látigo. Mi madr sufre por ellos: pero mi padre tiene que cumplir.
En las hacienda grandes los amarran a los pisonayes de los patios
o los cuelgan po las manos desde una rama, y los zurran. Hay que
zurrarlos. Lloran con sus mujeres y sus criaturas. Lloran no como si

les castigaran, sino como si fueran huérfanos. Es triste. Y al oírlos, uno también quisiera llorar como ellos; yo lo he hecho, hermano, cuando era criatura. No sé de qué tendrían que consolarme, pero lloraba como buscando consuelo, y ni mi madre con sus brazos, podía calmarme. Todos los años van Padres franciscanos a predicar a esas haciendas. ¡Vieras, Ernesto! Hablan en quechua, alivian a los indios: les hacen cantar himnos tristes. Los colonos andan de rodillas en la capilla de las haciendas; gimiendo, gimiendo, ponen la boca al suelo y lloran día y noche. Y cuando los Padrecitos se van ¡vieras! Los indios los siguen. Ellos, los Padres, cabalgan rápido; los indios corren detrás, llamándolos, saltando por los cercos, por los montes, por las acequias, cortando camino; gritando, caen y se levantan; suben las cuestas. Regresan de noche; siguen gimiendo a la puerta de las capillas. Mi madre se cansaba procurando consolarme en esos días, y no podía.

—¡Yo he oído a los colonos en Patibamba, "Markask'a"!

—Cuando se es niño y se oye así, llorar a la gente grande, en tumulto; como una noche sin salida ahoga el corazón; lo ahoga, lo oprime para siempre. —Antero se exaltó.

—¡"Markask'a"! —le dije—. En los pueblos donde he vivido con mi padre, los indios no son *erk'es* [1]. Aquí parece que no los dejan llegar a ser hombres. Tienen miedo, siempre, como criaturas. Yo he sentido el ahogo de que tú hablas sólo en los días de las corridas, cuando los toros rajaban el pecho y el vientre de los indios borrachos, y cuando al anochecer, a la salida del pueblo, despedían a los cóndores que amarraron sobre los toros bravos. Entonces todos cantan como desesperados, hombres y mujeres, mientras los cóndores se elevan, sufriendo. Pero ese canto no te oprime; te arrastra, como a buscar a alguien con quien pelear, algún maldito. Esa clase de sentimiento te ataca, te agarra por dentro.

—¡Ernesto! —clamó Antero—. Si vinieran los chunchos con doña Felipa. ¿Adónde se lanzarían los "colonos", viendo arder los cañaverales? Quizás seguirían quemando ellos más cuarteles, más campos de caña; e irían, como ganado que ha agarrado espanto,

---

[1]   Niños llorones, menores de cinco años.

cuesta abajo buscando el río y a los chunchos. Yo los conozco, Ernesto, ¡pueden enfurecerse! ¿Qué dices?

—¡Sí, "Markask'a"! —grité—. ¡Que venga doña Felipa! Un hombre que está llorando, porque desde antiguo le zurran en la cara, sin causa, puede enfurecerse más que un toro que oye dinamitazos, que siente el pico del cóndor en su cogote. ¡Vamos a la calle, "Markask'a"! ¡Vamos a Huanupata!

Antero me miró largo rato. Sus lunares tenían como brillo. Sus ojos negrísimos se hundían en mí.

—Yo, hermano, si los indios se levantaran, los iría matando, fácil —dijo.

—¡No te entiendo, Antero! —le contesté, espantado—. ¿Y lo que has dicho que llorabas?

—Lloraba. ¿Quién no? Pero a los indios hay que sujetarlos bien. Tú no puedes entender, porque no eres dueño. ¡Vamos a Condebamba, mejor!

Era sábado. Podíamos salir. El Padre me había comprado un traje nuevo.

—¿A Condebamba? ¿A qué?

—Nos esperan, Alcira y Salvinia, en la alameda. Con tu ropa nueva hasta yo te tengo recelo. Alcira va a sufrir.

—¿Está lejos, muy lejos del puente, tu hacienda? —le pregunté.

—¿De qué puente?

—Del Pachachaca.

—Muy lejos, a dos días.

—¿Y los chunchos?

—A tres días de mi hacienda.

—¿Corriente abajo del Apurímac?

—Corriente arriba, si se viene a Abancay.

—¿Por quién, crees que está el Pachachaca?

—¿Hablas de nosotros? ¿De ti y de mí, y de Salvinia y Alcira?

—No, "Candela", hablo de los "colonos" y de los chunchos y de doña Felipa, contra ustedes y los guardias.

—Parece que está de parte de doña Felipa. Atajó a los guardias civiles. El rebozo de doña Felipa sigue en la cruz del puente. Dicen que el río y el puente asustan a quienes intentan sacarlo. El viento se lo llevará.

—Tú anda a la alameda, "Candela".

—¿Por qué me dices "Candela"?

—¿No te decimos "Candela"?

—Tú no. Me dicen "Markask'a", desde que te regalé mi *zumbayllu*, delante del Lleras.

—¡Anda a Condebamba, Antero! Yo puedo llegar todavía al río.

—¿Al río?

—Le hablaré de ti, de Salvinia, de doña Felipa. Le diré que tú puedes disparar contra los colonos; que como tu padre, vas a azotarlos, colgándolos de los pisonayes de tu hacienda.

—¿Qué?

—¿No es cierto?

—Estás mal, Ernesto. ¿Qué es del *winko*? ¿Por qué lo obsequiaste al "Añuco"?

—Tengo el otro. ¡El primero! Lo haré bailar sobre alguna piedra del Pachachaca. Su canto se mezclará en los cielos con la voz del río, llegará a tu hacienda, al oído de tus colonos, a su corazón inocente, que tu padre azota cada tiempo, para que jamás crezca, para que sea siempre como de criatura. ¡Ya sé! Tú me has enseñado. En el canto del *zumbayllu* le enviaré un mensaje a doña Felipa. ¡La llamaré! Que venga incendiando los cañaverales, de quebrada en quebrada, de banda a banda del río. ¡El Pachachaca la ayudará! Tú has dicho que está de su parte. Quizá revuelva su corriente y regrese, cargando las balsas de los chunchos.

—Estás enfermo; estás con delirio, hermanito, sólo los *winkus* pueden llevar mensajes. ¡Los *winkus* no más! Y el Hermano Miguel me has dicho que malogró al *layk'a* en la capilla. ¡Vamos a Condebamba! ¿Qué diría Salvinia al saber que imploras al Pachachaca para que traiga a los chunchos a que incendien el valle? ¡Que muramos todos, los cristianos y los animales! ¿Todo quemándose, mientras tú festejas? Estás con delirio. Alcira te va a calmar. Verla solamente...

Me rodeó el cuello con uno de sus brazos. Me hizo salir del Colegio. Brillaban mis zapatos nuevos de hule; me sentía azorado con mi traje recién estrenado.

—Vamos al río, "Markask'a" —le rogué en quechua—. El Pachachaca sabe con qué alma se le acercan las criaturas; para qué se le acercan.

—¡Claro! Tenemos el domingo, todo el día. Yo lo pasaré a nado, debajo del puente. Verás cómo me respeta, el Señor. Te dedicaré a ti ese paso; me meteré donde más se arremolina el agua. Después tú le contarás a Salvinia.

—¡Te seguiré, "Markask'a"! El río me conoce.

—Si entras a él, no. Si desafías su corriente, no. Querrá arrastrarte, romperte los huesos en las piedras. Otra cosa es que le hables con humildad desde la orilla o que lo mires desde el puente.

—¡Yo lo pasaré, por donde tú vayas!

—Quizá.

—Pero en medio de la corriente asusta más: mejor dicho, allí parece demonio. No es ese Señor que figura cuando lo contemplas. Es un demonio: en su fuerza te agarran todos los espíritus que miran de lo alto de los precipicios, de las cuevas, de los socavones, de la salvajina que cuelga en los árboles, meciéndose con el viento. ¡No has de entrar; no has de entrar! Yo, pues, soy como su hijo...

El "Markask'a" me llevó siempre a la alameda.

Cantaban, como enseñadas, las calandrias, en las moreras. Ellas suelen posarse en las ramas más altas. Cantaban también, balanceándose, en la cima de los pocos sauces que se alternan con las moras. Los naturales llaman *tuya* a la calandria. Es vistosa, de pico fuerte: huye a lo alto de los árboles. En la cima de los más oscuros: el lúcumo, el lambra, el palto, especialmente en el lúcumo que es recto y coronado de ramas que forman un círculo, la *tuya* canta; su pequeño cuerpo amarillo, de alas negras, se divisa contra el cielo y el color del árbol: vuela de una rama a otra más alta, o a otro árbol cercano para cantar. Cambia de tonadas. No sube a las regiones frías. Su canto transmite los secretos de los valles profundos. Los hombres del Perú, desde su origen, han compuesto música, oyéndola, viéndola cruzar el espacio, bajo las montañas y las nubes, que en ninguna otra región del mundo son tan extremadas. *¡Tuya, tuya!* Mientras oía su canto, que es, seguramente, la materia de que estoy hecho, la difusa región de donde me arrancaron para lanzarme entre los hombres, vimos aparecer en la alameda a las dos niñas.

Alcira era casi el retrato fiel de otra joven que amé, cuando tenía diez años. La conocí en Saisa, un pueblo de cabreros, seco, sin agua, que no producía sino calabazas. Esa joven de Saisa tenía los cabellos del color y de la calidad de la paja ya trillada de la cebada. Sus ojos eran azules, como los de mi padre, pero inquietos, cual los de un ave de altura: y no podían ser más grandes, parecían manantiales. Vestía de percala y usaba botines. Su novio era un contrabandista de aguardiente, cerdón: de manos enormes y callosas, color de muerto, en la palma. Ella se llamaba Clorinda. Estuve sólo dos días contemplándola, y seguimos viaje. Repetí su nombre mientras cruzaba el gran desierto que separa Saisa de un puerto del sur.

El rostro de Alcira se parecía tanto al de Clorinda que por instantes creí que era ella la joven de mi niñez. Debía de haberse escapado de su novio y de su pueblo.

Frente a las jóvenes no pude vencer mi azoramiento. Resolví despedirme. Debía ir al río, aunque tuviera que volver de noche. Salvinia me miraba con sorpresa, comprendí que me examinaba, como si antes no me hubiera conocido. Alcira no levantó los ojos sino dos veces. Parecía temer a Salvinia. Estábamos a la sombra de una morera muy frondosa, que nos protegía. Me atreví a examinar por un instante a Alcira, y descubrí que sus pantorrillas eran muy gruesas y cortas, muy cortas sus piernas. Cuando volví a mirarle el rostro sentí alivio.

—Yo tengo que ir a Patibamba —dije.

—¿De aquí? ¿Ahora? —preguntó Salvinia.

—Tengo que irme. Hasta luego. ¿Dónde vive usted, Alcira? —le pregunté.

—En el camino de la Plaza de Armas a la planta eléctrica.

Le di la mano a Alcira y luego a Salvinia. No miré a Antero. Corrí. Antero dio unos pasos tras de mí. No le oí decir nada.

Corrí por la alameda, huyendo. Volvía.

Fui a ver el cuartel. Lo estaban pintando. Diez hombres le echaban pintura con unos hisopos de pellejos amarrados en el extremo de largos palos de maguey. En la puerta hacían guardia dos soldados: un sargento observaba el campo, apoyándose contra la pared, en la sombra. Pude ver, por la puerta grande, unos caballos enormes, y varios oficiales cruzando el patio. Habían cortado los arbustos que rodeaban el cuartel. Me detuve unos instantes frente a la puerta. Luego corrí hacia Huanupata.

—¡Alcira, Alcira! —iba diciendo—. ¡Clorinda!

Las chicherías estaban abiertas. Entré a dos. Varios soldados comían picantes y tenían frente a sí, en las mesas, grandes vasos de chicha. Las mozas los atendían.

"Ya tocarán música —pensé— y los soldados bailarán. Es sábado".

Los soldados hablaban en quechua, contaban historias soeces y graciosas, hacían juegos de palabras y se reían. Las mozas festejaban.

No estaba en silencio el barrio. Había gente. Fui, de prisa, a la chichería frente a la cual me detuve aquel día del motín de las cholas, a mi vuelta de Patibamba; la encontré abierta. Era la de doña Felipa. Entré. Más soldados había allí. No me detuve en las mesas. Seguí de frente, hasta el corral. Encontré un perro amarrado a una estaca. Estaba estirado en el piso inmundo, entre los desperdicios. Las moscas zumbaban en mantos, oscurecían el aire. No me gruñó el perro. Me acerqué a él. Entró un soldado y orinó a la pared. Luego me miró detenidamente.

—¿Tu perro? —me preguntó.

—De doña Felipa —le dije.

—¡Judido! Le daremos un tiro. Un tirito no más.

—Con los chunchos, dicen, ha de volver doña Felipa —le dije. El soldado se echó a reir.

—Será pues su alma. Ella judido ya, en San Miguel. ¡Seguro! Estaba borracho.

—No hay para ejército ¡caray! Nosotros, yo, patrón, jefe. La mujer aquí, llorando, llorando; pero echa no más. Rico ¡caray! abanquina. Llorando bonito, caray.

Salí. Le pregunté a una de las mestizas quién había abierto la chichería.

—Su esposo de doña Felipa —me dijo. Y lo señaló.

Estaba sentado en una de las mesas, con dos cholas.

Tenía la piel roja como la de los rocoteros viciosos. Cortaba un gran rocoto verde amarillo. Lo cortaba cuidadosamente. Sudaba por la frente.

—¿Cierto han matado a doña Felipa? —le pregunté a la mestiza, mirándola a los ojos.

—¡*Jajayllas*! ¡*Jajayllas*! —gritó ella; se rió—. Soldado borracho seguro sueña —dijo—. ¡Borracho es borracho! ¡Andate de aquí niño! —Me empujó.

Salí a la calle. El soldado que me habló en el corral se acercaba, tambaleándose, a una mesa.

El camino al río, empezaba, allí, muy cerca. La pequeña cruz policromada, que señala el punto de partida de los largos caminos, aparecía, clavada sobre una piedra, en la bocacalle; la tela blanca que le servía de sudario flameaba con el viento. .

Me lancé a la carrera. Debía ir al Pachachaca, al puente. Ver el rebozo de la cabecilla, los restos de la sangre de la bestia que degollaron; mirar el río y hablarle, darle mis encargos, y preguntarle por Clorinda.

Vi al Padre Augusto que bajaba la cuesta, por la otra banda, montado en una mula, muy cerca ya del río. Recordé, en ese instante, que lo habían hecho llamar de la hacienda Raurabamba para que dijera misa en la capilla. Debía ocultarme antes de llegar al puente, y dejarlo pasar. Me escondí tras un árbol de guayaba aprisionado por enredaderas. Las pequeñas hojas de la enredadera se extendían sobre el muro que orillaba el camino y escalaban el árbol, envolviéndolo; sus frutos eran unas vainas plateadas de carne sedosa y dulce. Cogí algunos y los fui mascando, mientras observaba al Padre acercarse al puente. Lo cruzó, al paso lento de la bestia. Descubrí luego a la opa, a la demente del Colegio, corriendo medio oculta entre los arbustos, a cierta distancia del Padre, tras él. Divisé en ese instante el rebozo de doña Felipa sobre la cruz de piedra del puente; el viento lo sacudió. Era de color anaranjado.

La opa llegó al puente, siempre a la carrera; entró a la calzada y se detuvo frente a la cruz. Observó la tela de Castilla del rebozo. Permaneció un rato junto a la cruz, miró el camino, hacia este lado del río, y lanzó un mugido. No era muda, pero no podía gritar sino de ese modo. Mugió varias veces. Bajé, entonces, hasta alcanzar una piedra alta que había cerca del río, en el límite de un campo de caña. Desde la cima de la piedra vi que el Padre Augusto se detenía en el camino y llamaba con la mano a la demente; ella también lo llamaba. El Padre espoleó a la mula y abandonó a la opa. Temí por ella. El puente es altísimo y el agua atrae, moviéndose en remolinos, salpicando sobre los contrafuertes; y el precipicio de rocas, recto, húmedo,

que se eleva des e el puente al cielo, presiona sobre el corazón; se
oye allí, en la ca zada del puente, una especie de rumor, de sonido
metálico profun o, que viene de dentro del precipicio, del agua en-
crespada, del cie o mismo, tan alejado, cercado por las rocas. Sabía
que las bestias n rviosas corcovean en el puente, y que entonces, los
jinetes se lanzan porque al correr cerca del releje las bestias espan-
tadas pueden ar ojar a los jinetes al río.

La opa subi al releje. De allí no podía recoger el rebozo. Se
abrazó a la cruz empezó a subirla, como un oso. Alcanzó un brazo
de la cruz; se cc gó de él, y llegó a poner el pecho sobre la piedra
extendida. Corri entonces; ya el Padre había pasado. Bajé entre los
arbustos, rompi ndo las enredaderas. La opa arrancó el trozo de
castilla; se lo ar arró al cuello. Yo estaba a la entrada del puente.
La opa se abraz al eje de la cruz, con la espalda al río, no a la cal-
zada. ¿Cómo iba a bajar las manos de los brazos de la cruz? Caería
al Pachachaca. Q iizá lo merecía. Pero fue rodeando la piedra vertical,
de pecho y de b rriga, y puso ambos pies sobre el releje. Descansó
así un rato. Salt en seguida a la calzada. Sacudió el rebozo con gran
alegría y se lo p so a la espalda. "Yo voy —pensé—. Le quito el
rebozo. Lo lanz al río. La traeré en seguida al monte". Pero ella
empezó a correr mugiendo, mugiendo, como una condenada. Pasó
por mi lado sin n irarme. Su rostro resplandecía de felicidad. Llamaba
al Padre August , o quizá a Lleras. Desapareció en un zig-zag de
la cuesta, corrier do siempre, tan bajita y rechoncha. Mugió con esa
voz característic: de los gordos cuellicortos.

Me acerqué : l puente. Se habían trastornado mis primeros pen-
samientos, los a helos con que bajé al Pachachaca. Varias golon-
drinas se diverti n cruzando por los ojos del puente, volando sobre
las aguas y por ncima del releje de cal y canto; alejándose y vol-
viendo. Pasabar sobre las cruces, siempre en líneas caprichosas;
no se detenían r aquietaban el vuelo; festejaban delicadamente, al
gran puente, a l: corriente que bramaba y se iba en bullente cabal-
gata, salpicando en el fondo del abismo, donde me sentí, por un
instante, como u 1 frágil gusano, menos aún que esos grillos alados
que los transeún es aplastan en las calles de Abancay.

Pero recordé a doña Felipa, a Clorinda y a la mestiza de la chi-
chería.

—Tú eres como el río, señora —dije, pensando en la cabecilla y mirando a lo lejos la corriente que se perdía en una curva violenta, entre flores de retama—. No te alcanzarán. *¡Jaja llas!* Y volverás. Miraré tu rostro que es poderoso como el sol de mediodía. ¡Quemaremos, incendiaremos! Pondremos a la opa en un convento. El Lleras ya está derretido. El "Añuco", creo, agoniza. Y tú, ¡río Pachachaca! dáme fuerzas para subir la cuesta como una golondrina. Tengo que rondar la casa de Alcira. Y si vengo mañana con el "Markask'a", no lo mates, pero asústalo y déjame pasar rápido, como el canto del *zumbayllu*. ¡Como el canto del *zumbayllu!*

Me lancé a correr cuesta arriba. Tenía fe en llegar primero que el Padre Augusto a Abancay. Me detuve un instante en el borde del camino para contemplar el río. Las golondrinas cortaban el aire, sin producir ruido; llegaban en su revoleteo hasta donde yo estaba; como estrellas negras, se lanzaban bajo los ojos del puente.

—¡No seré menos yo, golondrina! —exclamé.

Pero en los límites de Patibamba tuve que descansar. Había dejado atrás al Padre Augusto y a la opa. Ellos subían por el camino real; yo lo cortaba por las sendas de a pie.

—¡Atrevimiento! —me dije—. Pensar siquiera en las hijas del puente. Son más veloces que las nubes y el agua. Pero más que yo, ningún colegial de Abancay. ¡Ni el "Markask'a"!

Llegué a la ciudad cuando empezaba el crepúsculo.

Los soldados se retiraban, en tropa, de Huanupata. Un sargento los arreaba, vigilándolos. Las nubes iban quemándose en llamas, del poniente hacia el centro del cielo.

—¡Yo, patroncito! —decía lloriqueando un soldado. Mezclaba su castellano bárbaro con el quechua rukana—. Yo... jefe, *Aguila, wamanchallay, patu rialchallay*[1]. ¡Cuatro ya, judidu; sigoro preñada, ya de mí, en pueblo extraño! ¡Yo...! *¡Runapa lla c'tampi ñok'achallay...!*[2]

Lloraba. El sargento le dio un puntapié. El rostro del soldado se heló, se puso rígido. Pretendió marchar, pero volvió a cantar,

---

[1] Primeras palabras de un huayno: "Oh, águila, oh, gavilán, oh, pato real".
[2] "Solito, solito, en pueblo extraño."

despacio: *"Aguila wamanchallay, patu rialchallay"*. Y dijo: "Preñada de mí, en pueblo extraño, ¡judidu!".

"Si viera el puente —dije en silencio—. Si viera el puente, este indio rukana quizá cesaría de llorar o, bramando, se lanzaría a la corriente, desde la cruz".

Yo debía ir hacia la planta eléctrica, a rondar la casa de Alcira. Debía apurar el paso. No pude: seguí al soldado hasta la Plaza de Armas. Cerró los ojos y marchó tanteando. Hablaba el mismo quechua que yo. En la esquina de la plaza, el sargento hizo que la tropa se desviara a la izquierda.

Era tarde; el crepúsculo se hundía, ennegreciéndose. Regresé al Colegio. Seguí cantando, en mi interior, el *huayno* inconcluso del soldado: "Cuando te vi desde la altura, estabas llorando sola, águila real...".

La mayor parte de los internos ya habían llegado al Colegio. Ellos parecían felices. Romero tocaba su rondín en las gradas que conducían al corredor. Palacios se había sentado junto a él.

Se acercó el portero y nos dijo:

—Mañana temprano se va el Hermano al Cuzco, con el niño "Añuco". Ya están los caballos.

X. YAWAR MAYU

No bajó a rezar el rosario el Hermano. El Padre Director no presidió la mesa. Comimos en silencio. Palacitos alcanzó al Padre Cárpena en el pasadizo y le preguntó en voz alta:

—¿Se va el Hermano, Padre? ¿Se va el "Añuco"?

—No sé nada —le contestó secamente el Padre. Palacitos regresó a la puerta del comedor.

—¡Se van! —dijo en quechua—. ¡Ahora sí! ¡El Lleras se condenará vivo! Le crecerán cerdas de su cuerpo; y sudará en las cordilleras, espantando a los animales. Gritará de noche en las cumbres; hará caer peñascos; sus cadenas sonarán. Y nadie, nadie, ni su madre ya lo perdonará. ¡Diosito!

Miró a Valle que lo examinaba.

—¡Confiésate mañana, Valle! —le dijo en castellano, con inesperada energía—. Con el Padre Director confiésate, para que tengas corazón.

El "Chipro" estaba con nosotros.

—Me confesaré —dijo Valle, sonriendo. Y se dirigió al patio.

—Quisiera cajearlo en una pelea verdadera —dijo el "Chipro".

—Mañana, antes de la partida del Hermano —habló Chauca—. Desafíalo ahora. Y nos levantaremos en la madrugada.

—Mañana no —dijo Palacitos.

—¡Mañana! —afirmó Chauca—. He oído decir que la banda del Regimiento va a dar retreta en la plaza, después de misa, y en la tarde. Si le tapas un ojo no podrá pavonearse con su *k'ompo*, el Valle. ¡Cájealo!

El "Chipro" fue al patio llamando:

—¡Valle! ¡Valle! ¡Oye, zacuara! ¡Oye, pavo!

Lo seguimos.

Valle lo esperaba en el corredor, junto a la primera columna.

—¿Hay retreta mañana? —le preguntó el "Chipro".

Todos los internos habíamos llegado al patio.

—¿Por qué mañana?

—Mañana te cajeo; no así, como el otro día, en partes blandas; mañana, hasta rompernos la cara. ¿No quieres desquitarte? Al amanecer, en el terraplén.

Valle dudó.

—¡Mañana! —dijo—. Bueno. Eres un indio taimado. Me despiertas.

Y se alejó por el corredor.

—Si el Hermano se queda, no, "Chipro". Si el Hermano se queda, iremos a la retreta con el Valle —dijo Palacios.

—Valle ¿ir contigo? —preguntó el "Chipro".

—No. El irá con sus señoritas. Pero si el Hermano y "Añuco" se van, cajéalo. Yo voy a encomendarme por ti. Le sacarás chocolate. Se confesará de veras, tú lo obligarás.

—Ya —dijo el "Chipro".

Era noche oscura; el "Peluca" desapareció. Al poco rato, los internos mayores desaparecieron también. Se fueron al patio interior.

—Los condenados no tienen sosiego —nos decía Palacitos en el corredor—. No pueden encontrar siquiera quien los queme. Porque si alguien, con maña, los acorrala en una tienda o en una cancha de paredes altas, puede quemarlos, rodeándolos, rodeándolos con fuego de chamizo o con kerosene. Pero hay que ser un santo para acorralar a un condenado. Arden como cerdos, gritando, pidiendo auxilio, tiritando, hasta las piedras, dice, se rajan cuando les atraviesa el gruñido de los condenados que arden. Y si oyen tocar quena en ese instante, así, llameando, bailan triste. Pero al consumirse ya, de sus cenizas una paloma se levanta. ¡Cuántos condenados sufrirán para siempre su castigo! En cuatro patas galopan en las cordilleras, pasan los nevados, entran a las lagunas; bajan también a los valles, pero poco. El Lleras ya estará sintiendo que su piel se endurece, que le aumenta la grasa bajo el cuero. ¡Ay, pobrecito!

—¿Y su mujer?

—¡A ella primero la devorará, Diosito!

Regresaron los internos mayores del patio interior. El "Peluca" subió al corredor alto.

La opa estaría a esa hora contemplando su rebozo, riéndose, o quizá lo habría escondido en algún cajón de la despensa. Había subido la cuesta, casi bailando, con la Castilla en la espalda. No fue al terraplén.

A altas horas de la noche oímos pasos de caballos en el patio. Yo estaba despierto. Palacitos se arrodilló en su cama. El "Chipro" lo sintió, después Chauca y el "Iño". Nos vestimos.

—Despierta a Valle —dijo Chauca, cuando el "Chipro" vino de puntillas hacia mi cama.

—No. Despidamos primero al "Añuco" —le dije.

Salimos al corredor, juntos.

La luna menguante alumbraba el patio. Dos caballos ensillados esperaban al pie de la escalera. Un hombre los tenía de la brida. Una mula cargada pateaba en el empedrado, cerca de la fuente. La alcoba del Padre Augusto estaba abierta. Salió de allí el Hermano, y la luna iluminó su hábito blanco; el sombrero afelpado le daba sombra a la cara. Nosotros estábamos descalzos. Salió después el "Añuco". Nunca lo vi tan pequeño, en esa luz y en el silencio. La cumbre de los tejados se veía muy claramente; la luna formaba un halo en la cima de las casas. La sombra de las paredes, de las cruces de techo, de las yerbas que crecían en los tejados, parecía más negra, como lúgubre y más triste que todas las cosas nocturnas. El Hermano y el "Añuco" caminaban muy despacio. Nos vieron y no hablaron. Yo me acerqué primero a la escalera. Al Hermano le dio la luna en el rostro; me tocó la cabeza con las manos y me besó; se inclinó ante Palacitos y lo besó en la frente. Cuando llegó el "Añuco" y la claridad de la luna iluminó sus ojos hundidos, no pude contener el llanto. Pero él estaba resuelto a no llorar. "Adiós", me dijo, y me dio la mano. su rostro se había alargado; llevaba una camisa blanca, almidonada, que brillaba. "Me voy, me estoy yendo", dijo. Y como yo no me movía, le alcanzó la mano a Palacitos. "Te dejo mis 'daños'", le dijo. "No dejes que te los quiten; el Padre Augusto te los va a entregar." Me hice a un lado. Palacitos lo abrazó. "Nadie los verá, sólo los de mi pueblo", dijo. No lloraba. Su júbilo por el obsequio lo desconcertó. Bajó las gradas el "Añuco". La luna le bañaba. Montaron. El Hermano partió primero. El "Añuco" se volvió hacia nosotros a la entrada de la bóveda; sofrenó el caballo y nos hizo una señal de adiós con el brazo.

No sólo parecía muy pequeño sobre el caballo, sino delgado, frágil, próximo quizá a morir.

El patio quedó vacío. Palacitos me abrazó, y se echó a llorar a torrentes.

—¡Hermanito, hermanito, papacito! —clamaba.

La noche lo agarró; la noche, que con esa despedida se hizo más insondable, sin aire, noche en que la vida parecía correr el riesgo de esfumarse.

El "Chipro", el "Iño" y Chauca salieron de la oscuridad donde estuvieron esperando.

Llevamos a Palacitos entre todos, cargándolo suavemente.

—¡No despierten a Valle! —pedia—. ¡Hay que respetarlo! ¡Hay que quererlo!

—¡No lo despertemos! Que nadie ya pelee —le dije al "Chipro".

El "Chipro" asintió con la cabeza.

—Ya no —dijo.

Escuchamos aún durante un rato, por las ventanas, el trotar de los caballos en el empedrado de la calle. Nos acostamos y dormimos fuerte.

Valle miró al "Chipro" en la mañana.

—No me despertaste —le dijo.

—Lo aplazamos ¿quieres? Primero la retreta, las muchachas: para las trompadas hay tiempo. El regimiento puede irse.

Valle no contestó. Seguía interrogando con los ojos.

—¡Dispénsame, Valle! —le dijo el "Chipro"—. No es por miedo. Se fue el Hermano; no quiero pelear más.

—Es razonable, muy razonable —contestó Valle; abrió su ropero y se dedicó a examinar sus corbatas y sus ternos.

El "Chipro" fue donde Palacitos y le preguntó:

—¿Me darás un "daño" del "Añuco"?

El "Iño", Chauca y yo lo rodeamos, no le pedimos nada. Pero él debía comprender.

Palacitos dudó, nos miró un instante, examinándonos, y dijo casi solemnemente:

—A Romero también. Pero no lo jugarán. Será un recuerdo.

La retreta cambió a la ciudad. Durante la misa, el Padre pronunció un sermón largo, en castellano. Nunca hablaba en quechua en el templo de Abancay. Elogió al Coronel Prefecto; exaltó la generosidad, el tino, la rectitud del jefe del regimiento. Dijo que, sabiamente, había castigado a cada culpable conforme a su condición y que había impuesto la paz en la ciudad. "Las que han huido por el espanto a sus culpas, volverán —dijo—. Quizá ya no reciban más pena que la vergüenza y las fatigas que han sufrido. Se ha hecho escarmiento sin derramar sangre. Sólo ellas, en su barbarie, inmolaron a un animal generoso y pretendieron cerrar con las entrañas de la víctima el paso del puente". Anunció que se instalaría en el cuartel la guardia civil permanente, formada por gendarmes ilustrados que haría respetar el orden. "El populacho está levantando un fantasma para atemorizar a los cristianos —dijo—. Y esa es una farsa ridícula. Los colonos de todas las haciendas son de alma inocente, mejores cristianos que nosotros; y los chunchos son salvajes que nunca pasarán los linderos de la selva. Y si por obra del demonio vinieran, no ha de poder la flecha con los cañones. ¡Hay que recordar Cajamarca...!", exclamó, y dirigiendo sus ojos hacia la Virgen, con voz metálica, altísima, imploró perdón para las fugitivas, para las extraviadas. "Tú, amantísima Madre, sabrás arrojar el demonio de sus cuerpos", dijo. Se arrodilló en el púlpito y empezó a rezar la Salve. Las señoras y los caballeros, los mestizos y los alumnos de los colegios y algunos comuneros, que habían llegado a la ciudad con sus mujeres, coreaban la oración, de rodillas. "Doña Felipa: tu rebozo lo tiene la opa del Colegio; bailando, bailando, ha subido la cuesta con tu castilla sobre el pecho. Y ya no ha ido de noche al patio oscuro. ¡Ya no ha ido! —iba hablando yo, casi en voz alta, en quechua, mientras los demás rezaban—. Un soldado ha dicho que te mataron ¡pero no es cierto! ¡Qué soldadito ha de matarte! Con tu ojo, mirando desde lejos, desde la otra banda del río, tú puedes agarrarle la mano, quizás su corazón también. El Pachachaca, el *Apu* está, pues, contigo, ¡*Jajayllas!*"

—Estás riéndote —me dijo Chauca, muy despacio.

Pronuncié, uniéndome al coro, las últimas palabras del "Ave María" y luego dije: "Ya no está la sangre de la mula en el puente, los perros la habrían lamido".

A la salida del templo, bajo el sol radiante, la banda de músicos tocó una marcha. Era una banda numerosa; desfilaron de cuatro en fondo, hacia el centro del parque. Los últimos soldados quedaron iluminados, como reducidos por los grandes instrumentos metálicos que cargaban.

—¡Soldaditos soldaditos! —gritaban algunos chicos, y todos los seguimos.

No habíamos oído nunca, la mayor parte de los chicos de Abancay, una gran banda militar. Los pequeños soldados que cargaban, en las últimas filas, esos inmensos instrumentos, nos regocijaban: saltábamos de dicha. El director tenía dos galones dorados, de sargento: era muy alto: una hermosa barriga le daba solemnidad a su gran estatura.

Formó la banda en la glorieta del parque. Yo estaba con Palacitos y el "Chipro". Los clarinetes negros y sus piezas de metal, tan intrincadas, nos cautivaron: yo miraba funcionar los delgados brazos de plata que movían los tapones, cómo descubrían y cerraban los huecos del instrumento, cómo dejaban escapar el aire y los sonidos tan distintos. Los saxofones brillaban íntegramente: los soldados los levantaban dirigiéndolos hacia nosotros. Cantaban con voz de seres humanos, estos instrumentos plateados en los que no se veía ni un trozo de madera ni de metal amarillo. Sostenían un tono, largamente, con dulzura: la voz grave inundaba mi alma. No era como la del gran *pinkuyllu* del sur ni como la del *wak'rapuku chanka*. En esa plaza caldeada, el saxofón tan intensamente plateado, cantaba como si fuera el heraldo del sol; sí, porque ningún instrumento que vi en los pueblos de los Andes, ningún instrumento que mestizos e indios fabrican tienen relación con el sol. Son como la nieve, como la luz nocturna, como la voz del agua, del viento o de los seres humanos. Sólo ese canto de los saxofones y de las trompetas metálicas que los soldados elevaban jubilosamente, me parecía que iba al sol y venía de él. Uno de los músicos, que tocaba trombón, hacía funcionar el émbolo, como un héroe de circo. Los tamboriles y el tocador del platillo parecían brujos o duendes benéficos: veíamos en el aire algún percutor de redoblante, girando. A instantes callaban los bajos y escuchábamos la melodía en los clarinetes y saxofones; y luego, como un río sonoro, dominado, que llegara de repente con todo su caudal a un bosque donde cantaran calandrias, elevaban su voz, sacudiendo las barandas y el techo de la glorieta, los instrumentos metálicos, los trombones y los discos que marcaban el compás. Un soldado en cuyo pecho resaltaban los botones dorados del uniforme, golpeaba los discos. Yo no sabía que tenían un nombre tan escaso, "platillos". Los chocaba a veces con furia; los hacía estallar y me parecía extraño que no saltaran de esos golpes, por el filo de los discos, culebrillas de fuego. Los miraba, a ratos, atentamente, esperando

No sólo la plaza; la fachada del templo, cubierta de cal; las torres, los balcones, las montañas y los bosques ralos que escalaban por las faldas de la cordillera, hasta cerca de la región helada; el cielo despejado en que el sol resplandecía; todo estaba encantado por la música de la banda del regimiento, por la armonía impuesta a tantos instrumentos misteriosos. El director no nos miraba. A cada instante que pasaba nos parecía más poderoso, de mayor estatura; su majestuosa barriga debía cumplir alguna misión indispensable en la forma como él hacía callar a unos músicos, apaciguaba con las manos los sonidos o, repentinamente, ponía en marcha las trompetas.

Cuando tocaron un *huayno*, se levantó un alarido alrededor de la glorieta.

—Oye, "Chipro", espérame —le dije—. Voy a declararme a Alcira.

Palacitos, que se había quedado alelado al pie de la glorieta, gritó en ese instante:

—¡"Chipro", "Iño", Ernesto! ¡Miren! El Prudencio, de K'ak'epa, de mi pueblo; el Prudencio toca clarinete. ¡Prude, ciucha! ¡Guapo! ¡Papacito!

Lo señaló. Como lo apuntó con el dedo, el indio nos hizo señas con los ojos y la cabeza.

—¡*Jajayllas! ¡Jajayllas!*

Palacitos empezó a saltar, a levantar las manos. Nos abrazaba.

—¡El Prudencio! ¡De mi pueblo! ¡Era indio, hermanitos! Lo llevaron mancornado en el contingente; le despedimos con *harahuis*. ¡Ahí está, tocando! ¡Guapo! ¡Rey!

Lo dejé con el "Chipro" y el "Iño".

—Espérenme. Regreso en seguida —les dije.

Deseaba ver a Salvinia y a Alcira, a Antero. Y luego, convertirme en halcón para volar sobre los pueblos en que fui feliz; bajar hasta la cumbre de los techos; seguir la corriente de los pequeños ríos que dan agua a los caseríos; detenerme unos instantes sobre los árboles y piedras conocidas que son señas o linderos de los campos sembrados, y llamar después desde el fondo del cielo.

Vi a Valle, paseando muy orondo, escoltando una fila de señoritas. Su gran *k'ompo* de corbata roja, de seda tejida, se exhibía que daba risa, por lo grande, de mucho bulto para su cuello delgado, aun para su figura ceremoniosa y el modo con que hablaba, tan cortesano, moviendo los labios como si no fueran de él. Simulando, simulando, hacía reír a las chicas. ¿De dónde habían salido tantas jóvenes elegantes, señoras y caballeros? Los habrían hecho llamar de las haciendas. Sólo ellos paseaban por la acera del contorno del parque, con los militares; en las aceras interiores y en la calzada no andaba la gente del pueblo; estaban sentados o de pie, en grupos. Los colegiales de años superiores también paseaban en largas filas, detrás de las alumnas del Colegio de mujeres.

Salvinia y Alcira y otras chicas formaban un grupo. Más tiernas se les veía con sus uniformes. Las medias negras hacían resaltar las pantorrillas de Alcira. Causaban desagrado. En cambio, su cabellera era hermosa, tenía esa especie de luz del tallo de la cebada madura. El color de su rostro recordaba también el de la cebada molida en la era, aunque parecía algo más oscuro, quizá como el capulí herbáceo que madura dentro de un lóbulo que amarillea con el tiempo; un vello finísimo cubría su cutis; sus ojos eran como los de Clorinda, tristes. ¿Por qué? En Clorinda era explicable. Vivía y había crecido en un pueblo desolado, ventoso, rodeado de cerros secos que florecían en el invierno, fugazmente; en el invierno, cuando hacía frío y la neblina se asentaba durante semanas o se deslizaba en mantos bajos, casi sin elevarse, descendiendo a las hondonadas y escalando, lentamente, las montañas. "¿Qué son ustedes? Ceja de costa", les decían a los de Saisa, pueblo de Clorinda. Ni costa ni sierra. Ni agua de mar ni de río. Sólo la llovizna y las neblinas del invierno. No estaba en el desierto; tampoco había campos de labranza o de pastos permanentes; en Saisa sólo había yerbas precarias; un manantial escaso al que venían a beber y las bestias y los zorros, desde inmensas distancias; y calabazas que los comuneros sembraban en el fondo de las quebradas, donde alguna humedad debía existir. Además, el novio de Clorinda era cerdudo y de manos callosas. Ella era la única flor permanente en Saisa, rara como su región nativa; inolvidable; su voz algo ronquita, quizá por

la humedad y la belleza de los inviernos. No se podía estar cerca de
Alcira, con el recuerdo de la niña de Saisa. Las pantorrillas y lo ancho
de su cuerpo irritaban. Había que irse.

No vi a Antero. Caminé un poco tras de Salvinia. Ella y sus amigas
procuraban no mirar de frente a los jóvenes. Me sentía más seguro
que otras veces. Mis zapatos de charol eran elegantes; llevaba corbata;
los puños de mi camisa eran algo largos. Mi traje nuevo no me azoraba
ya. Levanté la cabeza. Me crucé con el Coronel y un grupo de caballeros
que lucían cadenas de oro en el chaleco; me hice a un lado sin sentir esa
especie de apocamiento e indignación que me causaban: "Que pasen",
dije. Dos jóvenes que no había visto antes, se acercaron al grupo de
muchachas en que estaba Salvinia. Se presentaron muy gentilmente
ante ellas. Y el más alto se detuvo junto a Salvinia.

—Soy el hijo del Comandante de la Guardia. Llegué ayer —le
oí decir.

Las invitó a seguir caminando, y él tomó del brazo a Salvinia
para separarla de sus compañeras e ir junto a ella. Los dejaban inter-
venir, ruborizándose, atolondradas, pero creo que radiantes.

Me enfurecí. Seguí tras el grupo, ofuscado, sin conocer a las
personas. Pero en la esquina, subido en el sardinel vi a Antero. Sus
ojos habían enrojecido; estaban turbios, como los de un perro bravo
al que le hincaran en la boca con un bastón. Me detuve junto a él.

—Lo voy a rajar —me dijo—. ¡Ahora mismo!

La banda tocó una marinera. Era cerca de las doce.

Esperó que se alejaran unos pasos. Oímos que Salvinia reía.
Antero fue tras ellos, a trancos. Lo seguí.

Le tocó el hombro al joven. "Es el hijo del Comandante", le había
advertido.

—Oiga —le dijo—. ¡Oiga, voltee!

Se detuvo. Los demás se volvieron hacia nosotros. Como venían
más filas de paseantes, nos retiramos a un extremo de la acera, hacia
la calzada, todos. Salvinia palideció. Vi que quiso acercarse adonde
estábamos los cuatro hombres; nos miraba con extravío.

—Más acá —advirtió Antero al joven—. Ustedes ¡sigan! —les
dijo a las muchachas. Ellas obedecieron; se alejaron a paso rápido.

Antero nos llevó hasta el campo de higuerillas. Los dos jóvenes,
tomados de sorpresa, caminaron. No estaba lejos el campo. Unos

veinte metros. Creí que el hijo del Comandante haría algo por detenernos. Los sojuzgó Antero. Nos dominó a todos; quizá yo contribuí con mi furor a precipitarlo. La voz del "Markask'a" tenía el tono con que me habló la noche del sábado, día del motín, cuando regresábamos de la alameda.

—Oiga —le dijo al joven, ya en el campo—, esa muchacha, a la que usted tomó el brazo, es mi enamorada. Soy Antero Samanez. Si usted desea pretenderla, tiene que hacerme desaparecer, o, más difícil, amansarme. Soy del Apurímac.

Lo vi, nuevamente, como si tuviera ya polainas y fuete. ¡Claro! Podía matar colonos en su hacienda, "fácil", como me había confesado el día anterior.

—¿Sabe usted que soy hijo del Comandante? —dijo el joven, increíblemente nervioso. Temblaban algo sus labios.

—Su padre —le contestó Antero—. ¡Acaso su madre sea una perra!

El otro se le echó encima, el otro muchacho, el testigo. Antero se agachó a tiempo, lo tomó de las piernas y lo lanzó contra la pared vieja que nos protegía de la vista de los paseantes del parque. Los lunares de Antero se avivaron, creo que palpitaban.

—Me importa una m... esa cholita —gritó el hijo del militar. Y se lanzó a correr hacia el parque. Antero no pudo detenerlo.

El otro se levantó.

—Vamos más lejos —dijo—. Yo o tú tiene que pedir perdón de rodillas. Yo también soy hijo del Comandante. ¡Que no vayan a separarnos!

La banda tocó una marcha; se iba ya. Yo tenía que seguir a los músicos. Palacitos debía presentarme a Prudencio.

—No tengo nada con usted. Lo he ofendido sin querer. Yo me arrodillo. ¡Yo me arrodillo, joven! ¡Pero de hombre! —dijo Antero.

Se inclinó de veras, el "Markask'a"; puso una rodilla en la tierra donde había excrementos humanos; porque tras la pared vieja, los transeúntes se ensuciaban.

El otro muchacho lo contempló sorprendido; vi el extravío en sus ojos, y luego la llama de su espíritu, encendiéndose.

—Soy de Piura —dijo—. No creí que en Abancay, en Abancay... Levantó al "Markask'a". Le dio la mano.

—Voy tras de los músicos —dije.

Me eché a correr, dejándolos solos; la velocidad de mi carrera era nada, menos que nada para el impulso que llevaba dentro.

—¡El Prudencio! ¡El "Markask'a"! ¡Yo! —exclamaba a gritos—. ¡Palacitos!

Encontré la plaza despejada; no se oía ya la marcha. Seguí corriendo. Alcancé a los soldados cerca del cuartel. Palacitos se había detenido al borde de la carretera. La banda entró por la gran puerta de arco del cuartel. Marcharon los músicos formando un ángulo recto frente a la vereda de piedras que se extendía del campo al cuartel.

—Voy a esperar a Prudencio a la tarde, aquí —me dijo Palacitos.

—Yo vendré contigo.

—No. En la chichería de doña Felipa me esperarás. Voy a hablar primero con él, de mi pueblo.

—¿Yo no puedo oír, Palacitos?

—De mi pueblo, pues, vamos a hablar. Tengo que contarle; después vamos a ir a la picantería; seguro.

—¿Y si no sueltan al Prudencio en la tarde?

—La retreta es a la seis, él saldrá después del rancho. Mejor espero; anda tú al Colegio. Ruégale al Padrecito de mí; dile que estoy esperando a mi paisano. Corre, mejor.

—¿Y si no lo sueltan?

—Rogaré en la puerta, ¡seguro! Le rogaré al Sargento —me dijo, comprendiendo que yo dudaba.

Lo dejé al borde del ancho camino de tierra que llegaba al cuartel. Los chicos del pueblo y algunos mestizos pasaban aún, del cuartel hacia el centro de la ciudad; otros subían a los caseríos por los caminos de a pie que serpenteaban en la gran montaña, perdiéndose por trechos, entre la maleza y los árboles.

"Hablarán a solas de su pueblo, como yo lo haría si entre los músicos hubiera encontrado a un comunero de mi aldea nativa. ¡Un hijo de Kokchi o de Felipe Maywa! —iba pensando yo, de regreso al colegio, obsesionado con la idea de ese descubrimiento y encuentro tan repentinos del indio de K'ak'epa y Palacios—. Preguntará al Prudencio por todos sus parientes, por las muchachas casaderas, por los mozos, por los viejos y abuelas, por los músicos de su aldea; algún arpista, algún famoso tocador de quena, de mandolina, o de quirquincho; preguntará por los maestros que los fabrican; por los tejedores y tejedoras. ¿Qué moza hizo el poncho o el chumpi más celebrado? ¿Para quién lo hizo? Reirían. El Prudencio haría chistes sobre tal o cual personaje; acaso un tuerto cascarrabias, algún vecino avaro, o el propio cura, y las beatas; o algún burro rengo pero servicial que al trotar balanceara en el aire a su dueño. Si fuera una muchacha quien lo montaba, ¡festejarían las historias con más estruendo! Palacitos se retorcería de risa. El clarinetero preguntaría también por los animales famosos de la aldea; quizá una yunta de bueyes aradores poderosos, codiciados, que por fortuna, algún pequeño propietario poseía; las vacas madres, adoradas por sus dueños; y los perros, los gallos; los perros, especialmente. Esa región, la oriunda de Palacitos, es de pumas y zorros; algún perro habría, valiente y fuerte, que por haber destrozado zorros o recibido grandes heridas persiguiendo a los pumas, sería famoso y festejado en el pueblo. Después, Palacitos fatigaría al maestro preguntándole por su vida de soldado. ¿Cómo llegó a aprender a tocar ese instrumento que sólo en los pueblos grandes existe? ¿Cómo, cómo pudo? ¿Qué era un coronel? Quizá había visto a un general. Y él, el Prudencio, ¿manejaba ametralladoras? ¿Cómo era esa arma, a qué distancia llegaban sus balas? ¿Y era verdad que un disparo de cañón podía abrir una bocamina, destripar toda una manada de bueyes y decapitar un millón de hombres puestos en fila? ¿Que la sangre de ese millón de hombres podía correr y salpicar, y formar espuma como un río? ¿Y que un general o un capitán estaban tan bien templados que podían brindarse aguardiente a la orilla de ríos de sangre? ¿Y que un sargento no alcanzaba nunca ese temple, aunque en las guerras se enfurecían más que los coroneles y destripaban a los cristianos con los cuchillos que llevaban en los desfiles a la punta de los máuseres? "Dicen que como un perro, en la guerra, los soldados, por la rabia, hasta lamen la sangre; que se levantan después, como un degollador, manchados hasta la quijada, hasta el pecho, con la sangre, y avanzan gritando: ni el trueno, ni el condenado asusta como ésos, dicen. ¡El cristiano, el cristiano, hermanitos!", nos contaba Palacios, en las noches, sentado en las gradas del corredor. A mí me infundió su terror por la guerra. Con él, muchas veces, pensamos que mejor era morir antes de los 21 años. "A los muertos de la guerra ni la madre luna los compadece.

No llora por ellos, dicen. Ni en los dientes del cadáver su luz alumbra: al revés, los dientes del cadáver se vuelven negros, dicen, con la luna. En los campos donde ha habido guerra los huesos han de padecer hasta el día del juicio. Los buitres vomitan cuando han comido a un cadáver de esos."

Palacitos no tenía fin cuando hablaba de los muertos y de los condenados. Después de oírle nos íbamos a la cama como a un abismo helado, a temblar.

Ahora hablaría con el Prudencio de sus temores, de los militares que le espantaban, de las máquinas que manejaban, adiestrándose para matar; y nos contaría después sus descubrimientos. El encuentro con el músico le había hecho olvidar aun de los "daños" que el Padre Augusto debía entregarle, a la misma hora en que él, en ayunas, esperaba al clarinetero, de pie en la carretera, con el cielo todo ardiendo sobre su cabeza. Porque ni una nube se levantó; estaba el día despejado; y él, como yo, no era valluno.

Yo iba reflexionando, en las calles, sobre estos recuerdos. Debía caminar muy despacio.

Cerca del Colegio vi aparecer a un *kimichu* [1] de la Virgen de Cocharcas. Desembocó en la esquina, por la ruta del camino al Cuzco. Junto a la puerta del Colegio me crucé con él. Tocaba su chirimía, convocando a la gente. Un lorito iba sobre la urna de la Virgen; lucía alegre, muy emplumado, mirando a los transeúntes. Pero más que el canto de la chirimía, que yo había oído en las altas regiones donde la voz de los instrumentos solitarios suena cristalinamente, me llamó la atención la cara y el aspecto del acompañante del peregrino. Ambos vestían como los indios de Andahuaylas, de bayeta blanca moteada de gris. El acompañante tenía barba, casi rubia; su saco era cortísimo. Una bufanda gruesa, de fondo oscuro, en la que resaltaban grandes figuras de flores entre líneas ondulantes, como de tallos acuáticos, de color amarillo, le cubría el cuello. Iba el hombre con la cabeza gacha; sus cabellos caían, en crenchas, sobre la bufanda. Me miró. Sus ojos eran claros, transmitían alguna inquietud profunda. Quizá era un demente. Le seguí unos pasos. Empezó a cantar en quechua, en

---

[1] Peregrino indio músico que viaja por los pueblos cargando un retablo de la Virgen. Recauda limosnas.

altísimo tono. Su voz era como sus ojos, penetrante. El himno que cantaba era lento. La gente que lo seguía y los muchachos guardaron silencio. El himno se escuchó mejor. El *kimichu* aquietó el paso. Yo no podía seguirlos más lejos. El cantor tenía los ojos manchados por el zumo de la coca. Vi que en una mano llevaba un "porito" con boquilla de metal, para la *llipta* [1]. "¿De dónde es, de dónde?", me pregunté sobresaltado. Quizá lo había visto y oído en alguna aldea, en mi infancia, bajando de la montaña o cruzando las grandes y peladas plazas. Su rostro, la expresión de sus ojos que me atenaceaban, su voz tan aguda, esa barba rubia, quizá la bufanda, no eran sólo de él, parecían surgir de mí, de mi memoria. Se fueron. Un pequeño grupo los seguía. "Lo buscaré", dije. "Será fácil encontrarlo en Abancay"; y entré al Colegio.

Un arpista tocaba en la chichería de doña Felipa, solo. Me extrañó que no lo acompañara un violín. Es la orquesta común en los pueblos: violín y arpa. Pocos arpistas muy famosos conocí que eran contratados, solos, para las fiestas, y se bastaban. Alguien cajeaba sobre la delicada madera del arpa para marcar el ritmo y animar el baile. La voz de las buenas arpas se escucha dulce y nítidamente. A medianoche, según las fiestas, los celebrantes salen a bailar a las calles y a la plaza. El arpista carga el instrumento sobre el pecho y el hombro, con la parte ancha hacia arriba y las cuerdas de alambre cerca de la quijada. En el campo abierto, la voz del instrumento no se debilita. Puede oírsele a más de una cuadra, desde todas las bocacalles de una plaza. Por el estilo del acompañamiento reconocían a los arpistas célebres, contratados a veces en pueblos muy lejanos. "Quizá sea éste un gran arpista", pensé, al ver al hombre sentado en un extremo de la picantería, frente a su instrumento.

Los muchachos de mi edad solían ir a las picanterías, aunque rara vez solos. Yo me senté. Permanecí de pie cerca del arpista, apoyándome contra la pared. Llegaban ya los parroquianos. Yo hubiera deseado haberme vestido con mi traje viejo; pero no era posible en día domingo. Me miraban con extrañeza, muchos. Las mozas que atendían me reconocieron y sonreían entre complacidas

---

[1]   Cal o ceniza de quinua.

y burlonas. La que me habló de doña Felipa me traj un gran vaso de chicha. El arpista empezó a templar en ese moment las cuerdas.

¿Cómo iba a tomar yo tanta chicha sin estar se tado junto a una mesa? Me miró ella con expresión triunfante.

—¡Toma, pues, niño! —me dijo.

No, no se burlaba de mí. Se reía.

—Toma, pues, niño. Como para hombre te he tr ído.

Miré a un lado y a otro. El arpista se volvió haci mí y también se echó a reír.

Yo levanté el vaso con ambas manos y, tras d s o tres pausas, vacié toda la chicha en mi garganta. Terminé agitad o.

—¡Caray, guapo! —dijo la moza. Tenía la cara ucia; sus pechos altos y redondos se mostraban con júbilo bajo su r onillo rosado.

Sentí un violento impulso por salir a la calle, y esperar afuera a Palacios.

—Oirás pues al *Papacha*[1] Oblitas —me dijo la moza, señalando al arpista—. De doña Felipa también va a cantar.

Me recibió el vaso y se fue hacia la cocina. Sus lindas caderas se movían a compás; sus piernas desnudas y sus pies de calzos se mostraban sobre el sucio suelo, juvenilmente. Caminab rápido, a paso menudo, su cabeza inclinada a un lado de su pequeñ rebozo morado. El arpista había observado mi inquietud, socarronar ente; lo sorprendí mirándome.

—¡Buena, muchacho! —me dijo.

Comprendí que debía ser un músico de gran e eriencia. Habría estado en mil fiestas de mestizos, señores e indic ; y si le decían *Papacha* no podía ser sino porque era un maestro, u maestro famoso en centenares de pueblos. Yo debía irme, o sentarr e junto a alguna mesa. Mis zapatos de hule, los puños largos de mi ca nisa, mi corbata, me cohibían, me trastornaban. No podía acomc larme. ¿Junto a quién, en dónde? Cuatro soldados entraron a la chichería en ese instante. Uno de ellos era cabo. Se sentaron cerca del b arpista, alrededor de una mesa. El cabo llamó para que lo atendieran.

—Oye, ven, moza de lindos cabellos[2] —dijo en q echua cuzqueño.

---

[1] Puede traducirse por "Gran padre": es un mote admir tivo.
[2] "Yau suni chujcha, hamuy".

Cuando la moza se acercó, el cabo le dirigió una frase sensual, grosera. Los soldados rieron. Me descubrió el Cabo.

—Con la muchacha, jugando, pues. No ofendiendo: de cierto, joven —dijo en castellano.

—¡Asno, asno! —dijo la muchacha.

—No asno: enamorado, como borrico —le contestó el Cabo, y reímos todos.

El arpista continuó templando su instrumento. Seguramente era un *Papacha*. Templaba rápido, arrancando de las cuerdas arpegios y escalas muy sonoras. No se quedaban las notas a ras del suelo, como cuando el arpista es tímido o mediocre. En el techo de la chichería se balanceaban hilachas de hollín negro. Entraban más soldados, pero no llegaban el Prudencio y Palacitos. Debía irme.

El arpista comenzó a tocar un *huayno*. No era de ritmo abanquino puro. Yo lo reconocí. Era de Ayacucho o de Huancavelica. Pero algo del estilo del Apurímac había en la cadencia del *huayno*. Cantó. El semblante de los pueblos de altura, del aire transparente, aparecieron en mi memoria:

Utari pampapi	En la pampa de Utari,
muru pillpintucha	mariposa manchada,
amarak wak'aychu	no llores todavía,
k'ausak'rak'mi kani	aún estoy vivo,
kutipamusk'aykin	he de volver a ti,
vueltamusk'aykin	he de volver.
Nok'a wañuptiyña	Cuando yo me muera,
nok'a ripuptiyña	cuando yo desaparezca
lutuyta apaspa	te vestirás de luto,
wak'ayta yachanki	aprenderás a llorar.

¿Por qué el maestro Oblitas, eligió ese canto para iniciar la música ese domingo? No había oído nunca en Abancay ni letra ni melodía tan tristes.

En el instante en que empezó el tercer cuarteto, ingresó a la chichería el cantor acompañante del *kimichu* de la Virgen de Cocharcas. Caminó algo agachado entre la gente: vino hacia el arpa. Tenía aún la bufanda suelta, las figuras impresionaban lo mismo en la calle, a plena luz, que en ese tugurio oscuro. El amarillo de las líneas onduladas parecía alumbrar, las flores se destacaban como si tuvieran bulto y no como dibujos de un tejido. Eran flores enormes y ocupaban casi todo el ancho de la bufanda; una rosa, un clavel rojo con su corola, en fondo negro denso. En ningún pueblo había visto tejido tran grueso; ni las medias de los morochucos, ni los *chullos*[1] del sur. Cuando la vi de cerca comprobé con sorpresa que la bufanda estaba sucia.

El maestro Oblitas continuó cantando:

Kausarak'mi kani
alconchas nisunki
luceros nisunki,

kutimusk'rak'mi
vueltamusak'rak'mi.
Amarak'wak'aychu
muru pillpintucha,
saywacha churusk'ay
manaras tuninchu
tapurikamullay.

Aún estoy vivo,
el halcón te hablará de mí.
la estrella de los cielos te hablará
[de mí,
he de regresar todavía,
todavía he de volver.
No es tiempo de llorar,
mariposa manchada.
la *saywa*[2] que elevé en la cumbre
no se ha derrumbado,
pregúntale por mí.

El arpista siguió tocando la melodía. Las estrofas del *huayno* habían concluido.

El acompañante del *kimichu* pidió chicha. Estuvo mirando al arpista que cantaba. Sus ojos claros brillaban como los de un gavilán en la penumbra: me alcanzaban. "¡Yo lo he visto! ¿En dónde?", volví a preguntarme. Bebió un gran vaso, un "caporal" de chicha. Luego se acercó más al maestro. El arpista tocaba la melodía en las cuerdas de alambre. Se detuvo el hombre detrás del arpa, junto a mí. Era bajo, muy bajo, casi un enano, y gordo. En la calle, mientras entonaba el himno solemne de la Virgen, no pude percibir su verdadera estatura. Debió darse cuenta de que lo examinaba obsesionadamente. "Arpista, bueno", me dijo con voz aguda, señalando al músico. Cuando concluyó la melodía, él la recomenzó, cantando:

Paraisancos mayu
río caudaloso
aman pallk'ankichu
kutimunaykama
vueltamunaykama

Río Paraisancos,
caudaloso río,
no has de bifurcarte
hasta que yo regrese,
hasta que yo vuelva.

---

[1] Gorro que cubre la cabeza y parte de la cara.
[2] Montículo de piedra que los viajeros levantan en las abras.

Pall'ark'optikik'a
ramark'optikik'a
challwacha sak'esk'aypin
pipas challwayk'ospa
usuchipuwanman

Porque si te bifurcas,
si te extiendes en ramas,
en los pececillos que yo he criado
alguien se cebaría
y desperdiciados, morirían en las
[playas.

El ritmo era aún más lento, más triste; mucho más tristes el tono
y las palabras. La voz aguda caía en mi corazón, ya de sí anhelante,
como un río helado. El *Papacha* Oblitas, entusiasmado, repitió la
melodía como la hubiera tocado un nativo de Paraisancos. El arpa
dulcificaba la canción, no tenía en ella la acerada tristeza que en la voz
del hombre. ¿Por qué, en los ríos profundos, en estos abismos de rocas,
de arbustos y sol, el tono de las canciones era dulce; siendo bravío el
torrente poderoso de las aguas, teniendo los precipicios ese semblante
aterrador? Quizá porque en esas rocas, flores pequeñas, tiernísimas,
juegan con el aire, y porque la corriente atronadora del gran río va
entre flores y enredaderas donde los pájaros son alegres y dichosos,
más que en ninguna otra región del mundo. El cantor siguió acentuando
el lamento de los otros versos:

Kutimuk', kaptiyña
pallkanki ramanki
Kikiy, chalwaykuspay
uywakunallaypak'
Yaku faltaptinpas,
ak'o faltaptinpas
ñokacha uywakusak'i
warma wek'eywanpas,
ñawi ruruywanpas.

Cuando sea el viajero que vuelva a ti
te bifurcarás, te extenderás en ramas.
Entonces yo mismo, a los pececillos,
los criaré, los cuidaré.
Y si les faltara el agua que tú les das,
si les faltara arena
yo les criaré
con mis lágrimas puras,
con las niñas de mis ojos.

¿Quién puede ser capaz de señalar los límites que median entre
lo heroico y el hielo de la gran tristeza? Con una música de éstas
puede el hombre llorar hasta consumirse, hasta desaparecer, pero
podría igualmente luchar contra una legión de cóndores y de leones
o contra los monstruos que se dice habitan en el fondo de los lagos
de altura y en las faldas llenas de sombras de las montañas. Yo me
sentía mejor dispuesto a luchar contra el demonio mientras escuchaba
este canto. Que apareciera con una máscara de cuero de puma, o de

cóndor, agitando plumas inmensas o mostrando colmillos, yo iría
contra él, seguro de vencerlo.

Los concurrentes dejaron de tomar y de conversar. Nadie intentó
bailar. Cuando dejó de cantar el acompañante del *kimichu*, el Cabo
se acercó a él con un vaso de chicha: le brindó y quiso llevarlo a su mesa.
El no aceptó. Se sentó en el piso, detrás del arpa. Yo me agaché y le
pregunté con voz fuerte, en quechua:

—¿No has estado en Aucará, en una fiesta del Señor de Untuna,
con otro *kimichu*, hace años?

—He estado —me dijo.

—¿Cantaste en la orilla de la laguna, en un canchón donde dicen
que apareció el Señor?

—Sí.

—¿Y te entró una espina de *anku* en el pie, cuando caminabas:
y mi padre, un señor de ojos azules, te dio media libra de oro?

—¡Claro! Tú eras un niñito, así, asisito —y señaló la altura sobre
el suelo.

Seguimos hablando en quechua.

Me senté junto a él. La moza nos trajo chicha. Se rió francamente
viéndome en el suelo junto al cantor. La chichería estaba llena ya
de parroquianos y forasteros.

—¿Ese canto es de Paraisancos?

—No. De Lucanamarca es. Un mozo, volviendo de la costa, lo
ha cantado. El lo ha hecho, con música del pueblo. Lo oí, aquí, desde
la calle, y he entrado. Yo, pues, soy cantor.

—¿Y el mozo?

—Se regresó a la costa: don Luis Gilberto.

—¿Don?

—Don. Ya está caballero. Mi primo es, tiene negocio de sastrería.

—¿Y tú?

—Andando, andando, con la Virgen de Cocharcas. ¡Cuánto tiempo!
Nunca canto en chichería. Pero de mi hermano su canto es, fuerte.
Cuando regresó a su pueblo, todas las muchachas de él ya tenían dueño.
Sufrían. La mujer sufre.

—¿Y la bufanda?

—De Paraisancos. ¡Seguro!

—¿De tu mujer?

—¿Mujer? Ando, ando, por el mundo entero, con la Virgen. Una tuertita me lo ha tejido.

—¿Una tuertita?

—Rápido lo hizo. ¿Acaso destiñe? Siempre firme su color.

—¿Pero la Virgen es de Cocharchas? Paraisancos es lejos.

—Yo peregrino: andando vivo. A Lucanamarca no voy desde jovencito.

—¿Y la tuerta?

—De paraisancos, pues, de la Virgen. ¡Seguro!

—¿Y la urna?

—Antigua, de la Virgen.

Le repetí los nombres de veinte pueblos distintos. Todos los conocía.

—Y tú, niño, ¿por qué andas?

—Mi padre también, peregrino.

En los ojos del cantor se había disipado mucho el misterio. Me miraban familiarmente, con una ternura que me fortalecía. Tomé un extremo de su bufanda en mis manos.

El cantor olía a sudor, a suciedad de telas de lana; pero yo estaba acostumbrado a este tipo de emanaciones humanas; no sólo no me molestaban, sino que despertaban en mí recuerdos amados de mi niñez. Era un indio como los de mi pueblo. No de hacienda. Había entrado en la chichería y había cantado; el Cabo le rindió homenaje; y la chichería también; ahora estábamos sentados juntos. No vi al marido de doña Felipa.

Comeremos picantes. Te convido —le dije al cantor—. ¿Cómo te llamas?

—Jesús Warank'a Gabriel.

—¿Gabriel?

—Jesús Warank'a Gabriel.

—Jesús; ¿tenías un *chullu* rojo oscuro, de color entero, cuando estuviste en Aucará?

—¡Claro, niño! Grosella era.

—Te distinguías también por eso en la pampa, cuando rodeábamos el lago. Tú sólo tenías *chullu* de ese color. Cientos de palomas volaban de un extremo al otro del lago, a los montes de espino. Los patios nadaban serpenteando, marcando su camino en el agua.

—¡Eso sí, niño! ¡Tanto espino había en la pampa! En el agua aparecía también el monte de espinos.

—¿Vamos a comer picante? Mi padre me ha mandado plata, de Coracora.

—¡Caray, Coracora! Lindo tocan charanguito.

No había ya mesas desocupadas. El maestro Oblitas tocaba dulces *huaynos* de Abancay. El Cabo y los soldados bailaban entre sí. Se les había escapado una de las mozas de la chichería, la misma que me obsequió el vaso de chicha; sirvió a algunas mesas y volvió en seguida donde los soldados. Bailó con la cabeza inclinada; sus brazos rollizos llevaban el aire de la danza, moviéndose tiernamente; zapateaba menudo, levantando el pie derecho, o avanzaba de un lado a otro entre los soldados, impulsada por el ritmo alegre. Me sentía feliz. Nos quedamos de pie contemplando a la moza, esperando pasar hacia la cocina.

No bailaban los otros parroquianos mestizos, miraban a los soldados. Me intrigaba la ausencia del marido de doña Felipa.

—*Huayno* abanquino, hermoso; el corazón entibia viendo bailar, oyendo —dijo don Jesús, siempre en quechua.

El maestro Oblitas cantaba:

Jilgueroy, jilgueroy,	¡Oh! mi jilguero, jilguero,
mañoso;	mañoso.
abaschallaytas suwanki	Tú robas en mis campos de habas,
jilgueroy;	jilguero.
sarachallaytas suwanki	Tú robas en mis campos de maíz,
jilgueroy.	jilguero.
Abaschallayta suwaspas	Simulando robar en mi campo de [habas,
jilgueroy,	jilguero,
sarachallayta suwaspas	simulando robar en mi campo de [maíz,
jilgueroy,	jilguero,
sonk'ochallayta suwanki,	mi pequeño corazón robaste,
jilgueroy	jilguero.

Concluyó la danza con una "fuga" de ritmo vivo. Los soldados zapatearon con energía. Sudaban ya.

Hubo una pausa. Me acerqué a la cocina y pedí picantes. Dirigía la cocina una mestiza gorda, joven, con varios anillos en los dedos. Aretes de oro pendían de sus orejas.

—¿Usted es amistad de doña Felipa? —le pregunté en quechua. Ella asintió moviendo la cabeza.

—Yo en Patibamba repartí sal a las mujeres —le dije. Sonrió.

—Mi comadre, pues, doña Felipa. Hemos botado a don Paredes.

—¿Don Paredes?

—Ocioso, pues. A otra picantería se habrá ido. —Y volvió a sonreír.

—Para el cantor más, sírvanos.

En platos grandes nos sirvió, junto a la cocina. De pie, empezamos a saborear los picantes. Quemaban como el propio diablo, pero el cantor se regodeaba con ellos. "¡Rico, pues!", decía.

La chichera no nos prestó mucha atención, ni aun cuando le hablé de doña Felipa. Miraba al arpista.

No la moza que bailó, sino otra, de mayor edad, se acercó al músico. Vimos que le dictaba una melodía.

—Ya —dijo el maestro Oblitas.

Tocó una danza, como un *jaylli* de Navidad. El ritmo era muy semejante al contrapunto final de un *jaylli*. Los parroquianos se sorprendieron. Don Jesús y yo esperamos, mirando al músico. La mestiza empezó a cantar:

"Huayruros", "huayruros"	Dicen que el *huayruro, huayruro*,
mana atinchu	no puede
mana atinchu,	no puede,
maytak'atinchu	¡cómo ha de poder!
Imanallautas atinman	Por qué ha de poder
¡way! atinman	¡huay! qué ha de poder
manchak' wayruro	el espantado *huayruro*
Doña Felipa makinwan	con la mano de doña Felipa,
Doña Felipa kallpanwan.	con la fuerza de doña Felipa.
"Huayruroy" "huayruro",	*Huayruro, huayruro,*
maytas atiwak'	qué has de poder,
maytas chinkanki	adónde has de huir.
Doña Felipa mulallan	De doña Felipa la mula
chunchul mulallan	las tripas de la mula
chinkachiyta chinkachin	de perder, te perdieron
huayruroy huayruroy.	*huayruro, huayruro.*

Los soldados dudaban. El rostro del Cabo pareció enfriarse: a pesar de su embotamiento, vi que en sus ojos bullía un sentimiento confuso.

Uno de los soldados pretendió levantarse. No era la indignación lo que se reflejaba en sus ojos sino el destello que el golpe súbito del ritmo enciende en los bailarines. Quizá fue en su pueblo danzante de *jaylli* o de tijeras, querría desafiar a algún otro, porque la fuga del *jaylli* o la danza de tijeras, son bailes de competencia. Pero yo creía percibir lo más característico de la danza.

—¡*Piruchan!* —le dije al cantor—. Creo que es la danza con que celebran en mi pueblo la llegada del agua; en Chaupi, en el *ayllu* de Chaupi. ¡*Piruchan!*

El cantor negó con un ademán.

—*Imachá* —dijo—. *Piruchan* es más rápido.

Volvió a cantar la moza. Y le siguieron de la cocina tres mujeres. Yo continué examinando a los soldados y al Cabo mientras oía esa especie de himno que parecía llegado de las aguas del Pachachaca. ¿Qué iba a pasar allí después? Descubrí en ese instante que la moza era también picada de viruelas, tenía las marcas en el rostro.

El soldado que pretendió levantarse escapó al pequeño claro que había frente al arpista. El Cabo volvió a dudar. Sudaba.

El soldado no hizo callar a la mestiza; levantó los brazos y empezó a danzar diestramente.

—¡Guapo! ¡Caray, guapo! —exclamó el cantor, don Jesús. Sus ojos tenían, otra vez, esa luz clara y profunda, insondable. Comprendí que yo existía ya para él en ese momento. Miraba al soldado como si fuera no el soldado el que danzaba, sino su propia alma desprendida, la del cantor de la Virgen de Cocharcas.

—¡*K'atiy!* —le gritó el soldado—. ¡*K'atiy!* [1]

El soldado giraba en el aire, caía con las piernas abiertas, y volvía a saltar; zapateaba luego, con pasos complicados, cambiando las piernas; se apoyaba en un pie y zapateaba con el otro, levantándolo hasta la altura de las rodillas. El maestro Oblitas agitaba, al parecer, el ritmo de la danza; no miraba al bailarín; pero yo sabía que así, con la cabeza agachada, no sólo lo seguía sino que se prendía de él, que sus

---

[1]   Intraducible en este caso: literalmente significa "sigue, empuja, o arrea".

manos eran guiadas por los saltos del soldado, por el movimiento de su cuerpo; que ambos estaban impulsados por la misma fuerza. La muchacha improvisaba ya la letra de la danza; ella, como el bailarín y el músico, estaba igualmente lanzada a lo desconocido.

Huayruruy huayruruy	*Huayruro, huayruro,*
imallamantas kaswanki	y de qué, de qué habías sido hecho;
¡Way!, titillamantas	¡Huay! de plomo, sólo de plomo
Kask'anki,	habías sido hecho;
¡Way!, karkallamantas	¡Huay! de excremento de vaca
kask'anki	habías sido hecho.

Fue la última estrofa. Luego quedaron solos el arpista y el soldado. El maestro Oblitas empezó a variar la melodía y los ritmos. No podíamos saber de quién nacía, en quién comenzaba el cambio de los ritmos, si del soldado o del arpista. Pero no era de Abancay ¡seguro! De ese valle angosto que empezaba en el fuego e iba hasta la nieve, y que en su región más densa, era caluroso, con olor a bagazo; lleno de avispas, y de colonos mudos y lloriqueantes.

Cuando todos, de pie, contemplábamos al soldado, un *huayruro*, un guardia civil, hizo callar la música y cesar la danza.

—¡Fuera! —gritó desde la puerta.

No debió verlo entrar nadie. Lo probable es que oyera el canto desde la calle y entrara.

—Yo sé quechua, soy de Pausa. Llevo presos al arpista y al soldado —dijo.

Detrás de él apareció otro guardia. Ambos llevaban sombreros de grandes alas tiesas, de copa en punta y cinta de cuero. Los trozos de tela roja de las polacas se distinguían bien en la penumbra. Estaban muy bien afeitados. Eran altos. Sus polainas y zapatos, a pesar del polvo de las calles de Abancay, mostraban el lustre.

El cantor de la Virgen los miró tranquilo, alcanzándolos con sus ojos profundos, como si los *huayruros* estuvieran aún muy lejos.

Los dos guardias llevaban pistolas al cinto. Uno de ellos sacó el arma y encañonó a la gente desde la puerta, el otro avanzó hacia el músico. La mestiza gorda salió de la cocina. No parecía sentir miedo. Algunos hombres pretendieron escapar de la chichería, arrastrándose a cuatro patas. El guardia los hizo volver.

Cuando el otro *huayruro* llegó donde estaba el soldado, el Cabo se puso de pie junto a su mesa.

—Yo, Cabo; mando —dijo.

El guardia pestañeó.

—Usted está de franco; yo estoy de guardia —contestó.

—Yo mando; Cabo —repitió, en su castellano bárbaro, el Cabo—. Ven, Condemayta —ordenó al soldado.

El Cabo era de pequeña estatura. Se mantenía bien de pie, pero sus ojos estaban embotados por la borrachera. Miró atentamente al guardia, con las piernas algo abiertas. El soldado se encaminó a la mesa del Cabo. El guardia lo dejó ir.

—Pero usted va preso —le dijo al maestro Oblitas, y le obligó a ponerse de pie, levantándolo violentamente del saco.

—¿Yo? Yo soy profesional, señor —dijo el maestro—. Lleve a la dueña de la chichería.

Hablaba un castellano muy correcto.

—¡Tráelo! —le gritó el otro guardia desde la puerta.

La patrona de la chichería se abalanzó sobre el guardia, chillando.

—A mí pues, llévame. ¡Abalea, si quieres! ¡Abalea no más! Es inocente —le dijo en quechua. Las tres mozas rodearon al guardia.

El cantor, a mi lado, lanzó en su voz más alta, las primeras notas de un himno religioso.

El guardia ya estaba maniatado por las cholas que se le prendieron de los pies y los brazos. A poco lo iban a derribar. El otro disparó.

—¡*Jajayllas* balitas! —gritó la chichera grande, y se abrazó más firmemente a las piernas del guardia. Don Jesús siguió cantando el himno, como si estuviera en el interior de una iglesia o entre los escombros de una aldea que fuera arrasada por alguna creciente.

El Cabo hizo callar al cantor; "*Upallay*, hermano", le dijo. Y fue con paso lento hacia el guardia maniatado; todos los soldados le siguieron.

—¡Deja, deja! ¡*Mamitay*, deja! —le dijo a la chichera grande.

Ella soltó al guardia y las otras también; se retiraron unos pasos atrás.

—¡Vamos, guardia! —le dijo el Cabo al *huayruro*.

—¡Con el arpista!

—Ya; con el arpista. ¡Marchando! —ordenó el Cabo. Los soldados arrastraron al arpista. El soldado bailarín iba detrás.

Las mujeres se quedaron absortas.

—No hay nadie para mí —dijo en voz alta el Cabo—. ¡Yo, ejército!
Caminaba erguido a la cabeza del grupo..

La chichera grande no podía decidirse. Su mente trabajaba. Como a una manada de cerdos, miró a los parroquianos que estaban inquietos, de pie. Miró al cantor. Miró el arpa recostada en la pared. Me miró a mí. Mientras tanto, los soldados salieron a la calle.

El cantor de la Virgen saltó hacia el arpa.

—¡Yo! *¡Papacha!* —dijo.

Recorrió las cuerdas, templándolas. Sus dedos se prendían de las cuerdas y las hacían estallar. Luego tocó la misma danza que bailó el soldado. No "bajeaba" bien; su mano derecha no acertaba a componer acordes variados en las notas graves, pero la melodía brotaba de las cuerdas de alambre como un surtidor de fuego. El rostro del peregrino, la frente, estaban rojos; sus barbas parecían tener luz; sus ojos eran como los de un gavilán, por la hondura. Pero ninguna bestia inocente es capaz de dar a su mirada ese arrebato contagioso, más intrincado y penetrante que todas las luces y sombras del mundo. Debí danzar yo al compás de esa música. Lo iba a hacer ya. Había visto a los bailarines de tijeras saltar como demonios en los atrios de las iglesias; manejar sus piernas como si fueran felinos; levantarse en el aire; atravesar a paso menudo, a paso de ciempiés, los corredores de lajas de las aldeas; en la madrugada, a la luz del amanecer, los había visto danzar sobre los muros del cementerio, tocando sus tijeras de acero, de cuyas puntas parecía nacer la aurora. Había deseado, mil veces, imitarlos; lo había hecho en la escuela, entre niños. Lo podía hacer allí, ahora, con la música de mi amigo y ante un público espantado que necesitaba algo sorprendente, que lo sacudiera, que le devolviera su alma, para salir y rescatar al *Papacha* Oblitas. Pero huyeron todos los parroquianos, derrumbando mesas y bancos. La chichera los insultaba en quechua:

—*K'anras, wiswis,* gente sin madre, nacidas del viento.

Nos tuvimos que ir con el cantor, despacio, cuando la picantería quedó en silencio. Acompañé a don Jesús largo rato, por algunas callejuelas y el campo.

El estaba alojado en una choza con techo de malahoja, cerca del acueducto que pasa por la montaña, arriba de Abancay. En un corredor dormitaba el *kimichu*. El lorito se espulgaba, parado sobre la urna de la Virgen. Era tarde. La luz del sol caldeaba el corredor, le daba de lleno el sol que iba cayendo sobre las montañas filudas de enfrente, por el camino a Andahuaylas. Llegamos cansados.

—¡*Taytallay tayta!* [1] —dijo el cantor.

Me acordé entonces de Palacitos, el ingrato. Debió pasar la tarde con el clarinetero, en alguna otra chichería o en en el campo, conversando.

—¿Pedirán limosna, a la noche? —le pregunté a don Jesús.

—No —me dijo—. Nos iremos mañana. Abancay no sirve.

¡Claro! La Virgen de Cocharcas camina cargada por su *kimicha* en las aldeas de indios y mestizos, de señoras y señores creyentes. Los servidores de la Virgen no hablan sino quechua. En las ciudades, ella recorre los barrios; entra a la catedral o a la iglesia mayor, o se detiene en el atrio, un instante, en homenaje al templo, y se va. Centenares de leguas camina. El *kimichu* toca chirimía; el lorito otea los campos, de lo alto de la urna o desde el hombro del peregrino. Su ingreso a las aldeas se convierte pronto en una fiesta. El *kimichu* y su acompañante, si lo tiene, son homenajeados. Pero allí, en Abancay, lleno de soldados, y de esos guardias de espuelas, y de polainas lustrosas, señores recién llegados, que miraban a las gentes de los barrios con un semblante tan espetado como el de un mayordomo de terrateniente, ¿qué, qué podía hacer la Virgen de Cocharcas, su lorito, su *kimichu* y su cantor? ¡Adiós! Me despedí de don Jesús en el corredor.

—*Papay*, don Jesús, vas a cantar en el puente del Pachachaca, al pie de la Cruz —le dije—. Por mí; para que me vaya pronto.

—¡Seguro! —me contestó—. ¡Seguro! Haremos estación con la Virgen.

—Al río también le rogarás, don Jesús.

—Seguro. Al *Apu* Pachachaca, le rogaré.

—Le dirás a nuestro Padre que iré a despedirme.

—¡Seguro!

---

[1] "¡Oh padre, padre mío", expresión muy usual en trances difíciles o amargos.

Lo abracé. El sol caía sobre la gran cordillera de enfrente, toda rocosa y llena de abismos.

Regresé a Abancay entre confundido, temeroso y feliz.

—¿Qué, qué es, pues, la gente? —iba preguntándome.

Encontré a la banda militar marchando hacia la plaza, seguida por una parvada de chicos, "señoritos" y mestizos. Algunos pequeños corrían, retozando, sacudiendo sus harapos; tropezaban en las piedras, y se levantaban luego sin quejarse. Rodeaban, rodeaban a los músicos; los miraban de cerca, contemplaban los instrumentos. Un grupo se había organizado detrás de la banda; y marchaban, moviendo exageradamente los brazos, por el esfuerzo que hacían para dar largos pasos; se veían obligados a correr cuando se retrasaban, ante el riesgo de que el espacio vacío fuera ocupado por otros. Los niños sueltos miraban los instrumentos, especialmente los bajos de metal, tan espectaculares y gigantes. Reían, porque los instrumentos disminuían a los soldados hasta presentarlos como enanos, como pintorescos insectos. Reían a gritos. Escuchaban la marcha; se miraban unos a otros; se perseguían. Una pequeña multitud casi solemne de mestizos y algunos comuneros acompañaban a la banda por las aceras o los bordes de la calzada. Los niños, al perseguirse, se escondían detrás de los mestizos y de las mujeres, se prendían de sus piernas, miraban a los mayores, sin reparar en su condición, con los ojos brillantes, en que el júbilo reinaba como en un mar, o en un bosque en que la lluvia hubiera dejado miríadas de escarcha que el sol hiciera resplandecer.

Yo no podía, no pude contagiarme de esa felicidad pura de los inocentes; marché a un costado de la banda, cerca de los grandes. Reconocí a Palacitos; iba casi junto al Prudencio. No formaba parte de ninguno de los grupos de chicos que retozaban en la calle; iba solo; se podía notar la importancia que se daba a sí mismo; resaltaba la seriedad de su expresión; en cierto modo parecía ser integrante de la banda, aunque no se pudiera precisar qué función desempeñaba. ¿Manejaba algún hilo invisible que tenía alguna relación secreta e indispenable en la marcha de la banda y la sincronización de los instrumentos? Examinándolo bien comprendí que él era el único espectador o acompañante verdaderamente solemne de la banda.

Llegamos al parque y el júbilo de los niños estalló, lanzaron gritos. Los chicos invadieron el jardín, pisotearon las rosas y las otras flores para llegar primero junto a la glorieta. ¡Una plaza! El hombre al entrar en ella alguna transformación sufre, por el brusco cambio de espacio o por los recuerdos. Pretendí buscar a Palacitos, pero él también había corrido y estaría ya en la primera fila de la glorieta, prendido de las rejas de hierro. Me detuve en una de las aceras interiores del parque.

Yerbas crecían en la calzada ancha que separaba el parque de las casas del contorno y de sus aceras. En las noches cantaban allí grillos alados, típicos de los valles de la costa y de las profundas quebradas cálidas de la sierra próxima a la selva. A pesar de la alta música de la banda, los grillos planeaban en el aire y algunos cantaban aparentemente en sitios lejanos. Me cautivaban estos insectos. ¿Grillos alados? Habría considerado extravagante a quien, en las aldeas donde residí antes, me hubiera dicho que los grillos volaban. Eran tiernos y vivaces, como los que habitan en las zonas templadas o frías; movían sus largas antenas, tratando de adivinar el camino o los espacios desconocidos a los que caían. Entraban riesgosamente a las habitaciones iluminadas. Y la gente, como en la costa, los mataba, aplastándolos, sin tener en cuenta su dulcísima voz, su inofensiva y graciosa figura. A un mensajero, a un visitante venido de la superficie encantada de la tierra, lo mataban, pudiendo echarlos a volar, después de sentir en las manos la palpitación de su pequeñísimo y frío cuerpecillo. Aquella noche, me dediqué a apartar los grillos de las aceras donde corrían tanto peligro. Los de mi región nativa no han sido dotados de crueles alas; cantan cristalinamente en la noche, desde todos los campos que rodean al ser humano, encantándolo. En Abancay había que defenderlos. Costaba trabajo atraparlos y llevarlos lejos, con mucho cuidado; porque, además, son frágiles, de articulaciones débiles; sus miembros se desprenden fácilmente, y verlos sin un brazo o sin una pierna, o sin alas, es tan atroz como descubrir la mancha, la especie de sombra que de ellos queda cuando los aplastan en el piso de las habitaciones o en las piedras de las aceras. Por fortuna, aquella noche llegaban pocos al parque que está cerca de los campos baldíos. Y la música me auxiliaba espléndidamente.

Cuando por un instante, presté atención a los transeúntes del

parque, vi que había llegado cerca de una esquina y que algunos me
miraban con curiosidad excesiva. Yo era un jovencillo ya. Decidí irme
al Colegio, a estudiar o leer. Y descubrí a Antero que venía con el hijo
del Comandante. Ambos tenían igual estatura, pero el costeño camina-
ba con más donaire; era delgado, no flaco. Miraba vivamente a los
paseantes, a las muchachas. Las colegialas ya no llevaban uniforme;
reconocí a algunas; ahora tenían más presencia, cual verdaderas seño-
ritas. Antero me saludó con la mano y siguió de largo. Pero volvieron
casi en seguida. Se me acercaron ambos.

—¡No habrás dicho nada! ¡No dirás nada! —me dijo Antero—.
Te presento a Gerardo.

El hijo del Comandante me extendió la mano, con ademán grave.

—Sé que eres un hombre —me dijo—. Que quieres a Antero, que
es valiente, como pocos, o como ninguno.

Le estreché la mano. Hablaba al modo de los costeños, pronun-
ciando las palabras con rapidez increíble. Pero cantaba algo al hablar.

—Yo no voy a decir nada; no he dicho nada —contesté—. Vayan
no más. Mucho gusto en conocerle, Gerardo.

A pesar del alumbrado débil, aquella noche, en la plaza, pude
descubrir una rara diferencia de brillo en los ojos del joven costeño;
el izquierdo parecía algo opaco, sin embargo ése hería más, transmitía,
diría que mejor, lo que el joven tenía de distinto. Un costeño, en lo
denso de los pueblos andinos, donde todos hablamos quechua, es
singular, siempre es diferente de todos. Pero Gerardo, además, por
aquel ojo, por la especie de sombra que en él había, me miraba suave-
mente, como con el ojo grande de un caballo en el que se hubiera
diluído la inteligencia, la sangre humana. Le daba de lleno un foco de
luz en la cara. Durante la lucha del mediodía no percibí ese rasgo de
su rostro. No lo percibí; pero esta vez, el joven se fijó en mí detenida-
mente. Comprendí que tanto él como Antero se dirigían a mí como a un
menor. Lo era; pero la diferencia entre Antero y yo, en lugar de haber
sido marcada, la habíamos olvidado, borrado. El se acercó, se hizo a
mí desde el regalo del *zumbayllu*, desde que ambos nos enfrentamos al
Lleras; así llegamos donde Salvinia en la alameda; así hicimos bailar
el *winko* en el patio del Colegio; pero, esta vez, en el parque, se mostraba,
más claramente por entero, como el cachorro crecido, "maltón",
cual solemos decir en la sierra, más aún que aquel que habló, de vuelta

de la alameda, amenazando con tener de manceba: a una docena de indias, si Salvinia prefería a otro, o si la perdía.

Se fueron; alcanzaron a una fila de muchachas, y luego aquietaron el paso. A Antero se le notaba recio y pesado junto a l hijo del Comandante. Comprobé que los colegiales lo miraban co a sorpresa, quizá algo admirados. Esperé en la esquina que concl yera el vals que tocaba la banda.

No pasaron Salvinia ni Alcira. En el aire había p erfume. Elegantes señoras y caballeros paseaban; grupos de oficiale y señoritas que caminaban lentamente, en filas. Los oficiales las ro eaban y acompañaban. Las joyas con que se habían adornado las lamas, brillaban. Algunos aretes eran largos; pendían de las orejas d las jóvenes, prodigiosamente, las alumbraban; de verdad hacían re ltar la belleza de sus rostros. Yo no las conocía, pero habría tendid mantos de flores a su paso, hubiera deseado ascender al cielo y baja una estrella para cada una, a manera de respetuosa ofrenda. Me choca a el vocerío de los jóvenes y mozalbetes que las seguían, la excesiva li ertad con que las obligaban, aunque pocas veces, a replegarse para pa ar ellos; y mucho más, las miradas que les dirigían, insolentes. Aunqu algunos las contemplaban, rindiéndose, como debía ser; y se retir ban con inmenso respeto para dejarlas pasar. Creía que era un deber h millar, azotándolos, o de cualquier otra manera, a los brutos que no se inclinaban con regocijado silencio ante ellas. Pero dudaba de que e s alhajadas niñas pudieran dar la felicidad, sin mancillarse. ¿Cómo Si estaban a tan inalcanzable altura; aquí sobre la tierra, caminand o, oyendo el vals, pero a una distancia que yo sentía extremada, tem raria, que ningún halcón se lanzaría a cruzar; ningún insecto alado fuerte, como un *huayronk'o* o cantárida, ni siquiera el mágico vuel del "San Jorge". ¿O era necesario llevar uniforme y un fuete lustra o, o andar como Gerardo, gallardamente y con cierto aire de displ encia, para vivir cerca de ellas y tomarles las manos? No, yo no alc nzaría a corromperme a ese extremo.

Concluyó el vals. Valle se acercaba, escoltando a una fila de lindas muchachas. Pero este hombre exageraba, fingía, se burlaba; creía saber más de lo que sabía y haber llegado más llá del verdadero sitio que ocupaba. Gesticulaba, movía las manos con los dedos en evidentes posturas forzadas; las adelantaba hacia la cara de las niñas y aun su boca la adelantaba; debían sentirle su humano aliento. ¿Por qué no lo empujaban a la calzada?, reflexionaba yo. Pero me parecía sentir mucha repugnancia hacia él.

Me retiré de la plaza. Y tomé una decisión que creía alocada y que sin embargo me cautivó: ir a la cárcel y preguntar por el *Papacha* Oblitas.

La cárcel quedaba cerca de la plaza, a media cuadra. A esa hora estaría cerrada. Pero una ventanilla enrejada tenía la puerta en su parte central, a la altura de la.cabeza del centinela de guardia. No me podía ver bien el guardia, desde allí.

—Señor —le dije—. Señor guardia, soy ahijado del arpista, del *Papacha* Oblitas que trajeron preso en la tarde. ¿Lo han soltado ya?

—No sé nada —me contestó.

Por su modo de hablar comprendí que era de Apurímac o de Ayacucho. Le hablé en quechua.

—¡Papacito! —le dije—. Pregunta, pues, quiero traerle aunque sea su comida.

—Le han traído comida como para un obispo. No ha querido comer. Mañana sale, seguro.

—¿Está llorando?

—No seas "pavo". ¡Qué va llorar! —hablaba en voz muy baja el guardia—. Ha jodido sus manos más bien trompeando la pared. ¡Andate ya!

—Gracias, papacito. ¿Le dirás que su ahijado, el muchacho estudiante que estuvo a su lado en la chichería, ha venido?

—Cómo no. ¡Fuera ya, fuera!

Oí pasos detrás de la puerta, y me alejé corriendo.

Decidí ir entonces donde el notario Alcilla. Disponía aún de media hora. Debía pasar por la puerta del Colegio. Encontré abierto el postigo del zaguán.

Alcilla estaría ya acostado y sus hijos encerrados en la casa: la mujer humildísima y pálida rezaría a esa hora. Temía a esa familia. La enfermedad, el aislamiento, las quejas, los amurallaban. Entrar allí era para sufrir sin comprender nada. Yo ya no iba. El Padre Director era mi apoderado, hacía tiempo.

El patio del Colegio, semioscuro y en silencio, me tentó. Desistí de visitar al notario y preferí el Colegio.

No había estado nunca solo en el patio de honor. Me senté en el borde de la fuente. La música que tocaba la banda llegaba con plenitud, a pesar de la distancia y los muros. Los sapos caminaban cerca de la pila, croaban vigorosamente. Advertí mejor, entonces, que esas voces eran más graves que la de los sapos de altura, a pesar de que en el fondo del coro de los grillos, la voz de los sapos de las regiones frías tiembla como el tañido lento de las campanas. Los de Abancay croan con cierto júbilo y ternura. En estos hondos valles los grillos no forman coros, vuelan y gimen casi solitarios. Son otros insectos, los que vibran en mantos, y con voz incierta, mezclada, en una vibración que confunde al forastero, lo fascina y lo aturde, infundiéndole sueño.

En el patio interior del Colegio, detrás de los tabiques de madera, también, aunque muy raramente, se ocultaban sapos y grillos. Allí había arañas: tejían su red en los techos, y envolvían audazmente a las pequeñas flores amarillas que crecen cerca de las rendijas.

Por primera vez me sentí protegido por los muros del Colegio, comprendí lo que era la sombra del hogar. Como hasta entonces había mudado tantas veces de residencia, y en la aldea con la que estaba identificado mi pensamiento, había vivido en una casa hostil y ajena (sí, la aldea era mía, pero ninguna de sus casas, ningún dormitorio, ningún patio, ningún corredor: los gatos que tuve fueron despedazados por los perros del dueño de la casa que azuzaba a las bestias con sus gritos y sus ojos carnosos), el Colegio me abrigó aquella noche: me recibió con sus espacios familiares, sus grandes sapos cantores y la fuente donde el agua caía en silencio; el alto corredor donde vi llorar al pálido, al confundido "Añuco", donde escuché la voz radiante del Padre Director, enfadado e indeciso. Y así, ya seguro de mí, y con la esperanza de que el patio interior también me recibiría, fui allá, caminando despacio; una especie de gran fatiga y sed de ternura hacía arder mis ojos.

Encontré al "Peluca". paseando junto a los excusados.

—No ha venido, la india puta —me dijo, en voz alta, cuando me reconoció—. No quiere venir. Yo ahora te la daría, seguro, garantizado. Aprende ya a ser hombre.

Siguió caminando frente a los tabiques de madera.

Levanté un puñado de tierra y le aventé a la cara. Gritó, se tapó los ojos, sentí que me perseguía. Me hice a un lado y él siguió de frente hacia el patio. Yo entré a la cocina.

La cocinera era mi amiga, de mí y de Palacitos. Ella oyó la carrera: se echó a reír. Un foco opaco, cubierto de manchas que las moscas dejaban, alumbraba apenas las paredes negras de la cocina.

—¡Ella está en la torre! —me dijo en quechua—. *¡Jajayllas!*

—¿En la torre?

—En la torre, pues.

—¿Con su rebozo nuevo?

—Seguro. ¡Qué lo va a dejar! Escondido, escondido, lo ha llevado.

—¿Tú la has visto subir?

—¡Claro, pues! El candadito es falso, como el sacristán borracho. Mejor que oso camina ella, despacio. He visto que ha entrado.

No me parecía posible que hubiera podido deslizarse tan largo espacio en la plaza, sin que la descubrieran. Aunque nadie caminaba con mayor sigilo que ella, como si fuera una pequeña sombra redonda. Así aparecía en el patio interior, repentinamente, a pesar de que los ansiosos internos vigilaban el pasadizo.

—Iré. ¡Voy a verla! —dije.

La cocinera me miró asombrada.

—¿Por qué no se ha sentado en un rincón de la plaza, a oír a la banda? ¿Junto a una puerta, o un zaguán, o al costado de una tienda? —le pregunté.

—La pueden patear, pues, Cualquier cosa pueden hacerla; es opa. La opa es "distinto": si quiere también puede irse de este mundo, tranquila, saltando a un *kijllu* [1] de los precipicios o entrando a las sombras de la cuevas. Pero tiene que sufrir todavía, dicen. A eso ha venido.

—¿Sufren?

—¡Es gente! ¿Por qué no va a sufrir? ¿Acaso es callo muerto su cuerpo?

—¿Por qué sufrir solamente?

—Para eso Dios la ha mandado a este pueblo?

---

[1]   Rajadura profunda.

—Quizá, ahora en la torre, está gozando. Más que tú todavía, que está en la cocina día y noche. ¡Y más que yo!

—¡Já, niño; já!

—¡Voy a ir! —le dije—. Pero el "Peluca" me agarrará en el patio.

—¡A ver! —dijo.

Sacó un tizón grueso del fuego.

—¡A ver! ¡Seguro espanta!

Salimos. El "Peluca" escuchó nuestros pasos y vino a alcanzarnos. La cocinera lo empujó con el tizón, lejos. Lo acorraló junto a la escalera.

—¡Papacito hechor! —le decía—. ¡Tranquilo, pues!

Corrí por la calle. La banda seguía tocando aún en la glorieta de la plaza. El parque se lucía con las damas, los oficiales y los caballeros paseando en el anillo, y los mestizos y comuneros detenidos en la calzada, en las aceras de las calles y apiñados junto a la glorieta. Pude correr hasta la esquina de la iglesia sin llamar la atención de nadie.

El pequeño candado de la puerta de la torre había desaparecido; el cerrojo pendía sobre la madera. La puerta estaba junta. Llegué a ella por la sombra de la torre. Tuve miedo, pero abrí con inmenso cuidado una hoja de la puerta. Entré y la cerré. La oscuridad se hizo densa. Pero en ella perdí todo temor. Sentí esperanza, una esperanza que hacía latir vigorosamente mi sangre. Me descalcé. Empecé a subir las gradas, a tientas. Yo era diestro en caminar descalzo. Había imitado en mi niñez, con éxito, a los gatos. ¡No me oiría!

Fui acercándome a la luz, en la torre, a pocos. Era no la luz eléctrica pura, sino su resplandor y la del cielo, muy estrellado aquella noche. Había asegurado mis zapatos bajo el cinturón, para tener las manos libres.

Llegué muy cerca de ella, de la opa. La ví bien. Se había echado bajo el arco que daba de frente a la plaza. Sus cabellos deshechos, tan desiguales, ruinosos, se destacaban a la luz. Movía los pies, uno y otro, como muestra de felicidad, cual un puma su cola. Oí que reía sin recato. Estaba lejos de la gente. Reía fuerte, en cortos desahogos. Señalaba con el brazo extendido el parque, y volvía a reír. Apuntaría a las personas conocidas o a las que según ella merecían ser celebradas o que aparecían ridículas. Su risa era desigual, no incoherente.

Había desatado el rebozo de doña Felipa de lo alto de la cruz, en el puente de Pachachaca, el día anterior; su hazaña de esta noche era mayor. Oía a la banda de músicos desde el mirador más alto y solemne de la ciudad, y contemplaba, examinándolos, a los ilustres de Abancay. Los señalaba y enjuiciaba. Se festejaba a plenitud, quizá como ninguno. Pero su risa, el movimiento de su cuerpo, sus cabellos, repercutían en mí con atroz tristeza. ¿Por qué? Quizá por los recuerdos de haberla visto desnuda, con el traje sobre la cabeza, blanca, disputada en ciegas peleas por los internos. Su propia figura, su rostro atolondrado. ¡Cómo temblaba yo en esas horas en que de noche ella caía al patio interior, y los cielos y la tierra no podían devorarme a pesar de mis ruegos!

Aturdido, permanecí un instante más. Creí que cometía una maldad con verla. Una maldad grande que debería expiar.

Bajé con más cuidado, porque bajar los caminos y gradas difíciles requiere más tino, y porque un sentimiento contrario al que me impulsó durante la ascensión a la torre, me oprimía.

Sólo los ojos azules de mi padre me habrían calmado, me habrían liberado aquella noche de tanta maldad que vi durante el día. Como otras veces, me dirigí rápido al Colegio con la fantástica esperanza de encontrarlo, sonriendo en la puerta.

Me acordé del "Peluca" y esperé que llegaran otros internos. Escuché que la banda tocaba la marcha con la que se retiraba a su cuartel.

—¡Te habrá llegado el canto del rondín! ¡Quizá el canto del *winku!* ¡Al no encontrarte en Chalhuanca tiene que haber volteado hacia Coracora, tenía fuerza para eso, para rodear el mundo! —exclamé, pensando en mi padre. Y me sentí nuevamente solo y firme, en esa ciudad de la que con razón, él, mi padre, había huido.

¿Y el "Añuco"? Cabalgaría a esa hora, llorando, por las orillas febriles del Apurímac. Del Lleras sabía que sus huesos, convertidos ya en fétida materia, y su carne, habrían sido arrinconados por el agua del gran río ("Dios que habla" es su nombre) en alguna orilla fangosa donde lombrices endemoniadas, de colores, pulularían devorándolo.

XI. LOS COLONOS

A los guardias que persiguieron a doña Felipa los extraviaron en los pueblos, durante varios días. Unos decían haber visto pasar a la chichera momentos antes, en mula y a paso lento. En los mismos sitios declaraban otros no saber nada de su llegada ni de su nombre. Una indicación falsa o comedida obligaba a los guardias a subir grandes cuestas, a bajar al fondo de las quebradas o a faldear durante horas las montañas. Los guardias volvían muchas veces a los pueblos, y castigaban a las autoridades. Llegaron así a Andahuaylas. La mitad de la gente afirmaba en la ciudad que doña Felipa había pasado, camino de Talavera, la otra mitad aseguraba que aún no había llegado y que sabían que ya se acercaba.

No la pudieron encontrar. Por orden del Prefecto los guardias permanecieron en Andahuaylas e instalaron allí un puesto. Siguieron recibiendo noticias, a diario, del avance de doña Felipa y su acompañante, de su huída hacia Huamanga. Otros afirmaban que había instalado una chichería en San Miguel, en la frontera con la selva, adonde llegan ya parvadas de inmensos loros azules.

En Abancay no cerraron la chichería de la cabecilla, ni aun después del incidente con los guardias. Don Paredes se hizo nuevamente dueño, con el apoyo de la guardia, y expulsó a la joven chichera gorda. La notificaron a ella que saliera de Abancay, que se fuera a Curahuasi de donde era oriunda. Se fue con el arpista, el *Papacha* Oblitas que también era de Curahuasi.

A la semana siguiente se marchó el regimiento. En el cuartel quedó instalada la Guardia Civil. Dijeron los Padres que el regimiento había marchado sobre Abancay no por el mitin solamente, sino a cumplir las maniobras del año; que la tropa estaba inactiva hacía mucho tiempo, y que la marcha relámpago al Apurímac y al Pachachaca fue un gran movimiento que enaltecía al Comando del Cuzco.

La ciudad, según la impresión de los externos, quedó vacía. Los oficiales ya no deslumbraban a los transeúntes en las calles, en las cantinas, en los salones y en las villas de las haciendas. Yo no podía comprender bien cómo muchas de las señoritas más encopetadas habían quedado tristes y aun llorando por los oficiales, y que algunas se hubieran comprometido en matrimonio. Supe que dos muchachas de la ciudad pretendieron suicidarse. Habían ido a lugares lejanos, por las orillas del Mariño, en paseos con los militares, y decían que allí fueron "deshonradas", aunque voluntariamente.

Los uniformes daban a los oficiales un aspecto irreal. Nunca había visto a tantos, juntos, dominando una ciudad, asentándose en ella como una parvada de aves ornamentadas que caminaran dueñas del suelo y del espacio. Los jefes provinciales que conocí en los pueblos eran fanfarrones casi siempre descuidados y borrachos; éstos del regimiento, así, juntos, despertaban preocupaciones desconocidas. Los fusiles, las bayonetas, las plumas rojas, la hermosa banda de músicos, se confundían en mi memoria; me atenaceaban la imaginación, el temor a la muerte.

Los más jóvenes oficiales llevaban fuetes de cuero lustrados. Calzados de botas altas y finas, caminaban con pasos gallardos y autoritarios. En las raras veces que entraban al barrio de Huanupata, causaban revuelo, un respeto inmenso y admiración. En cambio, a los jefes ya "maduros", se les miraba sin consideración especial: la mayoría de ellos eran barrigones y gordos. Las cholas los veían pasar con temor.

Del Coronel me dijeron que una sola vez fue a Huanupata. Era trujillano, tenía un apellido histórico, y su solemnidad, su adustez, como sus ademanes, parecían fingidos. Pero en la iglesia mostró un semblante severo que impresionó a todos. Lo vimos imponente, con sus entorchados y charreteras, bajo el alto techo del templo, entre el incienso, solo, sentado en un gran sillón; lo contemplamos como a algo más que a un gran hacendado. Me contaron que cuando fue al barrio de las picanterías pasó por las calles muy rápido. Lo escoltaban varios oficiales y caballeros. Concluyó la visita lamentando la repugnancia que le causó el olor que emanaba de las chicherías y las chozas.

La gente criaba muchos cerdos en ese barrio. Las moscas hervían felices, persiguiéndose, zumbando sobre la cabeza de los transeúntes. Los charcos de agua se pudrían con el calor, iban tomando colores

diferentes aunque siempre densos. Pero sobre algunas tapias muy
altas, allí, bordeando Huanupata, colgaban sus ramas algunos árboles
de limón real; mostraban sus frutos maduros o verdes, en lo alto;
y los niños los codiciaban. Cuando algún pequeño de Huanupata,
bajaba a pedradas un limón real de aquéllos, lo tomaba casi con
fervor en sus manos, y huía después, a la mayor velocidad de que era
capaz. Con seguridad guardaba en alguna parte de su ropa, quizá
dentro de un nudo hecho en la camisa, un trozo de la chancaca más
barata que hacían en las haciendas del valle. El limón abanquino,
grande, de cáscara gruesa y comestible por dentro, fácil de pelar,
contiene un jugo que mezclado con la chancaca negra, forma el manjar
más delicado y poderoso del mundo. Arde y endulza. Infunde alegría.
Es como si se bebiera la luz del sol.

Yo no pude comprender cómo muchas de las lindas señoritas
que vi en el parque, durante las retretas, lloraban por los militares.
No lo comprendía: me causaba sufrimiento. Ya dije que casi todos
aparecían gallardos, algo irreales, con sus fuetes puntiagugos y lus-
trosos. Pero sospechaba de ellos. Vestidos de polacas ceñidas, raras,
y esos kepís altos, de colores; las botas especialísimas; los veía dis-
plicentes, como contemplando a los demás desde otro mundo. Eran
corteses, hasta algo exagerados en sus ademanes caballerescos. Pero
todo eso me impresionaba como no natural, como representado,
como resultado de ensayos, quizá de entrenamientos ocultos y mi-
nuciosos que hacían en sótanos o cuevas secretas. No eran como los
otros seres humanos que conocía, distantes o próximos a mí. Y en los
oficiales ya maduros, no observé —en el poco tiempo que los vi en
Abancay— no observé ya sino rastros de esa cortesía de aspavientos
y genuflexiones de los jóvenes. Se paraban con gran aplomo en todas
partes, como si no fueran de tierra sino que la tierra naciera de ellos,
en dondequiera que estuviesen. Y miraban con expresión distinta:
diría que algo más ruda, con una especie de lujuria, acaso exclusiva
de ellos. Cuando supe que se habían ido de Abancay y me dijeron
que la ciudad estaba desierta, no pude dejar de meditar en ellos.
Recuerdo que llegué a creer, durante la noche, en el patio in-
terior, que eran también como bailarines o aparecidos. "¡Son dis-
frazados!", me dije. Los disfrazados a algún sitio nos quieren llevar,

siempre. El *danzak'* de tijeras venía del infierno, según las beatas y los propios indios; llegaba a deslumbrarnos, con sus saltos y su disfraz lleno de espejos. Tocando sus tijeras de acero caminaba sobre una soga tendida entre la torre y los árboles de las plazas. Venía como mensajero de otro infierno, distinto de aquel que describían los Padres enardecidos y coléricos. Pero los *ukukus*, trajeados con pieles completas de osos peruanos, sus pequeñas orejas erguidas, los cortes de sus máscaras, que dejaban salir el brillo de los ojos del bailarín; los *ukukus* pretendían llevarnos a la "montaña", a la región próxima a la gran selva, hacia las faldas temibles de los Andes donde los bosques y las enredaderas feroces empiezan. ¿Y estos disfrazados? ¿El Coronel; los *huayruros* de espuelas y polainas, tan distintos de los humildes gendarmes a los que reemplazaron, y los gordos comandantes que se emplumaban para escoltar al Coronel en el desfile? ¿Adónde nos querían llevar? ¿Qué densa veta del mundo representaban? ¿En qué momento iban a iniciar su danza, durante la cual quizá pudiéramos reconocerlos, comunicarnos con ellos?

¿Qué les habían dicho, qué les habían hecho a las hermosas muchachas que fueron con ellos a las orillas del Mariño? ¿Por qué lloraban esas niñas? ¡Quizá Salvinia les había dirigido alguna de sus cristalinas sonrisas! Me horrocicé cuando me asaltó la última sospecha. Y el horror mismo me llevó más lejos: quizá Clorinda, la frágil flor de los campos áridos que sólo reverdecen en el invierno, había mirado también a alguno de estos disfrazados; quizá hasta lo hubiera preferido a su novio, el contrabandista taimado, y hubiera consentido aunque no fuera sino en poner una de sus manos sobre las charreteras.

Prendí mi memoria de la imagen del puente del Pachachaca, de la imagen de la opa, feliz en lo alto de la torre, con el rebozo de doña Felipa a su costado, para no lanzarme contra la pared, cegado por el sufrimiento. Y recordé en seguida a Prudencio, y al soldado a quien acompañé en la calle, porque iba cantando entre lágrimas una canción de mi pueblo. "¡Ellos no! —dije en voz alta—. "Son como yo, no más. ¡Ellos no!".

Palacitos, que me había oído, se acercó a hablarme.

—¿Estás "disvariando"? —me preguntó.

—¿Para qué sirven los militares? —le dije, sin reflexionar.

—¿Para qué? —me contestó, de inmediato, sonriendo—. Para matar, pues. ¡Estás "disvariando"!

—¿El también? ¿El Prudencio también?

—¡Más de frente! —me dijo—. Yo sé. ¿Y por qué preguntas?

—Por sonso —le dije, convencido—. Es que yo no tengo a mi padre tan cerca como tú. ¡Desvarío! ¡Puramente!

—¡Mi padre va a venir! —exclamó—. ¡Va a venir!—. Y me abrazó, con todas sus fuerzas.

Me hizo olvidar inmediatamente los pasados presentimientos. Nunca, antes, había esperado él con entusiasmo la visita de su padre. Por el contrario, si le anunciaban, por carta, que su padre estaba al llegar, se aturdía; intentaba estudiar, repasar los libros. Preguntaba por algunas definiciones; temía; pasaba el tiempo, en las tardes, recostado en la cocina, sobre unos pellejos que la cocinera tendía para él tras la puerta, en el más oscuro sitio. Salía de allí a preguntar nuevamente, y apuntaba en su cuaderno algunas notas. Ante los Padres se humillaba, especialmente ante el Director. El Padre se daba cuenta, claramente, y a veces lo consolaba.

—¡Arriba el corazón, Palacios! —le decía—. ¡Arriba el corazón, muchacho!

Le levantaba el rostro alzándole la barbilla. Lo obligaba a que lo mirara. Y Palacios llegaba a sonreír.

Ahora, por primera vez, sentía impaciencia ante la llegada de su padre.

—¡Los "daños", hermanito! —me dijo—. ¡Voy a entregarle! ¡Le voy a contar del Lleras, del Hermano! ¡Del Prudencio!

Había examinado uno a uno los "daños". Todos eran distintos, como ojos de animales desconocidos. La visión de estos pequeños vidrios esféricos, cruzados en el fondo por luces de colores, lo exaltó hasta aislarlo de nuevo, pero con otra especie de aislamiento. Nos había mostrado los "daños" a sus amigos: a Romero, al "Chipro", a mí. Dudó por un instante si decidía llamar especialmente a Valle, para que los viera, pero luego pronunció un sarcástico insulto en quechua, y cerró la caja. Se paseó dos o tres días en el internado, casi siempre solo, cantando, silbando a ratos, acercándose a nosotros.

—¡Me quiere el "Añuco"! ¿No? —Nos preguntaba de repente.

Y empezó a estudiar, a estar atento a las clases, a comprender mejor. Levantó el brazo una vez, en la clase, para contestar a una proposición del maestro, y la absolvió en seguida. No tuvo tiempo el maestro ni siquiera de sorprenderse mucho. Le hizo varias preguntas más y Palacitos, algo atemorizado ya, tartamudeando, respondió bien.

Yo vi que sus compañeros tampoco tuvieron tiempo, ni ocasión para acosarlo a preguntas o con su sorpresa y su curiosidad, a causa de su brusco "repunte". En los recreos nos buscaba, a mí, a Romero, al "Iño". Romero, el campeón, altazo y famoso, le fue fiel. Jugaba con él, charlaba. Y su sombra lo protegía y lo dejaba desarrollarse tranquilo.

Ahora esperaba la llegada de su padre, presintiendo un triunfo, la mayor hazaña.

—¿Tu padre te creerá? ¿Le gustarán los "daños"? —le pregunté.

—¡Creerá, hermanito! ¡El corazón lo sofocaré! Me acuerdo de todo. Le hablaré de los libros: de Aritmética, de Geometría. ¡De Geometría, hermano! Se asustará, capaz. No me reconocerá. ¡Ja... jayllas, jajayllas...!

Corrimos juntos al patio de honor. Felizmente me encontré con él esa noche, en triunfo.

Pero Antero se alejó de mí. Su nuevo amigo Gerardo se convirtió en un héroe recién llegado. Superó a todos, aun a Romero, en salto triple y con garrocha. Destrozó a sus contendores de box. Jugaba de forward centro, como una anguila y una saeta. Sólo en las carreras de velocidad no pudo con Romero, y en el salto largo con impulso. "Romero, ¡tú eres grande!", le dijo, delante de todos, en el patio interior. Romero comandaba la defensa en el equipo de fútbol, reemplazando a Lleras, y Gerardo dirigía la delantera. El Director planeaba ya un viaje al Cuzco, para desafiar al equipo del colegio nacional.

—¡Al Cuzco! —gritaba el Padre, después de los entrenamientos, en Condebamba. Y caminaba entre Romero y Gerardo, de brazo con ellos. Se le veía joven, con su cabellera blanca, levantada, sonriente, cruzando a paso de marcha el campo.

Los aplaudíamos.

—Con Gerardo yo aprendo —me dijo Antero, en el patio del Colegio, durante un recreo de la tarde—. ¡Las mujeres! El conoce.

—¿Las mujeres?

Yo no le había oído llamarlas así, antes. El decía, como yo, las muchachas, las chicas, y en los últimos tiempos no existía sino un nombre: Salvinia, y en segundo orden, otro: Alcira.

—Las mujeres, pues —me contestó—. El sabe; es ducho. Ya tiene dos enamoradas. Hemos dejado a Salvinia para nadie.

—¿Cómo para nadie?

—Yo tengo una, y otra en "proyecto". Pero a Salvinia la cercamos. Es pasto prohibido, por mí y por Gerardo. ¡Nadie prueba eso! Gerardo ya tumbó a una, en el Mariño. La hizo llorar, el bandido. La probó. ¡Yo...!

—¡Qué! —le grité.

—Nada, hermano —me dijo—. Estamos castigando a Salvinia. Tú viste que se rió con Pablo, el hermano de Gerardo. ¿No es cierto? Tú lo viste. Ahora nos mira a los dos, asustada. ¡A los dos por igual! ¿No es traición?

—Ustedes dos se pavonean. Están ya casi como el Lleras o el "Peluca" —le dije.

Me miró entre horrorizado y curioso.

—No abusan, no son malvados. Pero están peor que el Lleras, sucios, acechando a las niñas, como perros. ¿Por qué asustan a Salvinia?

—¡Dí si se rió! ¡Niega si coqueteó! —me dijo.

—Yo no sé, "Markask'a". Tú eres más grande que yo. Tú sabrás. Pero a la tarde te devolveré el *zumbayllu*. Ya lo he estudiado. Yo puedo hacer otros iguales.

—¿De qué hablan? —preguntó Gerardo. Saltó del corredor al patio.

Uno de sus ojos tenía el iris extendido como el de un noble caballo. Y no era del mismo color que el del otro, pardo brillante; este iris era verde claro, un verde flotante entre otros colores difusos, predominando quizá, como agua de fondo, el mismo pardo, alegre, brillante.

—Ernesto no entiende; todavía es guagua —dijo Antero—. Ha rabiado porque le he dicho que hemos cercado a Salvinia y que tú ya has probado a una abanquina.

—¡Cercado! Ya sé que eres como un perro ansioso que va oliendo

por las calles. ¿No sería mejor que no se metieran con Salvinia?
—le dije.

—¿Perro ansioso? Vamos a defender a Salvinia. Nadie se acercará a su puerta. No es mi estilo —contestó Gerardo—. Pero Antero lo ha decidido. Yo le dije que mejor entrara él a fondo, como yo le entro a las mujeres. Lo demás no les gusta a ellas.

—¿Qué no les gusta?

—La adoración, pues —contestó Antero—. Están locas por Gerardo, porque es positivista: porque él va a la carne.

—¡Mentira, perro! ¡Mentira, ladrón! ¡Asqueroso! —le grité.

—¿Mentira? Ellas me siguen. Me escriben cartitas. Irán donde yo quiera.

—Entonces, Gerardo, eres un perdido no más. ¡Como el "Peluca"! ¡Si el "Peluca" fuera valiente te molería a patadas, y te quitaría tu facha y las mujeres! Te haría andar de rodillas por todas las calles, tras de él, como mereces. Haría que fueras su paje mientras abusa de la opa. ¿No dice Antero que a todas las haces llorar? ¡Fuera de aquí, hijo de militar! ¡Cerdo!

Se lanzó sobre mí. Antero lo pudo agarrar del saco. Yo lo esperaba, para estrellarme contra él. Se alborotaron los alumnos, nos rodeó un tumulto. Yo estaba cegado por la ira. Llegué a darle un puntapié al hijo del Comandante. Me agarraron por detrás.

—¡Qué hay aquí! —oí que hablaba el Padre Director, bajando las gradas del corredor.

Muchos alumnos se retiraron a los extremos del patio, por respeto al Director. Los tres quedamos juntos.

—¿Qué pasó aquí? —preguntó el Padre, mirándonos uno a uno.

—Nada, Padre —contestó firmemente Gerardo.

—El Ernesto ha insultado a Gerardo, hasta un puntapié le ha dado —dijo el "Peluca"—. Yo lo he visto.

Todos miraron al "Peluca". Se reía, con esa expresión extraña, de tonto compungido, que parecía que ya iba a lanzar el llanto. No le hicieron caso.

—¡Miente! —dijo Gerardo—. Eran bromas.

—¡Tú, primero! ¡Largo de aquí, a tu clase, que bien la necesitas! —ordenó el Padre al "Peluca"—. ¡Toquen la campanilla!

Concluyó el recreo.

El Padre se quedó con nosotros tres, solos.

—Padre —le rogué— déjeme ir un instante al internado, tengo que traerle algo urgente a Antero.

—Anda —me dijo.

A saltos subí las escaleras. Abrí mi baúl y saqué, del fondo, mi único *zumbayllu*. El domitorio estaba en penumbras; las vigas de madera, que no habían sido aún cubiertas de cielorraso, se veían a la luz de la ventana entreabierta. Un ruiseñor americano, el *jukucha pesk'o*, pequeñísimo e inquieto, saltaba sobre un tirante de madera, cantando; voló por la ventana.

—¡*Zumbayllu, zumbayllu*! ¡Adiós! ¡Te compadezco! —le dije al trompo—. Vas a caer en manos y en bolsillos sucios. Quien te hizo es ahora ahijado del demonio.

Bajé. El Padre seguía hablando con Gerardo y Antero. Los vi altos y corpulentos, de color amarillo. Creí que de la mancha del ojo de Gerardo iba a saltar un chorro de pus, o algún otro líquido insano.

Llegué junto a ellos. Dudé, delante del Padre. Pero me decidí a mostrar el *zumbayllu*.

—Te lo devuelvo, Antero —le dije—. Mejor ahora que el Padre es testigo.

Lo sorprendí. Me recibió el pequeño trompo, sin reflexionar. Pero vi en sus ojos un torbellino. El agua pura de los primeros días pareció volver; su rostro se embelleció, bañado desde lo profundo por la luz de la infancia que renacía. Lo que había de cinismo, de bestialidad en sus labios, se desvaneció; enrojecieron de sangre.

—No, hermano —me dijo—. ¡Padre, yo le regalé ese *zumbayllu*! ¡Que no me lo devuelva!

Gerardo quedó aturdido, incómodo. Percibió el cambio de expresión de Antero. El Padre comprendió que algo había ocurrido entre nosotros. Nos examinó a los ojos, detenidamente. Gerardo permaneció indeciso, casi perdido entre nosotros tres. La mancha de sus ojos flotaba, inconsciente, como la pupila dilatada de los gatos en la sombra, sin intención, sin inteligencia. No lo despreciaba ya; mi indignación fue calmándose. Lo miré y él pestañeó.

—¿Por qué le devuelves el trompo? ¿No era un recuerdo? —preguntó el Padre.

La atención que nos prestaba era, claramente, un homenaje al hijo del jefe de la guardia, al nuevo campeón.

—Fue un recuerdo de Abancay —le dije—. Ya lo recibió, pero si él quiere devolvérmelo ahora...

Antero me alanzó el *zumbayllu*, como si le quemara.

—¿Un recuerdo de Abancay? ¿Cómo es eso? —preguntó el Padre.

—¡Por el *zumbayllu* soy de Abancay, Padre! —le repliqué—. No existe en ningún otro pueblo.

Volvió a mirarnos a los tres.

—Arreglen el pleito entre ustedes —dijo—. Creo que es cosa de muchachos. Pero juren no pelearse. Además, éste es chico. Ustedes son casi jóvenes. ¡Unos jóvenes!

El Padre los halagaba, como solía hacerlo con quienes tenían poder en el valle. Era muy diestro en su trato con esta clase de personas; elegía cuidadosamente las palabras y adoptaba ademanes convenientes ante ellos. Yo era sensible a la intención que al hablar daban las gentes a su voz; lo entendía todo. Me había criado entre personas que se odiaban y que me odiaban; y ellos no podían blandir siempre el garrote ni lanzarse a las manos o azuzar a los perros contra sus enemigos. También usaban las palabras; con ellas se herían, infundiendo al tono de la voz, más que a las palabras, veneno, suave o violento.

Se fueron primero ellos, Antero y su amigo; se despidieron respetuosamente del Padre. Antero siguió a Gerardo. No me dieron la mano.

—¡Anda tú, loquito! —me dijo después el Padre—. Y no molestes a Gerardo. Ya verás cómo barremos con todos los equipos de fútbol y los atletas del Cuzco. ¡Que eso te alegre!

Puse en un bolsillo de mi saco el *zumbayllu*. Acaricié su pata fría y sus ojos; por ellos cantaba y bailaba. Estaba quieto e inerte sobre el tocuyo de mi bolsillo, entre los desperdicios de pan y chancaca. Pero cuando los externos se fueran, lo haría bailar en el patio de honor, sobre el empedrado; y sería entonces el más vivo, el más activo y dichoso, la mejor criatura que se movía a la luz del sol.

Al día siguiente ninguno de los dos jóvenes me habló. Me ignoraron. En los labios de Antero había madurado otra vez esa especie de bestialidad que endurecía su boca, más que los otros rasgos de su cara. Sus lunares, especialmente los que tenía obre el labio superior y en el cuello, parecían estar unidos por algun corriente interna secreta, con los labios. Yo había visto en la piel de l os cerdos machos encelados trozos semejantes a esos lunares, tal como hora se exhibían.

No vino Gerardo a pedirme cuentas de los insul os que delante de testigos le dirigí en el patio. Supe que Antero dijo que yo era un forastero algo "tocado". Se dedicaban a entrenars en pruebas de atletismo; Antero prosperaba en las de lanzamien to. Los alumnos admiraban cada vez más a Gerardo. Era alegre, generoso con los pequeños. Los adiestraba en saltos y carreras y ot os ejercicios que según él desarrollaban la agilidad o la resistencia. Palacitos tomaba parte en los juegos; se enaltecía.

Pablo, el hermano de Gerardo, se hizo amigo de Valle. El también cultivaba la erudición y la elegancia. Conquistó, adc más, a un Martel, a un Garmendia, y a un joven delgado y pálido, de a pellido extranjero que tampoco se mezclaba con la plebe. Cuidaban de su ropa y no iban al campo de tierra. Subían durante los recreo al corredor alto. El Padre Director los toleraba. Ocuparon también a parte del corredor que daba al salón privado del Director, sobre la óveda de entrada al Colegio. El Padre no los echó de allí. Reunidos en ese lugar privado, limpios, con los puños de la camisa almidonados, su corbatas de seda bien cuidadas, y el k'ompo de Valle que se hizo co diano, ese grupo de alumnos daba la impresión de gente empingoro ada que estuviera de visita en el Colegio. Todos eran alumnos de añ s superiores. Las discusiones y peroratas que armaban en ese alto es enario me daban la impresión de ficticias, de exageradas, aunque Va le era el que más gesticulaba; la actitud de los otros parecía más nat ral, aun la expresión de tranquilo menosprecio con que nos miraba .

Ocurría, con frecuencia, que al toque de la c mpanilla llegaba corriendo al patio de honor, Gerardo; sudoroso, d speinado, la ropa llena de polvo. Miraba con expresión socarrona a l s doctos y acicalados jóvenes del corredor alto, y se echaba a re de buena gana.

—¡Caballeros! ¡Caballeros! —decía. Y se reía carcajadas.

Y no llevaban intención malévola sus palabr s ni su ademán. Era un m chacho feliz y f e e. Se reía de los exclu los. Daba vueltas alrededor del "Peluca", a ran elocidad

—A ver si te quito de la cara ese gesto de llorón —le decía, también sin deseo de herirlo.

El "Peluca" giraba la cabeza mirándolo correr. La gran mancha del ojo izquierdo se avivaba en el rostro de Gerardo, cuando se detenía frente al "Peluca"; una expresión de dicha avasalladora y cruel transmitía.

Los jóvenes del corredor alto lo trataban con una especie de condescendencia que no podía disimular la preocupación y quizá la envidia, a pesar de que, excepto Valle y el hijo del Comandante, tenían realmente la apariencia de jóvenes discretos, retraídos por el estudio y las costumbres. Pero un temblor perceptible sacudía sus rostros cuando oían hablar de los éxitos amorosos y deportivos de Gerardo y cuando reía a carcajadas.

Romero también se dejaba guiar por él.

—No hay discusión —decía—. En la costa saben más que nosotros; tienen más adelanto en todo.

Dejó de tocar su rondín varias noches. Lo sentí preocupado. Yo lo seguía. Palacitos estaba deslumbrado por los nuevos descubrimientos.

—No puedo tocar. No hay ánimo —me dijo Romero, cierta noche.

—Sin ti no habría equipo, de nada. Y no conoces sino Andahuaylas y Abancay, y el camino —le dije.

—¿Así que tú crees que en la costa no hay más adelanto?

—Sí, creo que hay más adelanto. Pero ¿quién te gana a ti en salto largo? ¿Quién te pasa en la defensa? ¿Te pasa Gerardo? ¿No he visto cómo lo haces hociquear en el campo y la bola queda a tus pies?

Romero era ingenuo, alto, fuerte y creyente.

Tocó *huaynos* en seguida, esa noche.

—Casi te avergüenzas del *huayno* ¿no? —le pregunté.

—¿Será eso? —dijo.

—Yo he estado en la costa, hermano —le dije—. En el puerto de Lomas. La iglesia es una cueva que los pescadores les han quitado a los lobos, y la torre es una armazón de huesos de ballena. ¡Lindo puerto, hermanito! Pero triste y con la braveza del mar que te predica en las noches como una manada de toros.

—Ese Gerardo le habla a uno, lo hace hacer a uno otras cosas.

No es que se harte uno del *huayno*. Pero él no entiende quechua; no sé si me desprecia cuando me oye hablar quechua con los otros. Pero no entiende, y se queda mirando, creo que como si uno fuera llama. ¡Al diablo! Vamos a tocar un *huayno* de *chuto* [1], bien de *chuto* —dijo entusiasmándose. Se metió el rondín a la boca, casi tragándose el instrumento, y empezó a tocar los bajos, el ritmo, como si fuera su gran pecho, su gran corazón quien cantaba. Por las primeras notas reconocí la melodía; la letra empezaba con estos versos:

Vaquillachallaykita tiyay watakuykuy	Amarra tía a tu vaquillita
torillochallaymi suelto kacharisk'a	mi torillo está suelto.

—Oye —me dijo, después, Romero—. Pero es cierto que las mujeres se mueren por Gerardo. Será la novedad y que él es campeón. Lo persiguen.

—No hablemos de eso, Romerito: sigue tocando. El padre de Palacios llega mañana...

Era cruel oírle decir que las muchachas se disputaban a Gerardo. Era cruel confirmarlo así, después de haber escuchado a los dos amigos, a él y a Antero, en confidencias. ¿Es que ellas nada sabían? ¿No sabían que el hijo del Comandante era sólo como el "Peluca"? ¿Nada más? Así, asqueroso, aunque sin su impaciencia, sin ese indomable furor, pero con la misma baba de sapo; y cauteloso, artero, y tan contagioso que había transmitido a los lunares y al rostro del "Markask'a" esa huella de bestialidad que ahora lo manchaba.

—Espérame, Romerito —le dije.

"¡Claro que sería su destino, el de su sangre!" — iba diciendo, recordando a Antero, mientras me dirigía, despacio, al campo de juego. En un extremo del patio oscuro, cavé con mis dedos un hueco. Con un vidrio fino me ayudé para ahondarlo. Y allí enterré el *zumbayllu*. Lo estiré al fondo, palpándolo con mis dedos, y lo sepulté. Apisoné bien la tierra. Me sentí aliviado.

—¿Qué sucederá? —me dijo el "Peluca" que rondaba en el pasadizo—. Ocho días que no viene.

—La opa, ¿no?

[1] Indio.

—Sí. Dice la cocinera que seis días ha temblado con la fiebre.
Y los Padres ¡ni saben, ni les importa!

—¿Con fiebre alta?

—Tiembla, dice. ¿Por qué no vas a verla? A ti te deja entrar la
cocinera.

—Mañana temprano, "Peluca"; iré tempranito.

Regresamos juntos al patio empedrado. Romero seguía tocando
la música con la que me acompañé mientras enterraba el *zumbayllu*;
el bailarín que me hizo conocer el valle, grano a grano de la tierra,
desde las cimas heladas hasta las arenas del fondo del Pachachaca,
y el Apurímac, dios de los ríos. Ahora yo buscaría en las tiendas de los
barrios un *winku* nuevo. Los había estudiado. Con la protección de
la cocinera, delante de la opa, abriría a fuego, con un clavo ardiendo,
los ojos del trompo. Le haría una púa de naranjo. Bajaría después
al río. En el puente lo estrenaría. Desde el fondo del abismo cantaría
el *winku*, sobre el sonido del río. Y en seguida del primer canto, iría
a las orillas del Pachachaca, y bautizaría al zumbador con las aguas,
en plena corriente. Lo templaría, como los herreros a las hojas finas
de acero.

—Oye —me dijo, con voz misteriosa, el "Peluca", cuando está-
bamos por llegar al corredor—. Oye: cuídate de Gerardo. ¿No le ves
sus ojos? ¿Son acaso como de un cristiano? Lo has insultado feo.
Los guardias te pueden llevar lejos y te pueden degollar. En un rato
te comerían los perros y los buitres. Estos guardias saben todo, por
estudio. No son como los gendarmes que andaban con las chicheras.
¡Cuídate, forastero! ¿Quién reclamaría por ti? ¿No dices que tu
padre está a cien leguas? ¿Y si echan tu cuerpo al Pachachaca, de
noche? "¡Cerdo, hijo de militar!", le dijiste. Es para no olvidarse.
Y ellos, ¿no ves?, son los *papachas*, aquí, en Abancay.

Lo que decía era incoherente, pero alguna evidencia transmitía.
Se expandió su garganta para pronunciar fúnebre y solemnemente las
palabras. Le presté atención.

—¿Que echarían mi cuerpo al Pachachaca? —le dije.

—Tu cuerpo ya muerto.

—¿Muere el cuerpo?

—¿Qué dices?

—¿El agua es muerta, "Peluca"? ¿Crees?

—Otra cosa es.

—Si no es muerta sería mejor que llevaran mi cuerpo al Pacha-
chaca. Quizá el río me criaría en algún bosque, o debajo del agua,
en los remansos. ¿No crees? —le pregunté.

—Si fueras mujer, quizá. "Disvarías".

—Pero no soy todavía como tú. Quizá me llevaría lejos, adentro
de la montaña; quizá me convertiría en un pato negro o en un pez
que come arena.

—De veras, creo que eres loco. Oye, Ernesto; yo que tú, después
de lo que has insultado al hijo del Comandante y después que, en
dos semanas, ni te ha mirado siquiera, y que tu amigo tampoco,
el "Markask'a", por conveniencia con el Gerardo, ni te habla, ¡yo
me fugaría lejos, donde mi padre! Llegar a cualquier parte es fácil
¿pero aquí? ¡Algo te van a hacer...! ¿Tú crees que el Padre reclamaría
por ti? —siguió hablando—. Y no confíes. Van a esperar. No será
mañana ni pasado... Pero yo no he de olvidar. Será cualquier día...

—¿Y también fugarías, después de lo que me has dicho?

—¿Por qué? Yo te he dicho no más. ¡Sucederá, seguro! Si Ge-
rardo no le cuenta, otros le dirán al Comandante.

—¡Tú irás a decirle, como el Padre! —le grité.

—¿Yo hermanito, yo hermanito? Soy un perro, soy un perro,
¡qué voy a ir! Cuídate; no creas, yo también te voy a cuidar.

—¿Por qué?

—Dios ha permitido que te avise. Me ha castigado. Estoy con-
tigo ya, por eso, como los condenados a los que encadenan juntos.
¡Diosito! ¡No vayas lejos de Abancay; no entres a los cañaverales;
no bajes al Pachachaca!

Lo dejé gimoteando.

Romero había dejado de tocar y conversaba con el "Chipro".

—¿Qué te ha dicho el "Peluca" —me preguntó.

—Dice que la opa tiene fiebre.

—¿De veras?

—Fiebre alta.

—Oye —dijo el "Chipro" con voz temblorosa—, sé que en la
banda de enfrente, en la hacienda Ninabamba están muriendo. ¡Algo
sucede! ¡Al Padre Augusto lo llevaron para una misa! Dicen que
no ha valido sino para que la fiebre salga a otros caseríos. Yo soy

de un pueblo de las alturas de Ninabamba; me visitaron ayer. Estoy para irme al otro lado de la cordillera, con mi familia. ¡Creen que es la peste! No hay que bajar a los valles. Las fiebres grasan en el calor, sin misericordia.

—¿Y cómo es que en Abancay nada saben?

—¿Cómo? Será por el regimiento que estuvo. Las diversiones. Pero ya deben saber; algo estarán preparando.

Se acercaron el "Iño" y el pampachirino.

—Dice que el pampachirino ha oído que ya hay control de guardias en el puente.

—¿Control? ¿Quién ha de controlar a la fiebre? —dijo el "Chipro".

—¡Cuentos! —dijo Romero—. Desde la llegada del regimiento inventan en los barrios esos cuentos. ¡Que la peste ha de venir, que los chunchos, que el "yana batalla"!

—Ninabamba es la hacienda más pobre y la que está más lejos de Abancay, casi en la altura. ¡Veremos! —contestó el "Chipro"—. Si es la fiebre llegará, de cañaveral en cañaveral, como el incendio, cuando el viento empuja al fuego. ¡A mí no me alcanza! Me iré tras la cordillera...

Llamaron para subir al dormitorio. Escalamos despacio las gradas, sin atropellarnos, cuidando de no hacer ruido.

El Padre entró al dormitorio y nos hizo rezar. Cuando iba a salir y se dirigía a la puerta, le habló el pampachirino.

—Padre —le dijo—, me han avisado que la fiebre está grasando en la otra banda. ¿Usted sabe?

—¿Qué? —preguntó el Padre.

—La fiebre Padre: el tifus. Está grasando en Ninabamba; dicen que está bajando a las otras haciendas. Los colonos ya están comiendo los piojos de los muertos. Así es...

—¡Nada sé, nada sé! Serán las chicheras que inventan historias para asustar a la gente. ¡Silencio! Vuelvan a rezar.

Nos hizo rezar de nuevo. Y su voz cambió. Imploraba con vehemencia. Se dio cuenta y cambió de tono, al sonsonete de costumbre. Pero se santiguó al final, pronunciando las palabras con solemnidad.

—Duerman tranquilos, hijos.

Se despidió y fue a pasos lentos hasta la puerta; apagó la luz.

Creí que los internos, todos, se levantarían de sus camas o se sentarían para seguir preguntando y averiguando sobre la peste. Que se reunirían alrededor de la cama del pampachirino o del "Chipro". Los había visto siempre alborotarse fácilmente, exagerar los rumores, contar, inventar, deducir, casi en un estado de competencia. Pero esta vez, se cubrieron la cabeza con las frazadas y se callaron inmediatamente; se aislaron. Quedé solo, como debían estar los demás. Todos habríamos visto a la peste, por lo menos una vez, en nuestros pueblos. Serían los recuerdos que formaron un abismo entre una cama y otra.

"¡Está grasando la fiebre!" La noticia resonaba en toda la materia de que estoy hecho. Yo había visto morir con la peste, a cientos, en dos pueblos; en Querobamba y Sañayca. En aquellos días sentía terror cuando alguna mosca caminaba sobre mi cuerpo, o cuando caían, colgándose de los techos o de los arbustos, las arañas. Las miraba detenidamente, hasta que me ardían los ojos. Creían en el pueblo que eran la muerte. A las gallinas que cacareaban en el patio o en el corral, las perseguían, lanzándoles trozos de leña, o a pedradas. Las mataban. Sospechaban también que llevaban la muerte adentro, cuando cacareaban así, demostrando júbilo. La voz de las gallinas, imprecisa, ronca, estallaba en el silencio que en todas las casas cuidaban. El viento no debía llegar con violencia, porque en el polvo sabían que venía la muerte. No ponían al sol los carneros degollados, porque en la carne anidaba el *chiririnka*, una mosca azul oscura que zumba aun en la oscuridad, y que anuncia la muerte; siente, al que ha de ser cadáver, horas antes, y ronda cerca. Todo lo que se movía con violencia o repentinamente era temible. Y como las campanas doblaban día y noche, y los acompañantes de los muertos cantaban en falsete himnos que helaban la médula de nuestros huesos, los días y semanas que duró la peste no hubo vida. El sol parecía en eclipse. Algunos comuneros que conservaban la esperanza, quemaban el pasto y los arbustos en la cima de los cerros. De día, la sombra del humo nos adormecía; en la noche, la luz de los incendios descendía a lo profundo de nuestro corazón. Veíamos con desconcierto que los grandes eucaliptos no cayeran también con la peste, que dentro del barro sobrevivieran retorciéndose las lombrices.

Me encogí en la cama. Si llegaba la peste entraría a los caseríos

inmundos de las haciendas y mataría a todos. "¡Que no pase el puente!"
—grité.

Se sentaron algunos internos.

—¡Eso es! ¡Que no pase el puente! —dijo el pampachirino.

—Sí. Que se mueran los del otro lado no más. Como perros —replicó el "Chipro".

—Tú has dicho que se están comiendo ya a los piojos de los muertos. ¿Qué es eso, hermanito? ¿Qué es eso?

Mientras preguntaba al pampachirino, se me enfriaba la sangre; sentí hielo en el salón caldeado.

—Sí. Las familias se reúnen. Le sacan al cadáver los piojos de la cabeza y de toda su ropa; y con los dientes, hermano, los chancan. No se los comen.

—Tú dijiste que se los comían.

—Los muerden, antes. La cabeza les muelen. No sé si los comen. Dicen ellos "usa waykuy". Es contra la peste. Repugnan del piojo, pero es contra la muerte que hacen eso.

—¿Saben, hermano, que el piojo lleva la fiebre?

—No saben. ¿Llevan la fiebre? Pero el muerto, quién sabe por qué, se hierve de piojos, y dice que Dios, en tiempo de peste, les pone alas a los piojos. ¡Les pone alas, hermanito! Chicas dice que son las alas, como para llegar de un hombre a otro, de una criatura a su padre o de su padre a una criatura.

—¡Será el demonio! —dije.

—¡No! ¡Dios, Dios sólo manda la muerte! El demonio tiene rabo; la muerte es más grande que él. Con el rabo nos tienta, a los de sangre caliente.

—¿Tú le has visto las alas al piojo enfermo?

—¡Nadie, nadie, hermanito! Más que el vidrio dicen que es transparente. Y cuando el piojo se levanta volando, las alas, dice, mueve, y no lo ven. ¡Recemos, hermanitos!

—¡En silencio! —gritó Valle—. ¡En silencio! —repitió, suplicando.

—Como en la iglesia, mejor, en coro —dijo, arrodillándose, el "Peluca".

—¡Cállense! Parecen gallinas cluecas —dijo Romero con voz firme—. Por la opa no más tanta tembladera. No hay peste en ningún

sitio. Las chicheras se defienden o se vengan co la boca. ¡Ojalá
las zurren de nuevo!

Ya nadie habló. Romero debió tranquilizar a muchos. El "Pe-
luca" se acostó. Se durmieron todos. Algunos ge ían en el sueño.

Yo escuché durante la noche la respiración de lo internos. Pasaron
grupos de gentes por la calle. Oí, tres veces, pro unciar la palabra
peste. No entendí lo que decían, pero la palabr llegó clara, bien
dirigida. Algunos internos despertaron a media n che; se sentaban
y volvían a recostarse. Parecían sentir calor, pero n mi cama seguía
el frío.

Yo esperé el amanecer, sin moverme. Hubo u instante en que
me sacudí, porque creí que me había *pasado*, de anto contener mi
cuerpo. No me fiaba de los gallos. Cantan toda noche; se equi-
vocan; si alguno, por alterado, o por enfermo, ca ta, le siguen mu-
chos, arrastrados por el primer llamado. Esperé a las aves; a los
juskucha pesk'os que habitaban en el tejado. Un vivía dentro del
dormitorio, en el techo sin cielorraso. Salía a la ma rugada; brincaba
de tijera a tijera, sacudiendo las pequeñas alas, ca i como las de un
picaflor, y volaba por la ventana que dejaban ab erta para que en-
trara aire.

El ruiseñor se levantó al fin. Bajó a un tirante le madera y saltó
allí muchas veces, dándose vueltas completas. E del color de la
ardilla e inquieto como ella. Nunca lo vi deten rse a contemplar
el campo o el cielo. Salta, abre y cierra las alas, j ega. Se recreó un
rato en la madera, donde caía la luz de la venta a. Le dio alegría
a mi corazón casi detenido; le transmitió su vi acidad incesante;
pude verle sus ojos, buscándolos. ¡Ni un río, ni gún diamante, ni
la más noble estrella brilla como aquella madruga la los ojos de ese
ruiseñor andino! Se fue, escapó por la ventana. La claridad del ama-
necer lucía, empezaba sobre las cosas del dormit rio y en mí. Bajé
de la cama y pude vestirme, en silencio. Recor ando a Chauca,
cuando escapó para flagelarse en la puerta de la ca illa, abrí la puerta
del dormitorio, empujándola hacia arriba, y no hi e ruido.

Ya en el patio, el cielo que iba iluminándose, c ese júbilo tierno
que la naturaleza muestra en los valles cálidos, a nacer el día, fue
cautivándome. Pensé, entonces, que debía hacer b ilar, mejor, a mi
zumbayllu, como en la madrugada en que por pri era vez me sentí

una criatura del Pachachaca. "¡Lo rescataré! —dije—. ¡Ahora habrá aprendido quizá otros tonos ya que ha dormido bajo la tierra!".

Corrí al patio interior. La puerta del pequeño callejón que conducía a la cocina y al cuarto de la opa no estaba cerrada. Todos mis temores renacieron. "¡Ella!", dije.

Entré al angosto pasadizo. Llegué al pequeño patio donde guardaban la leña. Pasaba por allí la acequia empedrada, de agua pestilente, de los excusados. La puerta del cuartucho donde dormía la opa estaba entreabierta. La empujé. Me miró la cocinera; parecía que ella también acababa de entrar; sus ojos se llenaron de lágrimas.

Sobre unos pellejos descansaba el cuerpo de la opa. Me acerqué. En la rama mocha de uno de los troncos que sostenía el techo de malahoja y calamina, el rebozo de doña Felipa se exhibía, cubriendo andrajos.

Le vi el rostro a la enferma. Le vi los cabellos, de cerca, y la camisa mugrienta que le cubría el pecho, hasta el cuello.

—¡Mamita! —le dije a la cocinera—. ¡Mamita! ¡Adiós dile! ¡A mí también dime adiós!

Me arrodillé en el suelo, ya decidido.

En los cabellos y en la camisa de la opa pululaban los piojos; andaban lentamente, se colgaban de cada hilo de su cabellera, de los que caían hasta el rostro y la frente; en los bordes de la camisa y en las costuras, los veía en filas, avanzando unos tras otros, hasta el infinito mundo.

—¿*Imam*? ¿*Imam*? —preguntaba la cocinera.

—Tranquilízate; sal a la puerta; de allí reza. Se está muriendo —le dije.

Ella lo sabía. Se arrodilló y empezó a rezar el Padrenuestro, en quechua.

Como a la luz de un gran sol que iluminara mi aldea nativa, vi claramente la cascada de agua cristalina donde los deudos de los muertos por la fiebre lavaban la ropa de los difuntos; y el eucalipto ante cuya sombra lloraban en la plaza, mientras hacían descansar a los féretros.

"A esta criatura que ha sufrido recógela, Gran Señor —la cocinera, concluido el Padrenuestro, dirigió a Dios su propio ruego, en quechua—. ¡Ha sufrido, ha sufrido! Caminando o sentada, haciendo o no haciendo, ha sufrido. ¡Ahora le pondrás luz en su mente, la harás ángel y la harás cantar en tu gloria, Gran Señor...!"

—Voy a avisar al Padre —le dije—. No entres ya a la choza, hasta que vuelva yo.

En el patio de honor me detuve. Sentí que millares de piojos caminaban sobre mi cuerpo, y me calentaban. "¿Cómo le llevo el contagio, cómo le llevo?", exclamaba, indeciso. Pero había que salvar a los otros. "Lo llamaré y correré", dije.

Subí las gradas, despacio, cuidando de no hacer rechinar la madera. Toqué la ventana del dormitorio del Padre. Me oyó.

—Padre —le dije—. La opa Marcelina ha muerto. ¡De tifus, Padre! ¡Hágala sacar del Colegio!

Bajé las gradas, casi a la carrera.

La cocinera seguía de rodillas, en la puerta de la choza.

Yo entré. Miré el rebozo de doña Felipa, con repentina alegría. Lo bajé del tronco y se lo entregué a la cocinera.

—Guárdamelo, señora, es un recuerdo para mí —le rogué.

Se puso de pie y fue a guardar la castilla en la cocina.

Cuando regresó, me había sentado ya en el suelo, junto a los pellejos de la opa.

—Si yo me muero, lavarás mi ropa —le dije a la cocinera.

Ella me miró extrañada, sin contestarme.

Levanté los brazos de la opa y los puse en cruz sobre el pecho; sus manos pesaban mucho. Le dije a la cocinera que eso era extraño.

—¡Es lo tanto que ha trabajado, que ha padecido! —me contestó.

Una *chiririnka* empezó a zumbar sobre mi cabeza. No me alarmé. Sienten a los cadáveres a grandes distancias y van a rondarles con su tétrica musiquita. Le hablé a la misca, mientras volaba a ras del techo: "Siéntate en mi cabeza —le dije—. Después escupes en la oreja o en la nariz de la muerta".

La opa palideció por completo. Sus rasgos resaltaron.

Le pedí perdón en nombre de todos los alumnos. Sentí que mientras hablaba, el calor que los piojos me causaba iba apaciguándose; el rostro de ella embellecía, perdía su deformidad. Había cerrado ya sus ojos, ella misma.

Llegó el Padre.

—¡Fuera! —me gritó—. ¡Sal de allí, desgraciado!

—Yo ya no, Padre —le rogué—. Yo ya no.

Me sacó, arrastrándome del cuello. Dos hombres estaban detrás de él, con sábanas en las manos. Envolvieron rápidamente a la muerta y la levantaron. Se la llevaron a paso ligero. Yo los seguía.

Uno de los hombres la agarraba de la cabeza y el otro de los pies. Era aún la madrugada. En un instante cruzaron el patio empedrado, entraron a la sombra de la bóveda. El portero tenía abierto el postigo. Se fueron.

Estaba llorando cuando el Padre me llevó a empujones, hincándome por la espalda con un trozo de leña, hasta el pequeño estanque de cemento que había junto a los excusados. Desde fuera ordenó que me desnudara. El portero me limpió el cuerpo con un trapo: me cubrió con otra sábana y me llevó cargado a la celda todavía deshabitada del Hermano Miguel.

Desde el corredor alto vi ascender al sol, por las cimas de los precipicios, sobre la otra banda de la quebrada.

Me acostaron en la cama del Hermano. El Padre me empapó los cabellos con "kreso" y me envolvió la cabeza con una toalla blanca.

—Ella fue con el Padre Augusto a Ninabamba, hace ya como dos semanas —le dije—. Los vi pasar el puente del Pachachaca. Doña Marcelina subió a la cruz de piedra, como un oso. Ya estaba para morir, seguro, como yo, ahora.

—¡La desgraciada, la bestia! Se metería con los indios en la hacienda, con los enfermos —dijo el Padre, estallando en ira, sin poder contenerse.

—¡Ya está la peste, Padre, entonces! ¡Ya está la peste! Yo voy a morir. Hará usted que laven mi ropa, que no la quemen. Que alguien cante mi despedida en el panteón. Aquí saben —le dije.

—¡Infeliz! —me gritó—. ¿Desde qué hora estuviste con ella?

—En la madrugada.

—¿Entraste a su cama? ¡Confiesa!

—¿A su cama, Padre?

Me escrutó con los ojos: había un fuego asqueroso en ellos.

—¡Padre! —le grité—. ¡Tiene usted el infierno en los ojos!

Me cubrí el rostro con la frazada.

—¿Te acostaste? Di: ¿entraste a su cama? —seguía preguntándome. Acezaba: yo oía la respiración de su pecho.

El infierno existe. Allí estaba, castañeteando junto a mí, como un fuelle de herrero.

—¡Di, oye, demente! ¿Entraste a su cama.?

—¡Padrecito! —le volví a gritar, sentándome—. ¡Padrecito! No me pregunte. No me ensucie. Los ríos lo pueden arrastrar: están conmigo. ¡El Pachachaca puede venir!

—¿Qué? —dijo; se acercó más aún a mí. Sentí el perfume de sus cabellos—. ¿No entraste, entonces, a su cama?. ¡No entraste! ¡Contesta!

Le sentí amedrentado; creo que la confusión empezaba a marearlo. Era violento.

Me tomó de las manos. Y volvió a mirarme, tanto, que le hice frente. Sus ojos se habían descargado de esa tensión repugnante que lo hizo aparecer como una bestia de sangre caliente. Le hablé, mirándolo:

—Recé a su lado —dije—. Le crucé sobre el pecho sus manos. Le he despedido en nombre de todos. Se murió tranquila. Ya se murió, felizmente. Ahora, aunque me dé la fiebre, me dejará usted irme donde mi padre.

—¡Siempre el mismo! Extraviada criatura. No tienes piojos, ni uno. Te hemos salvado a tiempo. Quizá no debí preguntarte cosas, esas cosas. ¡Ya vuelvo!

Se fue, en forma precipitada. Sentí que cerraba la puerta con llave.

Había que evocar la corriente del Apurímac, los bosques de caña brava que se levantan a sus orillas y baten sus penachos; las gaviotas que chillan con júbilo sobre la luz de las aguas. ¿Y al Hermano Miguel? Su color prieto, sus cabellos que ensortijándose mostraban la forma de la cabeza. El no me hubiera preguntado como el Padre Director: me habría hecho servir una taza de chocolate con bizcochos; me habría mirado con sus ojos blancos y humildes, como el de todo ser que ama verdaderamente al mundo.

Me cubrí la cabeza con las frazadas y no pude contener el llanto. Un llanto feliz, como si hubiera escapado de algún riesgo, de contaminarme con el demonio. Me senté después, ya descansado, para examinar bien el pequeño cuarto, los cuadros religiosos que colgaban de las paredes. Reconocí a una Virgen, y le hablé al Hermano:

"Te digo Hermano Miguel que, una vez, en Huamanga, la señora donde quien estuve alojado me obsequió una Virgen como ésta que preside tu cuarto. Tenía un marquito de vidrio. La guardé en el bolsillo de mi saco durante los días que estuve en Huamanga. Por las noches colgaba el cuadrito de la pared, cerca de mi cabecera. Mi padre se fue primero a Cangallo. Me hizo llamar a la semana siguiente, con unos arrieros. Envió un lindo burro azulejo para mí. Pero los arrieros tuvieron más carga: me rogaron que les prestara el burro, que ellos me llevarían en el anca de un mulo orejón, con cara de aburrido, porque era manso. Me dio pena el mulo y preferí ir a pie. ¡Yo soy bravo caminando a pie, Hermano! Salimos a las tres de la mañana de Ayacucho para subir la gran cuesta, amanecer en la cumbre, y pasar la pampa de los morochucos, de día. Tú sabes, Hermano, que esos caballistas barbones son bandidos. Con el apuro y la confusión de la partida olvidé a mi Virgen, la dejé en la pared. Me acordé de ella cerca de la cumbre, cuando el sol aparecía. "¡Los alcanzo, seguro!", les dije a los arrieros. Y regresé a la ciudad: dos leguas de distancia. Entré a carrera el patio y al cuarto donde me habían alojado. Estaba la Virgen. La descolgué: era pequeñita, pero con su marco de vidrio. La dueña de la casa me besó al verme salir con la imagen y me regaló una naranja para el camino. ¡Alcancé a los arrieros, Hermano, en plena pampa, al mediodía! Iban rápido, arreando la piara de mulas. Me subieron al anca del mulo. Me festejaron, cuando les mostré la Virgen. Podía protegernos contra los bandoleros. Tres años después, un maldito, en mi pueblo, rompió el marco y me tiró la estampa a la cara. Tú debes saber quién fue, Hermano. Que una víbora entre a su cama y le eche veneno a los ojos. Ciego que marche al infierno, cayéndose y levantándose, sin encontrarlo en años de años. Quizá para él sea peor eso que arder en el fuego. ¡Yo lo conozco!".

Escuché pasos en el corredor, el andar de mucha gente. Ya estarían alborotados. La bulla había empezado mientras le hablaba al Hermano.

Me saqué la toalla de la cabeza. Era blanca. Ni un piojo encontré. Olía a desinfectante.

"¡Hermano! —volví a decir—. ¡Quizá no me dé la fiebre! ¡Quizá me salve! La opa Marcelina estará rogando por mí en la gloria. Ella

quemará las alas de los piojos, nos salvará. Pero ya no podré bajar
al Pachachaca. Tendré que irme por el lado del Cuzco, rodeando".

Salté de la cama. Me vi desnudo y me cubrí con una frazada.
Caminé probando mis fuerzas. "¡Yo no tengo la fiebre! Voy a es-
capar. El Padre me ha salvado. Tiene suciedad, como los otros, en
su alma, pero me ha defendido. ¡Dios lo guarde!"

Volví a acostarme. Sentí que la cama me abrigaba. "Es el es-
píritu del Hermano", pensé. "¡Que cierren el puente, no hay ya sino
que cerrar el puente!" —exclamé.

Pretendí salir para ayudar en los mandados: para bajar con los
"civiles" al río, aunque no me pareciera seguro que esos chillantes
soldados de botas y sombrero pudieran soportar el sol de la quebrada
y la guardia permanente. Pero la celda estaba firmemente cerrada.

"¡Vendrían en avalancha los colonos de enfrente —reflexioné a
solas—. O se morirán tranquilos en sus chozas de malahoja! Ellos
no tienen espanto a la muerte. La reciben entre himnos fúnebres,
aunque nadie le hace caso a la muerte de un indio. Se visten de luto
en las comunidades, pero los colonos ya ni eso saben: pululan en
tierra ajena como gusanos: lloran como criaturas: como cristianos
reciben órdenes de los mayordomos que representan a Dios, que
es el patrón, hijo de Dios, inalcanzable como El. Si un patrón de
éstos dijera: "Alimenta a mi perro con tu lengua", el colono abriría
la boca y le ofrecería la lengua al perro. ¡Morirán tiritando, como la
opa Marcelina, e irán al cielo a cantar eternamente! No bajarán al
puente —dije—. No se atreverán. Y si alguien baja y ve a los guardias
armados de sus fusiles, y con esos sombreros alones y las polainas
y espuelas, les temerán más que a la muerte".

No oí la campana. No oí llegar a los externos. Recordé que era
día sábado. Me trajeron el desayuno. Entró el Padre Cárpena.

—A ver —me dijo.

Me examinó largo rato la cabeza.

—Ni uno —dijo—. Pero no saldrás hasta mañana. Demasiado
"kreso" te han puesto, inútilmente.

Me hizo lavar la cabeza en un balde de agua, con un jabón pes-
tilente.

—Padre, no han venido los externos —le dije.

—Es por el ntrenamiento general, de fútbol y atletismo. Los internos también salieron. Ya saben que estás enfermo.

—¿Enfermo?

—Si, de grip . No deben alarmarse. Yo llevé el cadáver de la demente al hosp al. Fue un ataque al corazón.

—¿Un ataque? ¿Y los piojos?

—Esas si mp e los tienen.

—¿Van a dej ir entrar a los sirvientes alli? ¿A todos?

—Ya no est la cocinera: por precaución. Se ha quemado la ropa de la deme te. La cocina ha sido barrida con "kreso". ¡Todo con "kreso", sin dejar un rincón! El portero ha sido también desinfectado, a pesar de que duerme lejos.

—¿Por qué, s no hay peste?

—¿Peste? Lo piojos aumentan en cualquier cuerpo sucio, más si está enfermo.

—No, Padre. Es la fiebre. Diga que cierren el puente. Yo he visto morir con el tifu en los pueblos. La misma cara que la Marcelina tenian. Y así con o cuentan todos de la peste, los piojos estaban hirviendo en el cue po de doña Marcelina.

—¿Doña? ¿P r qué doña? ¡Deliras, no sin razón! Pero ten calma, hijo. Por el Her ano, a quien querías.

Nada pudier n. En la tarde, los internos rondaron cerca de la puerta de mi cua rto. Debian vigilarlos, pues no me hablaron desde fuera.

Durante la no he hubo silencio en el patio. Sólo por unos instantes oí el rondín de R mero. Tocó el *huayno* de Huanta, dedicado al Coronel Ramirez qu e hizo quintear a los indios en el panteón. El Padre Cárpena me traj la comida.

—No hables —me ordenó.

Y comí en s lencio, atenaceado, nuevamente, por los presentimientos.

Muy entrada la noche, tocaron a mi puerta.

—¿Tienes fieb re? —me preguntó una voz. Era Abraham, el portero.

—¿Tienes fieb re? —volvió a preguntarme.

—No —le di e.

—Yo sí, niño. ¡Me voy a morir a mi pueblo!

—¡No! —le dije—. Vas a llevar el contagio. ¿A dónde vas?

—¡A Quishuara! Al otro lado del Pachachaca. Allí ya estarán muriendo. ¡El Padre me ha quemado ya todos los piojos! Ya no voy a llevar contagio; él dice que es por el piojo. Estaban correteando en todo mi cuerpo y en mi cabeza también —hablaba en quechua, fatigándose—. ¡Ya no hay ahora!

Iba a preguntarle si había dormido con la opa, pero me asusté de la intención, y me quedé callado.

—En Ninabamba ha comenzado —le dije.

—¡De allí lo levantó la finada! Yo, pues, iba a veces donde ella. ¡La desgracia, la desgracia! Así viene la muerte niño. La finada defenderá a otros desde el cielo, pero a mí me estará llamando, porque he dormido en su cama cuando ya tenía la fiebre. ¡Me estará llamando! En dónde también me encontrará; Dios le ayuda ahora. Ya no hay salvación. En un manantial quisiera hundirme; a la gran selva podría irme, en vano. Ya estoy señalado. Mejor en mi pueblo voy a morir.

Les gusta hablar mucho de la muerte, a indios y mestizos; también a nosotros. Pero oyendo hablar en quechua de ella, se abraza casi, como a un fantoche de algodón, a la muerte, o como a una sombra helada que a uno lo oprimiera por el pecho, rozando el corazón, sobresaltándolo; a pesar de que llega como una hoja de lirio suavísima, o de nieve, de la nieve de las cumbres, donde la vida ya no existe.

—¡Abraham! ¡Aquí puedes sanar! La opa no ha de pedir tu muerte. Ya en la gloria no se acordará de lo que ha sufrido —le rogué.

—No es ella, niño —contestó—. ¡Es Dios! Con una enferma he dormido. Ella no quería. ¡No quería, pues, niño! Yo habré sido yo, seguro, el que ha ido a su cama, sino el demonio. Cuanto más caliente su cuerpo, más quería ir. El panteón no más es mi camino. Allá ¡de frente! Mi calavera van a echar, seguro, después de años, a una ventana del cementerio. Si tú vas a mi pueblo, cuando seas grande, búscala, niño. Tendrá un verde en la frente. Le rompes esa parte con una piedra, y me entierras, aunque no sea en hondo. ¡Adiós niño! He venido a darte ese encargo. ¡Llegarás a Quishuara aunque sea dentro de veinte años! ¡Gracias, *papay!* El demonio que está en mi cuerpo tiene que morir. ¡Adiós, *papay!*

Lo oí alejarse. "¡Adiós!", le dije.

Bajó las gradas. En esos instantes hubiera percibido sus pasos, aunque por obra del demonio se hubiera convertido en ciempiés o en culebra. Al poco rato abrió el postigo y lo cerró en seguida. Iría al puente, a paso ligero, entraría aún de noche. Al pie de la cruz se inclinaría, quitándose el sombrero. Nadie podría atajarlo. Llegaría hasta su aldea, para morir.

No iba a dormir yo después de esa despedida. Más grupos de gentes caminaron en la calle esa noche. El cuarto del Hermano era muy oscuro: sólo una ventana alta y pequeña daba a la calle, un tragadero de luz. Oí que caminaban rápido; escuché aún los pasos de pies descalzos. Permanecí inmóvil en la cama, atento. La muerte se acercaba, seguro, en mantos: avanzaba desde el otro lado del río. "Había que hundir el puente —pensé—, volarlo con dinamita, hacer caer sus tres arcos. ¡Que ataquen a la fiebre por la espalda". Porque ella venía con la frente hacia Abancay.

Me despertaron en la mañana, al abrir la puerta.

—¡Ya! —exclamó el Padre Cárpena, alarmado.

Me había dormido de espaldas, tendido, como suelen acomodar a los muertos.

Me puse de pie.

—¿Y Abraham, Padre? —le pregunté.

—¿Abraham? —dijo, examinándome.

Tenía una gran salud el Padre Cárpena: sus orejas eran rojas; bajo sus cejas espesas, sus ojos brillaban, siempre con alegría.

—¿Por qué preguntas?

—Se fue, Padre —le dije—. Tiene la fiebre. Vino a despedirse de mí. ¡Llegará a su pueblo! La fiebre no lo va a tumbar en el camino. ¡No ha de poder!

Se sentó en una silla el Padre, mirándome.

—Pero tú no estás enfermo —me dijo.

—Yo no. Vino a despedirse porque yo atendí a la opa en su agonía y crucé sus brazos. El lo sabía, seguro.

—Hay rumores en todo el pueblo y en las haciendas. La gente se asusta en un instante. ¿Sabes? —me dijo—. El "Peluca" ha sido arrojado del internado, porque aullaba como un perro en el patio de tierra, junto a los excusados. Creo que ha perdido el juicio.

Simeón, el pampachirino, se ha escapado. Mañana se van los internos. Tú te quedas aquí.

—¿El "Peluca" aullaba, Padre?

—Sí, hijo, aullaba.

—Su madre oiría aullidos cuando lo tuvo en su vientre: se criaría en algún lugar *pesado* donde los perros sufrían.

—Quizá, hijo. Tres parientes lo han llevado amarrado con sogas de cuero. Ha alborotado al pueblo. Yo creo que reventará de un ataque.

Me hablaba con desasosiego el Padre. Fue él quien derribó al "Peluca" de un puntapié, en el patio de tierra.

—¡Hermano! —le dije—. El Padre creyó... que soy un demonio, que mi sangre es caliente. ¡Ahí está el castigo!

—Pero tú, no te vas.

—¡Me iré! Todos se van a ir.

—Mañana —me dijo—. Las clases se suspenden por un mes.

No me dejaron salir del dormitorio. Al principio empujé la puerta, pretendí reventar el candado. Pero el Padre Cárpena me habló desde el corredor.

—¿Qué has de hacer afuera? —me dijo—. ¿Ver la desesperación? Allí, el espíritu del Hermano te acompaña.

—Esperaré —le contesté— cualquier tiempo.

A la mañana siguiente entraron caballos al patio. Bajaron las escaleras muchas veces, murmurando, procurando guardar silencio.

"Deben temer que la fiebre se desarrolle en mi sangre —reflexioné—. Por eso no me sueltan. Dejan irse a mis amigos, sin que se despidan".

Los caballos salían del patio, al paso. Conté diez.

Cerca del mediodía, oí que alguien se acercaba a mi cuarto. Se detuvo junto a la puerta. Hizo rodar dos monedas de oro, de una libra, por la rendija que había junto al piso, y empujó un pequeño papel doblado. ¡Era Palacitos! Salté de la cama.

—Me voy con mi padre, hermanito. ¡Adiós! —dijo en voz baja, apresuradamente. Y se fue.

No alcancé a contestarle. Se alejó corriendo. No pude hablarle. Levanté el papel. Estaba escrito, también a prisa. Lo leí: "Mi papá te manda eso para tu viaje. Y si no salvas, para tu entierro. Adiós, hermanito Ernesto".

Escuché que bajaban las gradas. Recogí las dos monedas. Y volví a la cama.

Palacitos era igual que los indios y mestizos de las comunidades. Se preocupaba del entierro. Si no se hace con un cura bien ornamentado y si no se cantan misas, el diablo gana la competencia y se lleva el espíritu, a rastras. Era un regalo de su parte aliviarme de todo temor, escribiéndome en su despedida: "¡Para tu entierro!".

Pero si llegaba a sentir la fiebre, haría como el Abraham. Me escaparía. Quizá no podía llegar a Coracora, pero sí a mi aldea nativa, que estaba a tres días menos de camino. Bajaría por la cuesta de tierra roja, de Huayrala; con esa arcilla noble modelaría la figura de un perro, para que me ayudara a pasar el río que separa ésta de la otra vida. Entraría tiritando a mi pueblo; sin un piojo, con el pelo rapado. Y moriría en cualquier casa que no fuera aquélla en que me criaron odiándome, porque era hijo ajeno. Todo el pueblo cantaría tras el pequeño féretro en que me llevarían al cementerio. Los pájaros se acercarían a los muros y a los arbustos, a cantar por un inocente. Por ausencia de mi padre, el *Varayok'* Alcalde echaría la primera tierra sobre mi cuerpo. Y el montículo lo cubrirían con flores. "¡Mejor es morir así!", pensé, recordando la locura del "Peluca", los ojos turbios, contaminados, del Padre Director; y recordando al "Markask'a", tan repentinamente convertido en un cerdo, sus lunares extendidos como rezumando grasa. Y saldría de la ciudad por Condebamba; dejaría en la puerta de la casa de Salvinia un tallo de lirio que arrancaría de la plaza, con su flor morada, de Abancay. "No te confíes", le escribiría en un sobre grande, con mi firma.

El Abraham había venido, seguro, a despedirse de mí, para iluminarme.

Examiné de pie, contento, las libras de oro. Eran ya raras las personas que gastaban esas monedas. El padre de Palacitos halagaba al Director, pagando los derechos del Colegio en libras de oro. Lo hacía solemnemente, como quien entrega un tributo, de un noble a otro noble. Por primera vez le dejó a su hijo una de esas monedas, cuando Palacitos quiso, a la manera de su padre, agasajar a Romero y expresarle su agradecimiento. Yo ahora tenía dos en mis manos.

Para mi entierro o para mi viaje. Palacitos, el "indio Palacios", como solían llamarlo a veces los soberbios, y los enemigos, hizo rodar hasta mi encierro las monedas de oro que me harían llegar a cualquiera de los dos cielos: mi padre o el que dicen que espera en la otra vida a los que han sufrido.

El oro es un hallazgo encontrado por el ser humano entre las rocas profundas o la arena de los ríos. Su brillo lento exalta, aun cuando creemos ver entre las arenas, o en las vetas que cruzan las paredes oscuras de las cuevas, algún resplandor semejante al suyo. Sabía que su elaboración es difícil, que se le cierne merced al fuego y a mezclas sabias que los ingenieros o los brujos conocen por largos estudios y secretos. Pero una libra de oro en las manos de un niño, lo convierte en rey, en un picaflor de aquellos que vuelan, por instinto selecto, en línea recta, hacia el sol. Yo los he visto, brillando y subiendo a golpes de ala.

Las monedas, a pesar del mensaje que traían, calmaron mis fúnebres temores. Las hice sonar lanzándolas al aire; las contemplé por ambas caras y los dientes de los bordes. El penacho de plumas del Inca, acuñado en el anverso de la libra de oro, me regocijaba.

"No las gastaré nunca —dije—. En los pueblos las mostraré solamente, y me atenderán. Creerán que soy el hijo errante de algún príncipe o un mensajero del Señor que anda probando la honradez de las criaturas".

Pesaban las monedas. Nunca vi libras de oro gastadas. Todas son nuevas. Las mías tenían brillo y sonido mayores, por el silencio en que me encontraba.

"Es por ti, Hermano —pensé—. Estoy en tu cuarto. Como a un templo se ha acercado, seguro, el Palacitos, a dejar su oro. ¡No será para mi entierro!"

El martes, al mediodía, el Padre Director abrió la puerta del dormitorio. Se acercó a mi cama, apresuradamente.

—Te vas a las haciendas de tu tío Manuel Jesús —me dijo—. Tengo ya autorización de tu padre. No hay caballos. Irás a pie, como dices que te gusta.

Me senté sobre la cama. El siguió de pie.

—¿Donde el Viejo, Padre? ¿Donde el Viejo? —le pregunté.

El Director me dio a leer un telegrama de mi padre. Ordenaba que saliera de Abancay a la hacienda Huayhuay y que volviera cuando me llamaran del Colegio.

—Supongo que para ti dos dias de camino no es nada. Las haciendas están sobre el Apurimac, en parte alta —me dijo el Padre.

—¿En parte alta, Padre?

—Precipicios de rocas hay entre el rio y las haciendas. Pero un camino, que sólo los indios pueden transitar, baja como un tornillo, hasta el rio. El caballero nos invitó hace tres años. Tú podrás bajar...

—No me dará de comer, el Viejo, Padre —le interrumpí—. ¡No me dará de comer! Es avaro, más que un Judas.

Enrojecieron las mejillas del Padre.

—¿Avaro? —dijo, indignado—. ¿Dices que avaro?

—Yo lo conozco. Deja que se pudra la fruta antes que darla a su servidumbre. Mi padre...

—¡Deliras! Don Manuel Jesús lleva misiones de franciscanos todos los años a sus haciendas. Los trata como a principes.

—¿Misiones de franciscanos...? ¿Tiene entonces, muchos colonos, Padre?

—Quinientos en Huayhuay, ciento cincuenta en Parhuasi, en Sijllabamba...

—¡Voy, Padre! —le dije—. ¡Suélteme ahora mismo!

Me miró más extrañado aún.

—No te entiendo, muchacho —me dijo—. No te entiendo, igual que otras veces. Saldrás mañana, al amanecer.

—Padre. ¿El Viejo habla en quechua con sus colonos de Huayhuay? —le pregunté.

—A veces: pero tú no podrás hablar con los indios. ¡Te advierto! Don Manuel Jesús es severo y magnánimo: es un gran cristiano. En su hacienda no se emborrachan los indios, no tocan esas flautas y tambores endemoniados: rezan al amanecer y al *Angelus;* después se acuestan en el caserio. Reina la paz y el silencio de Dios en sus haciendas.

—¿Y el Apurimac, Padre?

—¿Qué tiene que ver?

—¿Ni en carnavales van al rio a cantar, los indios?

—Te he dicho que el patrón es un hombre religioso. Deberás

observar las reglas de las haciendas. Trabajo, silencio, devoción.

—Lo conozco, Padre. Iré. ¿Dos días, dice usted? Yo llegaré en día y medio. Rezaré con los colonos, viviré con ellos. ¿Ya se fueron todos los internos?

—Todos.

—¿Y Antero?

—También.

—¿Y los hijos del Comandante?

—Todos se han ido: sólo los hijos de los pobres se quedarán.

—¿Y la fiebre, Padre?

—Sigue en las haciendas de la otra banda. Aumenta.

—¿Y el puente?

—Está tapiado. Le han hecho una puerta. Van las medicinas.

—¿Y la cocinera, Padre?

—No sé —dijo.

—¡Murió! —le dije; porque su respuesta, tan rápida, me pareció que lo delataba.

—Sí, pero en el hospital, aislada.

—Rapada; sin cabellera la enterraron.

—Claro, hijo. ¿Cómo lo sabías?

—Por presentimiento, Padre. El Abraham se fue a morir a Quishuara. Allá debe estar ya la fiebre.

—¡Tú no saldrás del Colegio! —exclamó, con inesperado enojo—. Voy a traerte aquí un reloj despertador. Sonará a las cuatro de la mañana. Hay un nuevo portero. Duerme en la cocina.

—¿No me dejará usted salir para despedirme de Abancay? —le rogué.

—Le he prometido a tu padre...

El tono de su voz se había vuelto extraño, desde que le hablé de Abraham. Me examinaba. Me clavaba los ojos a lo profundo, y se perdía, cada vez más, como todo aquel que intenta encontrar en lo infinito indicios extraviados, premeditados por su propia turbación, por los falsos pensamientos.

Le mostré las dos libras de oro. Quizá lo hice al fuego de la inquietud maligna que él mismo despertaba en mí, mientras sufría.

—¿Qué es eso? —dijo.

—Dos libras de oro, Padre.

—¿Las robastes, acaso?

—Con ellas é por el camino, como el hijo de un rey, Padre. Se las mostraré a Viejo. Probaré si Dios le oye...

Mientras le ecía estas palabras inesperadas, revivió en mi la imagen del Cuzco, la voz de la "María Angola", que brotaba como del fondo de un ago; la imagen del Señor de los Temblores, de los espejos profundos que hay en la catedral, brillando en la penumbra.

Se me acercó el Padre. Sus ojos se habian opacado. Una especie de turbia agua lameaba en ellos, mostrando su desconcierto, las ansias todavía n bien definidas que se iban formando en su alma.

—¿Las robaste, hijo? —me preguntó.

Era sabio y nérgico; sin embargo, su voz temblaba: siglos de sospechas pesaban sobre él, y el temor, la sed de castigar. Sentí que la maldad me quemaba.

—Lea, Padrecito —le dije—. Es un regalo de mi amigo. Ya debe estar en su pueblo.

El Padre leyó la nota de Palacitos. Se apoyó en la cabecera del catre. Me miró después. Creo que su primer impulso fue el de castigarme con brutalidad. I o esperaba. Pero se despejaron sus ojos.

—Te dejaré salir —me dijo—. Hemos sufrido mucho estos días. El Colegio está vacio. Ya verás Abancay. Te traerán tu ropa. El padre de tu amigo, el pequeño Palacios, se fue radiante de alegría, con su hijo, a pesar del miedo a la fiebre.

—¿Lo examinó? ¿Hizo que usted lo examinara? —le pregunté.

—No fue necesario. El chico mostró el regalo del "Añuco", esa colección de "daños" rojos: una carta del Hermano en que lo felicita y lo bendice. Y é mismo, junto a mí, le habló de Historia a su padre, de Ciencias Naturales, de Geometria. ¡Sé feliz, hijo! Palacios deslumbró a su padre: se le veía respetable.

—¿Ya Romero se había ido?

—Si.

—¿Y el "Chipro"?

—También él

—"Serás ingeniero", le dijo el padre. Y después los dejé en el despacho.

—Entonces, a solas, le pediría las libras de oro para mi. ¿Se fueron en seguida?

—No, al poco rato. El chico subió al internado, por sus libros y su alforja. Cuando se despidió de mí no lloró. No me habló de ti, a pesar de que te dejaba encerrado, y eso me causó extrañeza.

—Ya había venido.

—Llevarás tus libras de oro con cuidado; vas a viajar solo.

— No las voy a gastar nunca, Padre.

—Espera un rato; te mandaré tu ropa.

Salió del cuarto y dejó la puerta abierta. Era alto, de andar imponente, con su cabellera cana, levantada. Cuando ninguna preocupación violenta lo asaltaba, su rostro y toda su figura reflejaban dulzura; un abrazo suyo, entonces, su mano sobre la cabeza de algún pequeño que sufriera, por el rencor, la desesperación, o el dolor físico, calmaba, creaba alegría. Quizá yo fuera el único interno a quien le llegaba, por mis recuerdos, la sombra de lo que en él también había de tenebroso, de inmisericorde.

Con mi traje nuevo salí en la tarde; bajé al patio.

Ni Palacitos, ni Antero, ni la opa, ni el "Peluca", ni Romero, ni Valle, ni el "Añuco", ni la cocinera, ni Abraham, estaban ya. Sabía que me encontraba solo en el caserón del Colegio.

Me senté un instante en las gradas del corredor, frente al pequeño estanque.

Me dirigí al patio interior, caminando despacio. Estaba más atento a los recuerdos que a las cosas externas.

Eran tres las casetas de madera de los excusados; y una más grande, la que daba techo al pequeño estanque y a otro cajón. Allí tumbaban a la demente. Me acerqué a esa puerta; me vi frente a ella, sin habérmelo propuesto. La abrí. Había florecido más la yerba que crecía en el rincón húmedo, junto a la pared. Un tramo de *zak' zapatilla* podía hacerse. Corté todas las flores; arranqué después la planta, sacudí la tierra que vino con las raíces y la eché a la corriente de agua. Luego salí al patio.

El panteón quedaba muy lejos del pueblo. Hubiera deseado colgar ese ramo en la puerta, porque nadie podría identificar, entre los cúmulos de tierra de las tumbas de la gente común, cuál era la de doña Marcelina. Me dirigí al cuarto donde murió. Pasé por el callejón angosto y miré la cocina. Vi allí a dos hombres. No me sintieron pasar. Olía aún a "kreso" el pequeño patio. Habían cerrado con un candadito de color, el cuarto. No encontré cintas de luto cruzadas en la puerta, como es costumbre en los pueblos cuando alguien muere. En el cerrojo prendí el ramo.

El sol mataría rápidamente esas flores amarillas y débiles. Pero yo creía que arrancada esa planta, echadas al agua sus raíces y la tierra que la alimentaba, quemadas sus flores, el único testigo vivo de la brutalidad humana que la opa desencadenó, por orden de Dios, había desaparecido. Ya ella no vendría, inútilmente, a pretender matar esa yerba con sus manos de fantasma, que nada pueden contra la causa de las maldiciones o pecados de esta vida. Miré el ramo en su puerta, feliz, casi como un héroe: saqué las libras de oro de mi bolsillo. ¡Mi salida de Abancay estaba asegurada! Yo también, como ella en el cielo, me sentí libre de toda culpa, de toda preocupación de conciencia.

Salí corriendo al patio. Los hombres de la cocina me siguieron. Deseaba ver el pueblo, ir a Patibamba y bajar al Pachachaca. Quizá en el camino encontraría a la fiebre, subiendo la cuesta. Vendría disfrazada de vieja, a pie o a caballo. Ya yo lo sabía. Estaba en disposición de acabar con ella. La bajaría del caballo lanzándole una piedra en la que hubiera escupido en cruz: y si venía a pie, la agarraría por la manta larga que lleva flotante al viento. Rezando el *Yayayku* [1], apretaría su garganta de gusano y la tumbaría, sin soltarla. Rezando siempre, la arrastraría hasta el puente; la lanzaría después, desde la cruz, a la corriente del Pachachaca. El espíritu purificado de doña Marcelina me auxiliaría.

Corrí hasta la puerta del camino de Patibamba. Tres guardias con fusiles cerraban la entrada.

—Nadie pasa —me dijo uno de ellos.

—¿Por qué, señor? —le pregunté—. Yo voy por mandato hasta el puente.

—¿Por mandato? ¿De quién?

No me iba a comprender. Desconfié.

—Déjeme pasar. El camino es libre —le dije.

—¿No ves que la ciudad está en alarma? Hay peligro.

—¿Ya llegó la fiebre?

---

[1] El Padrenuestro.

—Llegará por miles. ¡Ya, muchacho! Retrocede. Vete a tu casa.

Yo podía entrar a los cañaverales por cien sitios diferentes. ¿Qué me importaba el camino? Pero el guardia decía algo misterioso. ¿Cómo iba a llegar por miles la fiebre si era una sola? Me retiré. Entraría a Huanupata, averiguaría.

Las chicherías y las puertas de las casas estaban cerradas. Vi gente subiendo la montaña, hacia el Apurímac. Iban a pie, a caballo y en burros. Llevaban a sus criaturas, los perros les seguían. Hasta las pequeñas cantinas donde expedían cañazo para los indios y mestizos viajeros estaban cerradas. El viento zarandeaba la malahoja de los techos, revolvía el polvo en las calles. Así era en las tardes, siempre, el aire de la quebrada. Pero esta vez, en el barrio vacío, el aire me envolvió, y como andaba rápido, pasé por las calles como flotando. Miraba de puerta en puerta. Vi un enrejado de palos, abierto. Entré a esa casa.

Excrementos de animales cubrían el patio. Las moscas se arremolinaban en todas partes. El sol daba de lleno sobre unas mantas viejas, tendidas en un extremo del corredor, frente a la cocina. Troncos gruesos y secos, formaban las paredes de un entarimado. Me acerqué allí. Encontré a una anciana echada en el suelo, con la cabeza reclinada sobre un madero redondo. Llevaba *makitu*, una antigua prenda indígena de lana tejida, que le cubría los brazos; le había envuelto la cabeza con un trapo. Su rostro parecía momificado, la piel pegada a los huesos, su nariz filuda y amarillenta. De sus labios delgados rezumaba jugo de coca. Cuando me vio, pudo mover un brazo y me hizo una seña, espantándome. "Es la fiebre", pensé. Y no retrocedí. Me acerqué más. Pude comprobar entonces la identidad de esa cama con otras, de ancianos yacentes, que había visto en los pueblos de indios.

—¿Quién eres? —le pregunté en quechua, gritando.

—Voy a morir, pues —me contestó.

—¿Y tu familia?

—Se han ido.

Su voz era aún inteligible.

—¿Por qué no te han llevado? —pregunté, sin reflexionar.

—Voy a morir, pues.

Volvió a mover un brazo, espantándome de nuevo. Comprendí

que la impacientaba. Pero no pude decidirme, al instante, a obedecerle. La habían abandonado, sin duda de acuerdo con ella misma.

¡Adiós, señora! —le dije, respetuosamente, y salí tranquilo, no huyendo.

Desde la calle descubrí, en el cerro, cerca del barrio, a una familia que iba subiendo por el camino al Apurímac. Corrí para alcanzarlos.

—¿Por qué se van? —les pregunté, a unos pasos de distancia.

El hombre se detuvo y me miró sorprendido. Había cargado en un burro ollas y frazadas. A la espalda llevaba el hombre más objetos y la mujer a una niña; un muchacho como de seis años iba junto al padre.

—Han pasado el río, de enfrente a esta banda, por oroyas. ¡Por diez oroyas! Ya están llegando —dijo.

—¿Quiénes? —le pregunté.

—Los colonos, pues, de quince haciendas. ¿No sabes, niño? Anoche, un guardia ha muerto. Una oroya cortó con su sable, dice a golpes, cuando los colonos estaban pasando. Ya no faltaban muchos. Ocho, dicen, cayeron al Pachachaca: el guardia también. Han querido acorralar a los colonos a la orilla del río: no han podido. Han bajado los indios de esta banda, y como hormigas, han apretado a los guardias. ¡Pobrecitos! Tres no más eran. No dispararon, ellos también no les han hecho nada a los guardias. Los "civiles" han llegado ya. Están contando. Dice que todos los guardias van a ir ahora con metralla para atajar a los colonos en el camino. ¡Mentira, niño! No van a poder. Por todos los cerros subirán. Yo soy cabo licenciado...

—¿Los colonos han apretado a los civiles, dices? ¿Los colonos?

—¡Los colonos, pues!

—¡Mentira! ¡Ellos no pueden! ¡No pueden! ¿No se han espantado viendo a los guardias?

—¡Ja caray, joven! No es por nada. El colono es como gallina; peor. Muere no más, tranquilo. Pero es maldición la peste. ¿Quién manda la peste? ¡Es maldición! "¡Inglesia, inglesia: misa, Padrecito!", están gritando, dice, los colonos. Ya no hay salvación, pues, misa grande, dice quieren, del **Padre grande de Abancay.** Después sentarán tranquilos: tiritando se morirán, tranquilos. Hasta entonces van a empujar fuerte, aunque como nube o como viento vayan los civiles. ¡Llegarán no más! ¡Ya estarán llegando!

—¿Creerán que sin la misa van a condenarse?

—¡Claro, pues; seguro! Así es. Condenarían. Llenarían la quebrada los condenados. ¡Qué sería, Diosito! Andarían como piojos grandes, más grandes que carnero merino; limpio se tragarían a los animalitos, acabando primero a la gente. ¡Padrecito!

—Por eso te vas. ¡Ya tú te vas!

—¿Y el piojo, niño? Habrá misa, seguro. Los colonos llegarán de noche a Abancay. Quizá oyendo misa se salvarán los indios. Van a venir dejando a sus criaturitas ¡son angelitos, pues! Con sus mujeres vendrán. ¡Se salvarán! Pero sus piojos dejarán en la plaza, en la iglesia, en la calle, delante de las puertas. De allí van a levantar los piojos, como maldición de la maldición. Van a hervir. ¡Nos van a comer! ¿Acaso en Abancay la gente va a mascar a los piojos como los colonos? ¿Acaso van a mascar? De los rincones se han de alzar, en cadenas. Así es piojo de enfermo.

—Cabo licenciado —le dije—. ¡Tienes miedo! Tú mismo creo te alimentas, lloriqueando, la cobardía, al revés de los colonos...

Me contestó en quechua.

—*Ouk'ok' usank'a jukmantan miran...* (El piojo del enfermo se reproduce de otro modo. Hay que irse lejos. ¿De qué sirve el corazón valiente contra eso?)

Quiso atajarme, llevarme con él, cuando pretendí volver al pueblo. La mujer me dijo en quechua:

—Eres una criatura hermosa. ¿Por qué vas, de voluntario, a que te defequen los piojos?

Tenían espanto.

—Mañana, antes del amanecer, yo también estaré subiendo esta cuesta —les dije.

Me despedí; y bajé a la carrera al pueblo.

Por un cañaveral, lejos de Abancay, entré a Patibamba. Sudé, caminando agachado, bajo las plantaciones que ardían con el sol de todo el día. Temía que me descubrieran, y no salí a los anchos senderos que separan los cuarteles. Por esos espacios, las mulas de la hacienda cargaban la caña hasta el gran patio del ingenio.

Arrastrándome sobre el bagazo, llegué al caserío de los indios. Estaba vacío, sin nadie. Lo miré desde la altura del montículo de bagazo. Las avispas zumbaban con sus patas colgantes. No me dejaban ver bien. Las puertas de las chozas estaban cerradas; la malahoja de los techos se alzaba, hervía con el viento. ¡Yo bajo! —dije—. ¡Entro! —Me puse de pie y avancé. Llegué a la callejuela.

Toqué la primera puerta. Oí que corrían adentro. Miré por una rendija. Tres niños huyeron a un rincón.

Volví a tocar.

—¡*Mánan!* —contestó el mayor, sin que le hubiera preguntado nada.

Se ocultaron en la oscuridad, apretándose en una esquina de la choza.

—¡*Mánan!* —volvió a gritar el mismo niño.

Me alejé. Busqué otra casa. Me contestaron lo mismo.

Recorrí toda la calle, despacio, sin hacer ruido. Me acerqué a la choza en que comenzaba la callejuela, del otro lado. Miré por la rendija más próxima al piso, arrodillándome en el suelo. El sol alumbraba el interior, espléndidamente, por un claro del techo. Era ya al atardecer, la luna amarilleaba.

Junto al fogón de la choza, una chica como de doce años, hurgaba con una aguja larga en el cuerpo de otra niña más pequeña: le hurgaba en la nalga. La niña pataleaba sin llorar, tenía el cuerpo desnudo. Ambas estaban muy cerca del fogón. La mayor levantó la aguja hacia la luz. Miré fuerte, y pude ver en la punta de la aguja un nido de piques, un nido grande, quizá un cúmulo. Ella se hizo a un lado para arrojar al fuego el cúmulo de nidos. Vi entonces el ano de la niña, y su sexo pequeñito, cubierto de bolsas blancas, de granos enormes de piques: las bolsas blancas colgaban como en el trasero de los chanchos, de los más asquerosos y abandonados de ese valle meloso. Apoyé mi cabeza en el suelo; sentí el mal olor que salía de la choza, y esperé allí que mi corazón se detuviera, que la luz del sol se apagara, que cayeran torrentes de lluvia y arrasaran la tierra. La hermana mayor empezó a afilar un cuchillo.

Me levanté y corrí. Sentí que tenía más energías que cuando me despedí de la muerta doña Marcelina, en su choza sin luto, adornada con el ramo de flores que amarré sobre el candado. Llegué a las rejas de acero que rodeaban la mansión de la hacienda. Y llamé a gritos desde la puerta.

—¡*Yauúú...! ¡Yauúúa...!*

La casa-hacienda estaba también vacía. Volví a gritar con más violencia, apoyándome en las rejas.

Parecía que el sol declinante brotaba por mi boca y era lanzado inútilmente contra las rejas y toda la quebrada estática. Temí enloquecer o que mi pecho se quebrara, si seguía gritando. Y me dirigí al río.

Bajé a la carrera, cortando camino, temiendo que oscureciera. Muy abajo, me encontré con una tropa de guardias y un sargento. Me agarraron.

—¡Mire! —me dijo el Sargento.

Me llevó a un recodo del camino.

Los colonos subían, verdaderamente como una mancha de carneros, de miles de carneros. Se habían desbordado del camino y escalaban por los montes, entre los arbustos, andando sobre los muros de piedras o adobes que cercaban los cañaverales.

—¡Mire! —repitió el Sargento—. Tengo ya la orden de dejarlos pasar. Malograrán la iglesia y la ciudad por muchos días. El Padre Linares, el santo, dirá misa para ellos a media noche, y los despedirá hasta la otra vida.

Me calmé viéndolos avanzar.

—No morirán —le dije.

—¿Quién es usted? —me preguntó el Sargento.

Le dije mi nombre.

—Usted es el amigo de Gerardo, hijo del Comandante —me contestó—. Tengo encargo de protegerlo.

—¿El le pidió?

—Sí. Es un gran muchacho. Nos retiraremos a medida que los indios avanzan. Usted váyase, suba despacio. ¿A qué ha venido?

—¿Usted es amigo de Gerardo? —le pregunté.

—Ya le dije. ¡Es un gran muchacho!

—Déjeme ir, entonces, con usted.

—El pregonero debe haber leído ya el bando en que se ordena que todos cierren la puerta de sus casas en Abancay. Pero usted puede entrar al Colegio.

—Yo voy con ellos, Sargento. Voy a rezar con ellos.

—¿Por qué? ¿Por qué, usted?

—Míreme —le dije—. Gerardo no es como yo, ni Antero, el

amigo de Gerardo. Me criaron los indios; otros, más hombres que éstos, que los "colonos".

—¿Más hombres, dice usted? Para algo será, no para desafiar a la muerte. Ahí vienen; ni el río ni las balas los han atajado. Llegarán a Abancay.

—Sí, Sargento. Usted va abriendo camino, retrocediendo. Mejor yo vuelvo, entonces. Le avisaré al Padre.

—Dígale que los haré llegar cerca de la media noche. Enviaré un guardia cuando estemos a un kilómetro.

Me apretó la manos. Estaba sorprendido, casi aturdido.

Regresé, cantando, mientras la luz del sol desaparecía.

Ya cerca a la reja de la casa-hacienda, de noche, entoné en voz alta un canto de desafío, un carnaval de Pampachiri que es un pueblo frío, el último del Apurímac, por el sudoeste.

Recorrí en triunfo la carretera que va de la hacienda a la ciudad. Aplastaba las flores de los pisonayes en el suelo; aun en la noche, los rojos mantos de esas flores aparecían, clareaban.

Cuando llegué al Colegio, el Padre Director me dijo "loco" y "vagabundo", entre colérico y burlón. Era tarde; ya los Padres habían cenado. Me amenazó con encerrarme de nuevo. Pero se enfrió al saber, por mí, que los indios avanzaban, que el Sargento trataba de regular la marcha para hacerlos llegar a media noche.

—¿Tú los has visto? ¿Tú mismo?—me preguntó anhelante.

Comprendí que hasta ese momento había alentado la esperanza de que los colonos retrocederían ante los disparos de los guardias.

—¿Viste si tenían ametralladoras los guardias?

—No. Creo que no —le dije.

—Sí —me contestó con brusquedad—. Las tendrían escondidas detrás de algún matorral.

—No han disparado contra ellos, Padre —le dije—. No me han dicho que mataron.

—La sangre.

No concluyó la frase. Pero yo la había presentido.

—Cuando avanzan tantos, tantos... ¡No los asusta! —dije.

—¿No? —exclamó con violencia—. Es que ahora, morir así, pidiendo misa, avanzando por la misa... Pero en otra ocasión, un solo latigazo en la cara es suficiente... ¡Ya! Ayudarás. Tú parece que no temes: eres casi un demente. Ayudarás a la misa, si el sacristán no aparece. Repicarás las campanas.

—¡Sí, Padre! —le dije, abrazándolo—. Yo repicaba en mi pueblo las campanas, cuando descubría al cura bajando la cuesta de Huayrala. Lo haré a ese estilo.

—¡Arrodíllate! —me dijo.

Estábamos en el corredor alto, bajo la luz del foco que alumbraba la puerta de entrada a su dormitorio.

Me arrodillé en el piso. El Padre pronunció unas palabras en latín.

—Te he absuelto —me dijo—. Esperaremos en el Colegio hasta que llegue el mensajero del Sargento.

Antes que el mensajero se presentó el sacristán. El Padre me llevó, tomándome de un brazo, al cuarto del Hermano Miguel. En una alforja puso mi ropa e hizo que la cargara al hombro.

—Soy responsable de tu vida —me dijo—. Voy a encerrarte con llave. Después de la misa abriré el candado.

Le dio cuerda a un reloj que mandó traer de su dormitorio: era un reloj alto, de metal amarillo.

—Te despertará a las cuatro —me dijo—. Te levantarás; irás a la cocina, llamarás al nuevo portero; te acompañará hasta el zaguán; saldrás y él cerrará el postigo. En tres horas habrás llegado a la cumbre; antes del anochecer entrarás a Huanipaca; allí te esperan. Al día siguiente, a la hora del almuerzo, verás la hacienda de tu tío, desde el camino, a poca distancia.

—¿Repicarán a las 12, Padre?

—Antes de las 12. La gente de Abancay sabe que esa llamada no será para ellos.

—¿Dirá usted un sermón para los indios?

—Los consolaré. Llorarán hasta desahogarse. Avivaré su fe en Dios. Les pediré que a la vuelta crucen la ciudad rezando.

—Irán en triunfo, Padre, así como vienen ahora, subiendo la montaña. ¡Yo no los veré! Oiré desde aquí el rezo.

—Tú deseas la muerte, extraña criatura —me dijo—. Ten la paz; acuéstate. Las campanas te despertarán.

Me levantó el rostro con sus manos. Me miró largo rato, como si yo fuera un remanso del Pachachaca. Sentí su mirada lúcida y penetrante.

—Que el mundo no sea cruel para ti, hijo mío —me volvió a hablar—. Que tu espíritu encuentre la paz, en la tierra desigual, cuyas sombras tú percibes demasiado.

Coronado de su cabellera blanca, su frente, sus ojos, aun sus mejillas, sus manos que tenía bajo mi rostro, transmitían calma: aquietaron la desesperación que sentía ante la evidencia de que no podría ver la llegada de los colonos, su ingreso al templo, con los cabellos levantados en desorden, los ojos candentes.

El Padre esperó que me acostara. Se fue. Y no le echó candado a la puerta. Yo no iba a desobedecerle.

A la medianoche repicaron tres veces las campanas. Ninguna de ellas debía tener oro ni plata, ni grasa humana, porque sus voces eran confusas y broncas.

Bajo el sonido feo de las campanas de Abancay estarían llegando los colonos. No percibí, sin embargo, ningún ruido de pasos, ni cantos, ni gritos, durante largo rato. Los animales comunes tienen cascos que suenan en el empedrado de las calles o en el suelo; el "colono" camina con las plantas de sus pies descalzos, sigilosamente Habrían corrido en tropel silencioso hacia la iglesia. No oiría nada en toda la noche.

Estuve esperando. Fue una misa corta. A la media hora, después que cesó el repique de las campanas, escuché un rumor grave que se acercaba.

—¡Están rezando! —dije.

La calle transversal directa, de la plaza a la carretera de Patibamba, quedaba a menos de cien metros del Colegio. El rumor se hizo más alto. Me arrodillé. El aire traía el sonido del coro.

—Ya se van. Se van lejos, Hermano —dije en voz alta.

Empecé a rezar el *Yayayku*. Lo recomencé dos veces. El rumor se hizo más intenso y elevé la voz:

"*Yayayku, hanak' pachapi kak*'..."

Oí, de repente, otros gritos, mientras concluía la oración. Me acerqué a la puerta. La abrí y salí al corredor. Desde allí escuché mejor las voces.

—¡Fuera peste! *¡Way jiebre! ¡Waaay...!*
—*¡Rípuy, rípuy! ¡Kañask'aykin! ¡Wáaay...!* [1].

Lejos ya de la plaza, desde las calles, apostrofaban a la peste, la amenazaban.

Las mujeres empezaron a cantar. Improvisaban la letra con la melodía funeraria de los entierros:

Mamay María wañauchisunki	Mi madre María ha de matarte,
Taytay Jesús kañachisunki	mi padre Jesús ha de quemarte,
Niñuchantarik' sek'ochisunki	nuestro Niñito ha de ahorcarte.
¡Ay, way, jiebre!	¡Ay, huay, fiebre!
¡Ay, way, jiebre!	¡Ay, huay, fiebre!

Seguirían cantando hasta la salida del pueblo. El coro se alejaba; se desprendía de mí.

Llegarían a Huanupata, y juntos allí, cantarían o lanzarían un grito final de *harahui*, dirigido a los mundos y materias desconocidas que precipitan la reproducción de los piojos, el movimiento menudo y tan lento, de la muerte. Quizá el grito alcanzaría a la *madre* de la fiebre y la penetraría, haciéndola estallar, convirtiéndola en polvo inofensivo que se esfumara tras los árboles. Quizá.

Entré al dormitorio.

Desde Patibamba ya se repartiría la masa de indios, a las otras haciendas; cada colono donde su dueño.

Yo me iría al día siguiente. ¡Ay, huay, fiebre! Los que ya estaban enfermos y debían morir, serían enterrados en los panteones sin muros, sin fachada ni cruz, de las haciendas; pero los vivos quizá vencerían después de esa noche a la peste.

Los gritos de imprecación a la fiebre siguieron repercutiendo en el dormitorio horas de horas.

Estaba despierto cuando el reloj dorado del Padre Director tocó una cristalina marcha europea, una diana que repitió tres veces.

Prendí la luz y me acerqué al reloj. Representaba la fachada de un palacio. Sus columnas terminaban en capiteles con figuras de hojas. Seguía tocando. Me vestí rápidamente. Esa música me recordaba

---

[1] "¡Vete, vete! ¡He de quemarte!".

la marcha de la banda militar; abriría delante de mis ojos una avenida feliz a lo desconocido, no a lo temible. "Formaré un ramo de lirios para Salvinia y lo prenderé en las rejas de su casa", dije. "¡Ya no voy a regresar nunca!"

El mestizo portero estaba despierto. Se abrigó con un poncho y me acompañó hasta el zaguán. Dejé el Colegio. La diana del reloj lo bañaba, lo apaciguaba, recorría los corredores, se vertía en los rincones oscuros, por siempre.

Hice el ramo de lirios en la plaza. Los colonos no los habían pisado. No debieron desbordarse en el parque. Marcharían fúnebre y triunfalmente, en orden. Me dirigí a la alameda. El ramo sólo tenía tres flores, y lo llevé con cuidado, como si fuera la suavidad de las manos de Salvinia.

Fue fácil dejar el ramo prendido en la reja, al compás de la hermosa diana que aún me acompañaba. La noche era estrellada, densa de manchas. Me alejé. "¡Es para ti, Salvinia, para tus ojos!", dije en la sombra de las moreras. "¡Color del *zumbayllu*, color del *zumbayllu*! ¡Adiós, Abancay!"

Empecé a subir la cuesta. Recordé entonces la advertencia del Padre Director y los relatos de Antero.

—¡El Viejo! —dije—. ¡El Viejo!

Cómo rezaba frente al altar del Señor de los Temblores, en el Cuzco. Y cómo me miró, en su sala de recibo, con sus ojos acerados. El pongo que permanecía de pie, afuera, en el corredor, podía ser aniquilado si el Viejo daba una orden. Retrocedí.

El Pachachaca gemía en la oscuridad, al fondo de la inmensa quebrada. Los arbustos temblaban con el viento.

La peste estaría, en ese instante, aterida por la oración de los indios, por los cantos y la onda final de los *harahuis*, que habrían penetrado a las rocas, que habrían alcanzado hasta la raíz más pequeña de los árboles.

—¡Mejor me hundo en la quebrada! —exclamé—. La atravieso, llego a Toraya y de allí a la cordillera... ¡No me agarrará la peste!

Corrí; crucé la ciudad.

Por el puente colgante de Auquibamba pasaría el río, en la tarde. Si los colonos, con sus imprecaciones y sus cantos, habían aniquilado a la fiebre, quizá, desde lo alto del puente, la vería pasar, arrastrada por la corriente, a la sombra de los árboles. Iría prendida en una rama de chachacomo o de retama, o flotando sobre los mantos de flores de pisonay que estos ríos profundos cargan siempre. El río la llevaría a la Gran Selva, país de los muertos. ¡Como al Lleras!

GLOSSARY

Note: Definitions drawn from Arguedas's footnotes are given in inverted commas. Francis Horning Barraclough's translation of *Los ríos profundos* (*Deep Rivers*, University of Texas Press) has also been consulted. Thanks are due to Anna Reid and Marta Coco for help in compiling this glossary.

abalear to shoot
abanquino from Abancay
abra steep valley
agú sound made by a baby
ahistá here's (it)
aindiado with features like an Indian
akatank'a beetle
alaymosca granitic rock
alferado position of *alférez* or patron of a festival
alk'o dog
almagrista follower of Diego de Almagro, defeated by Francisco Pizarro in a civil war in 1538
alón wide-brimmed hat
alpaca Andean camelid producing fine wool
amank'ay yellow lily
amaru sacred or magical serpent
apankora tarantula
apasanka tarantula
aperado packsaddles
apero harness

apu lord; name given to mountain spirits
ayak'zapatilla a yellow flower; literally, corpse-slipper
ayllu Indian *comunidad*; see *comunero*
azulejo blue
bagazo the waste left after cane has been crushed to extract sugar
bajear play on the bass tone
barrer to make a clean sweep
barreta metal bar
bayeta homespun flannel
cajear to beat
calamina corrugated iron
camino real main road
cañazo highly alcoholic spirit, made from fermented cane juice
canchón large enclosed area, big field
cantina bar
caporal 'corporal' of chicha
capulí flowering tree (*prunus capulí*) with cherry-like fruit

carago *carajo*

cargador a man who works carrying loads on his back

carpeta school desk

cascarrabias grouch

casinete rough wool cloth; suit of corduroy

catre bedstead

cedrón lemon verbena

cerdudo bristly hair; fat man

chachacomo type of saxifrage

chamizo brushwood

chancaca a chunk of brown loaf sugar

chancho pig

chanka ethnic group living in the Cuzco area; Arguedas spoke the Chanka variety of Quechua

charango Indian and mestizo stringed instrument with the shape of a small guitar. The number of strings varies according to the region; in Cusco there are 12.

chicha type of sweet beer brewed from maize

chichera woman owner of a *chichería* (qv)

chichería drinking house where *chicha* (qv) is served

chihuaco a bird similar to a thrush.

chilladera screaming

chirimía wooden reed-intrument similar to a bag-pipe

chiririnka dark blue fly which in Andean tradition is a harbinger of death

choclo corn cob

chófer driver

cholo person of mixed hispanic and indian culture who has recently migrated to a city

chompa pullover

chullo cap that covers the head and part of the face

chumpi belt

chunchos rainforest ethnic group

chuto Indian

coca coca leaf

colono(s) "indios que pertenecen a las haciendas"; i.e. landless Indians, serfs

comunero Indian belonging to a *comunidad*, the Spanish name given to an *ayllu*, making it into a legal entity; a community of free Indians, based on common land ownership

cuadra block (distance between two corners)

dansak' see *danzante de tijeras*

danzante de jaylli *jaylli*-dancer

danzante de tijeras scissor dancer (*danzak'* in Quechua) who performs a ritual dance while making a rapid clanging rhythm with scissor blades

diablo fuerte wearing leggings

emponchado wearing a poncho

enjalmado saddled with, i.e. carrying on the back

enmelado molasses-soaked

erk'e crying child, i.e. under five years of age

faenas comunales work in which the community participates collectively, e.g. to maintain roads or clear irrigation channels

fierros pieces or iron (e.g. frame of bedstead)

fifí sissy

filudo sharp

forado hole

forastero traveller, outsider to a particular place

fuete pointed whip

garrocha pole vaulter

gentiles gentiles; collective name given to native Peruvians by early Spanish chroniclers

grama tall grass

grasar to spread (of plague)

guagua baby, child

guarapo liquor made from fermented molasses

haberse pasado to have gone beyond or too far

hacerle pato to make a fool of

haraui ceremonial song of pre-conquest origin (also called *wanka*)

hechor stud

hisopo swab

honda catapult

hondear to catapult

huaman alternative spelling of *waman* (qv).

huaranhuay a tree native to the Andes

huayno the most popular form of Andean song, surviving from pre-Spanish times, as important in Andean music as the blues in US music

huayquear "golpear entre muchos a uno solo" (literally, to avalanche)

huayronk'o bumblebee

huayruro red and black coloured bean; satirical name for *guardias civiles*

hule rubber

illa "ser que tiene virtudes mágicas", defined in the first pages of Chapter VI of this novel

illapa lightning flash

illariy to dawn

imam what?

inquilino tenant, person renting a room

Ja caraya interjection expressing elation

jarana party

jaylli a song of triumph sung at the end of battles or on completion of harvesting

jebe rubber

jukucha pesko American nightingale

k'anra devil's shit

k'atiy keep going, push

k'echa *meón* someone who pees in their pants

k'eñwa Andean tree, rare now because of deforestation; "uno de los pocos árboles que crecen en la puna"

k'ocha lake

kachi salt

kepí hat

kijllu crack running through a large stone

killa moon

killincho sparrow hawk

kimichu an Indian musician who journeys from one town to another

kreso a medication made from tar

lambra tree found in sub-tropical regions (*alnus glutinosa*)

layk'a sorcerer, wizard

llipta lime or quinua ashes

lobulillo lobe

lucana person from Lucanas, in the Department of Ayacucho

lúcumo tree native to Peru, with dark green leaves

makitu an Indian garment of woollen homespun

malahoja straw thatched, thatch

mamachakuna mothers; dear mothers (the -*cha* suffix in Quechua is both a diminutive and a sign of affection)

mamakuna plural of *mama*, Quechua word for married women

mánan no

manzana block, space surrounded by four streets

Mariño Mariño River

mataperrada mischievous prank

mayordomía position of *mayordomo* or patron of a festival

mayordomo estate manager

mayu river

mestizo person of mixed Indian and Spanish parentage

mocha *rama mocha*: poles

molle pepper tree

mónillo blue silk bodice

moro Moorish

nakak' Andean demon figure which beheads its human victims and extracts their fat

ñujchu sacred flower of the Incas

ojota Indian sandal

opa mad

orejón big-eared

oroya rope bridge over river or chasm, consisting in a moving platform hanging from a rope

pacae a tree with silky pods, whose pulp is eaten

padrillo stallion

pampa flat area with little vegetation

papa potato

papacha "Great Father"; term of respect.

papay my father; respectful term of address used by Indian serfs towards their masters

parvada crowd

patibambapak on to Patibamba

payhuanak'a nerk'achá they'll have said

pedacear tear to pieces

pellón sheep-skin to cover horse saddles

percala calico

picaflor humming-bird

picante spicy stew

picanterías a place where spicey food is sold

piñe beads

pinkuyllu long Andean flute with deep sound

piques chigoes larva; the female burrows into the skin and lays eggs

pirucha dance

pisonay tree with large red flowers, ceibo (*erythrina crista-galli*)

polaca long jacket

poncho traditional Andean woven blanket, worn over the shoulders

pongo "indio de hacienda que sirve gratuitamente, por turno, en la casa del amo", i.e. as an unpaid servant or serf

porito pear-shaped gourd

puna high steppe, covered only with the short, tough grass called *ichu*

quena Andean flute

quintear to decimate, massacre, exterminate

quinto gold coins

quirquincho similar to *charango*, qv.

ranchería quarters

rebozo de Castilla shawl made from coarse cloth

recaudador tax collector

Recaudadora Tax office

releje side of bridge

rengo limp person

repunte flood

rezondrar scold

rocotero hot pepper adict

rocoto very hot chili pepper

roncadoras large spurs

rondín harmonica, mouth organ

rondinista harmonica player

rukana Andean ethnic group, speaking Quechua of the Rukana variety

runa people

Salinera salt shop

salinero salt dealer

salvajina tree moss (*ima sapra* in Quechua) that hangs down in long, thick strands

sampedrano sheep-skin of a highly-esteemed type

sanku cornmeal cooked in water

sarna mangy

saúco tree with white flowers (*sambucus nigra*)

señores gentry, gentlemen

señoritos young gentlemen

sonso *zonzo*; silly, stupid

tambo inn

tara bush (*caesalpinia tinctoria*)

tayta father (term of respect)

taytallay tayta "Oh Father, my Father!"

terciado with rifles slung over the shoulder

terno suit

tinterillo cheap lawyer

tocuyo rough cotton cloth above pocket

torcaza wild pigeon

totora a type of thick reed that grows in high Andean lakes

traposo ragged

tugurio urban slum dwelling

tuya lark

ukuku ritual dancer dressed as bear

unu water

upallay Quiet!; Silence!

usa waykuy one who cooks lice

valluno valley dweller

varayok' staff-bearing indian *alcalde* (mayor of a *comunidad*)

vereda path, margin

vicuña Andean camelid, smaller than a llama, producing very fine wool

viuda-pisk'o the widow bird

vizcacha long-tailed rodent

wak'rapuku type of trumpet made from a bull's horn (also called *wakawak'ra*)

waman(cha) eagle; the diminutive *cha* does not denote size so much as a strong emotional bond

werak'ocha Inca god; term of respect

winku "deformidad de los objetos que debían ser redondos"

wiswis grimy, greasy

yana black

yanawiku black Ibis, found in the high Andes

yastá *ya está*; that's it

yawar blood

yayayku the Lord's Prayer

yerguen present indicative (3rd. pers. pl.) of *erguir*

zacuara weak reed

zancudo mosquito

zorrillo skunk

zorrino skunk